Eugen Zabel

Iwan Turgenjew; eine literarische Studie

Eugen Zabel

Iwan Turgenjew; eine literarische Studie

ISBN/EAN: 9783743306943

Hergestellt in Europa, USA, Kanada, Australien, Japan

Cover: Foto ©ninafisch / pixelio.de

Manufactured and distributed by brebook publishing software
(www.brebook.com)

Eugen Zabel

Iwan Turgenjew; eine literarische Studie

Inhalt.

Einleitung.

Die nationale Sage Rußlands erzählt aus der Geschichte ihres Haupthelden einen Umstand, welchen man als Gleich= niß für die eigenthümliche Entwickelung des ganzen Volkes betrachten kann. Es wird berichtet, daß der Bauersohn Ilja von Murom lange Jahre auf der Ofenbank gehockt habe, weil er der Meinung gewesen sei, daß er nicht gehen könne. Als aber Pilger kamen und eine Schale Wasser von ihm begehrten, habe er ohne Mühe das Gewünschte geholt, und als er selbst davon getrunken, habe er sich so riesenstark ge= fühlt, daß er durch einen neuen Trunk seine Kraft um die Hälfte vermindern mußte, weil er sonst die Erde aus ihrer Bahn gelenkt hätte.

In der phantastischen Hülle dieses Bildes steckt ein Gedanke, dessen Richtigkeit durch die Geschichte des Volkes bestätigt wird. Es liegt im Wesen der russischen Nation, daß sie auf den Anstoß von außen wartet, sich hierdurch zum Bewußtsein ihrer Kraft bringen läßt und dann schnell überraschende Proben derselben aufweist. Auch die Literatur des Landes ist durch westeuropäischen Einfluß geweckt worden; aber kaum hatte sie es zu einigen glücklichen Nachahmungen gebracht, als sie ihre Wurzeln auch schon tief in den Boden der heimatlichen Sage und Natur senkte und aus ihm frisches selbständiges Leben zog. Puschkin und Lermontow waren die

Turgenjew.   1

Pfadfinder, welche die Romantik des Westens auf ihre Heimat übertrugen und durch diese Mischung von Eigenem und Fremdem die Aufmerksamkeit der gebildeten Welt auf sich lenkten. Aber in diesen geistreichen und interessanten Zwittergebilden hat sich der literarische Genius Rußlands nicht erschöpft, sondern sie nur als Uebergang zu dichterischen Erscheinungen benutzt, in welchen sich sein ursprüngliches Wesen mit voller Deutlichkeit ausprägt.

In Nicolai Gogol's Schriften ist alles durchdrungen von dem Erdgeruch der heimatlichen Scholle, von dem Safte volksthümlichen Lebens, aber weder die Persönlichkeit des Mannes, noch die Umstände, die seine Entwickelung beeinflußten, waren dazu angethan, sein großes Talent in harmonischen Schöpfungen rein ausklingen zu lassen. Während er es über das Zerrissene und Abgebrochene nicht hinausbrachte und in dem Element, das er zu beherrschen wähnte, unterging, war einem Jüngern das glückliche Los beschieden, eine nicht geringere Begabung zur reichsten Entfaltung zu bringen und seine Kunst zu einer Bedeutung zu erheben, die kaum ein zweiter lebender Dichter, und gewiß keiner mit vornehmeren Mitteln, erreicht hat. Zwar hat es auch Iwan Turgenjew nicht an den Wunden gefehlt, die der Haß und die Verleumdung jedem überlegenen Geiste zu schlagen pflegen; aber immer, wenn er sich von den Schranken socialer, politischer oder ethischer Vorurtheile umgeben sah, hat er dieselben im Gefühl seiner Freiheit und Unabhängigkeit umzustoßen gewußt und sich des Sieges über den Unverstand der Menge mit ebenso viel Bescheidenheit als Würde erfreut. Seine äußere Stellung und seine künstlerischen Ueberzeugungen hatten zur Folge, daß er seine Muse niemals zu einem äußern Zweck anzurufen brauchte. Seine Bücher sind in jeder Zeile als der nothwendige Ausfluß einer von Bildern und Gestalten erfüllten Phantasie anzusehen, die ihre Erfindungen hergeben muß, wie der Baum seine Früchte zur Zeit der Reife auf die Erde fallen läßt. Am Abend seines Lebens durfte er sich rühmen, in den verschiedensten Culturländern einer der beliebtesten Autoren zu sein und diese Popularität weder durch das Preisgeben seiner hohen Stellung als Dichter, noch durch das Verleugnen seines nationalen Empfindens erkauft zu haben. In jedem Blutstropfen ein Russe, hatte er sich doch von niederm Fanatismus vollständig befreit und sich mit der humanen Bildung unserer Zeit so gesättigt, daß die Vaterlandsliebe bei ihm von einer durchaus kosmopolitischen Weltanschauung umschlossen war, die jedem Volk die ihm gebührende Ehre gab. Von slawischer Herkunft, ein Schüler deutscher Professoren und mit der Literatur und Sprache unsers Landes auf das innigste vertraut, lebte er in Paris in vielfacher Beziehung zur modernen realistischen Schule, welcher er indessen ebenso oft auf das entschiedenste den Rücken zuwendete. Er hat im Roman und in der Novelle das Russische künstlerisch so weit erhoben, daß es ein allgemeiner Culturbesitz geworden ist.

Obwol für die Charakteristik Turgenjew's im wesentlichen nur seine Prosaerzählungen in Frage kommen, ist es doch durchaus nicht leicht, dem Dichter eine bestimmte Stellung unter den russischen Schriftstellern anzuweisen oder seine Werke in eine einzelne ästhetische Rubrik zu bringen. Nicht die Vielseitigkeit, sondern die Tiefe seines Wesens macht die Aufgabe so schwierig, es strömt bei ihm trotz der einseitigen Richtung desselben so reich, daß man sich schließlich sagen muß, es haben sich in ihm Elemente verschmolzen, die sonst an verschiedene Individualitäten vertheilt zu sein pflegen. Der scharfe und anscheinend kalte Beobachter russischer Sittenzustände wird zum Romantiker, wenn er sich der Natur in die Arme wirft und ihr geheimnißvolles Weben beobachtet; der Mann, der so viel herbe und ungelöste Conflicte bringt, veröffentlicht zu einer Zeit, da wir seine literarische Laufbahn als abgeschlossen und das Urtheil über ihn als feststehend ansahen, eine Reihe von Tagebuchaufzeichnungen, in welchen er seine Seele lyrisch ausklingen läßt und der wilde Kampf der Ideen und Leidenschaften einer milden Weisheit Platz gemacht hat. Neben der Gabe, Menschen und Dinge auf das feinste zu analysiren, besitzt er die Fähigkeit, ihnen die Farbe seines Ichs zu verleihen, im hohen Maße, sodaß der Idealismus vom Realismus und dieser von jenem fortwährend beeinflußt wird.

Hierzu kommt, daß diese beiden Strömungen nicht gewissen Perioden der dichterischen Entwickelung angehören wie bei Gogol, der zu seiner unerbittlichen Menschenbeobachtung kam, nachdem er die Romantik seiner Jugend abgestreift hatte, sondern sich ununterbrochen kreuzen und ineinander übergehen. Es bleibt nichts anderes übrig, als diese beiden Richtungen des Geistes, die auf ganz entgegengesetzte Ziele hinweisen, als bloße Momente einer originellen Persönlichkeit aufzufassen und die Aufhebung dieses Gegensatzes in der Natur und Eigenart des Dichters, wie sie sich in seinen Werken aussprechen, aufzusuchen.

Das Studium derselben lehrt uns aber, daß Turgenjew in der Auffassung der Situationen und Menschen, die er darstellt, ebenso idealistisch erscheint, wie er in der Ausführung des Einzelnen, der Ausarbeitung des charakteristischen Details realistisch verfährt. Er weiß es, daß die noch so treue und photographisch genaue Schilderung eines Menschen, wenn sie sich nur auf Aeußeres beschränkt, denselben für die Phantasie des Lesers nicht lebendig macht und daß die Figur gleichzeitig auch von innen, aus der Phantasie und dem Gefühl heraus, angeschaut werden muß, wenn sie die Wärme des Individuellen ausströmen und das Interesse dauernd fassen soll. Realistisch ist der Dichter nur insofern, als er bei allen seinen Er-

5

zählungen von einem mit scharfer Deutlichkeit ausgeführten
Bilde ausgeht, das in seiner Phantasie auftaucht und alle
Farben der Wirklichkeit aufweist. Zu welcher Höhe ihm
aber der Stoff auswächst, wie er ihn beleuchtet und ver=
geistigt, ob er ihn im Sonnenlicht klarer Erkenntniß zeigt
oder im Halbdunkel des Mystischen verschwimmen läßt, ist
ganz Sache seiner Subjectivität. Das Thatsächliche, das
sich ohne weiteres wie ein ruhig erstehendes Modell abschreiben
läßt, ist ihm nur der Anfang und bloßes Rohmaterial, um
zu dem innern Zusammenhang, dem schneller oder langsamer
schlagenden Pulse des Lebendigen zu gelangen. Oft geht
er in der Lebenswahrheit seiner Schilderungen so weit, daß
man ihn der naturalistischen Schule Frankreichs zuzählen
möchte; aber dann sieht er wieder so viel Seele in die
Dinge hinein, wagt so tief in das Gebiet der Ahnungen
und Träume einzudringen und umgibt seinen Stoff mit einem
solchen Zauberhauch von Romantik, daß aus dem Nachzeichnen
und Ausmalen des Sujets eine organische Neubildung desselben
geworden ist. Dem genialen Beobachter moderner Zustände
genügt die kahle Deutlichkeit der Dinge, wie sie der Alltags=
mensch sieht, so wenig, daß er in Goethe das Ideal eines
modernen Dichters erblicken und im Besitz eines Weltruhmes
in einem kleinen Gedichte des Großmeisters unserer Literatur
eine ihn erdrückende dichterische Ueberlegenheit finden kann.
Es gibt gewiß keinen zweiten lebenden Schriftsteller von
gleich zarter geistiger Organisation, der ursprünglich so wenig
dazu gethan hat, die Poesie zur Begleiterin des Lebens zu
machen und ihren Formen die theuersten Empfindungen, die
höchsten Gedanken anzuvertrauen. Er hat den Genius nicht
zu sich geladen, sondern dieser trat ungebeten zu ihm, als
sein erstes Klopfen unbeantwortet blieb. Man kann ohne
Uebertreibung sagen, daß Turgenjew nicht die Poesie, sondern
die Poesie ihn gesucht habe. Der Ehrgeiz, großen Vorbildern

nachzueifern oder feinen Namen verbreitet und anerkannt zu
fehen, hat in keiner Periode feines Lebens irgendwelchen Ein=
fluß auf ihn ausgeübt. Er hat immer nur gefchrieben, weil
er nicht anders konnte, und weil er in der fchriftlichen Dar=
ftellung das Mittel fah, fich von dem quälenden Druck zu be=
freien, den gewiffe Vorftellungen auf ihn ansübten. Das er=
klärt denn auch die unerbittliche und dabei befcheidene fchlichte
Wahrheit, die allem eigenthümlich ift, was aus feiner Feder
gefloffen, die ftarke Illufion, die fie bei dem Lefer erzeugt.
Von den gewöhnlichen Reizmitteln des Romans, der Intrigue
von langer Hand, den plötzlichen Ueberrafchungen und Ent=
hüllungen, findet fich in feinen Büchern nicht ein einziges an=
gewendet. Nie hat er etwas erzählen können, was fich ihm
nicht mit größter Deutlichkeit aufdrängte und nach unmittelbarem
Leben fchmeckte. Das Gebot, unbedingt wahrhaftig zu bleiben
und alle freie Zuthat und alle rein ftofflichen Ausfpinnungen
der Fabel zu vermeiden, erfcheint ihm fo hoch und heilig, daß
er ihm jedes beliebige Opfer in der Abrundung und Com=
pofition feiner Novellen bringt. Viele derfelben find nicht gleich=
mäßig ausgeführt; oft erfcheint das Verhältniß, in dem der
Held zu feiner Umgebung fteht, im äfthetifchen Sinne fchief,
und die meiften weifen mehr oder weniger große Fehler auf,
wenn man fie z. B. mit dem Maß Paul Heife'fcher Novellen=
technik mißt. Turgenjew mochte fich nicht entfchließen, der
bloßen Spannung zu Liebe die Dinge zurechtzuftutzen und
fie anders zu zeigen, als fie fich ihm offenbart hatten. Lieber
wollte er ungefchickt als unwahr erfcheinen; denn nicht auf die
augenblickliche Wirkung, fondern auf die nachhaltige Be=
friedigung des Lefers durch ein unentftelltes, bei jeder neuen
Prüfung als echt anzuerkennendes Bild des Lebens ift fein
Sinn ftets gerichtet gewefen.

I.

Turgenjew's Jugendjahre, seine ersten poetischen Versuche.

Die Familie des Dichters hatte bereits zwei glänzende Namen auf dem Gebiet der Wissenschaft und des Staatsdienstes aufzuweisen, als ihr jüngster Sprößling diesen Ruhm durch künstlerische Leistungen noch wesentlich zu erhöhen begann. Alexander und Nikolaus Turgenjew waren zwei ausgezeichnete, um ihr Vaterland im hohen Maße verdiente Männer; nicht nur Brüder durch die Geburt, sondern auch eng verbunden durch menschlich schöne Eigenschaften, geistige Regsamkeit und vielseitige Erfahrung. Beide hatten in den Culturländern Europas eifrige Studien getrieben, in Göttingen die akademischen Hörsäle fleißig besucht und Verbindung mit den ersten Männern ihrer Zeit gefunden. Alexander hat durch sein Sammelwerk „Historiae Russiae Monumenta" in den vierziger Jahren der russischen Geschichtschreibung Quellen erschlossen, aus denen alle spätern Forscher geschöpft haben, während Nikolaus durch sein liberales Wirken in verschiedenen Verwaltungsabtheilungen, durch sein begeistertes Eintreten für die Idee der Aufhebung der Leibeigenschaft, durch seine willkürliche Verurtheilung nach dem Aufstande von 1825, der er sich durch die Flucht entzog, endlich durch sein Buch „La Russie et les Russes" sich allgemein bekannt gemacht hat. Mit diesen Männern weitläufig verwandt, wurde Iwan Turgenjew am 9. November 1818 als zweiter Sohn des Obersten Sergei Iwanowitsch Turgenjew auf dem Gute der Familie Spasskoje im Gouvernement Orel geboren. Inwieweit der frühverstorbene Vater und die Mutter von Einfluß auf die Entwickelung des Knaben gewesen sind, läßt sich aus den bisjetzt zugänglichen Quellen und den Mittheilungen, die von dem Dichter selbst herrühren, nicht beurtheilen. Wir wissen nur, daß ihm die erste geistige Nahrung in der Abgeschlossenheit des ländlichen Lebens dargeboten wurde und daß in ihm frühzeitig die Liebe zur Natur erwachte, die ihn im Laufe der Jahre immer tiefer und mächtiger erfüllen und auf die Entwickelung seines Talents einen so großen Einfluß ausüben sollte. Halten wir damit eine Aeußerung des Autors zusammen, der zufolge ihn die Zustände auf dem Lande frühzeitig zur Beobachtung angeregt und namentlich einen ausgesprochenen Widerwillen gegen die Leibeigenschaft in ihm hervorgerufen haben, so können wir die beiden Hauptrichtungen seiner eigenthümlichen Begabung, deren Instrument ein ganz ungewöhnlicher Menschen- und Natursinn ist, fast bis auf ihren Ursprung verfolgen.

Die Ahnherrn des Dichters erscheinen uns durchaus als Kraftmenschen und gewaltsame Naturen, als unverfälschter Ausdruck des Altrussenthums, wie es später in seinen Schriften geschildert werden sollte. Man muß sich in die Zeit des ersten Napoleon zurückversetzen, die Leo Tolstoy in seinem Roman „Krieg und Frieden" geschildert hat, um die Bedingungen würdigen zu können, unter denen der Knabe die Augen geistig aufschlagen lernte. Die Turgenjew's müssen in der männlichen wie in der weiblichen Linie ganz von dem Geiste despotischer Herrscherlaune erfüllt gewesen sein, die in der Leibeigenschaft etwas durchaus Naturgemäßes und Vernünftiges erblickte. In der Skizze „Der Freisasse Owsiannikow"

aus dem „Tagebuch eines Jägers", findet sich ein farbenreiches
Bild des Lebens und Treibens der alten Gutsherrn, die ihre
Bauern durchpeitschen ließen, sobald sie sich erlaubten, gegen
jene deßhalb klagbar zu werden, weil sie ohne Weiteres ein
Stück fremden Landes in ihren Besitz genommen hatten. Der
tyrannische Druck, der von Figuren wie Wassili Iwanowitsch
in den „Drei Portraits" oder von der alten Gutsherrin in
„Punin und Baburin" auf ihre Umgebung ausgeübt wird,
ist sicherlich nach einzelnen Kapiteln der Familienchronik des
Dichters geschildert worden. Er liebte es später, mit einem
eigenthümlichen ironischen Behagen seiner Vorfahren zu gedenken
und sich im Scherz als einen Abtrünnigen zu bezeichnen, der
sich von der Sitte seiner Väter losgesagt habe. Allerdings
kann man sich keinen größeren Gegensatz zu der Brutalität
des russischen Magnatenthums denken, als das fein organisirte
Gemüthsleben Turgenjew's, der dazu berufen war die Bildung
seiner Zeit in vielseitigster Weise in sich aufzunehmen und
künstlerisch zu verarbeiten. In ihm hatte sich die wilde Leiden-
schaftlichkeit seines Geschlechtes in höchste Feinfühligkeit dem
Wahren, Guten und Schönen gegenüber und in unversöhnliche
Verachtung niedriger Gesinnung umgesetzt.

Für die Erziehung von Kindern aus vornehmer Familie
kam damals nur die französische und die deutsche Bildung in
Frage, russische Studien hielt man für überflüssig oder doch
nur so weit für erwünscht, als sie den dereinstigen Gutsherrn
in den Stand setzten, sich mit den Bauern zu unterhalten.
Mancherlei Jugenderinnerungen hat der Dichter in seine
Novelle „Punin und Baburin" verflochten, die in ihrem
ersten, ums Jahr 1830 spielenden Abschnitt ein treues Bild
von dem Verhältniß des Landadels jener Zeit zu seinen
Untergebenen gibt. Die Figur des langen, kahlköpfigen,
bartlosen Punin, der sich an den russischen Schriftstellern
des vorigen Jahrhunderts begeisterte und ihre Verse in

wunderlicher Ekstase declamirt, ist einem Leibeigenen nachge-
zeichnet, der Turgenjew zuerst in die damals noch allgemein
mißachtete russische Literatur einführte. „Punin" heißt es,
„declamirte vorzugsweise Verse — schwungvolle, tönende Verse.
Und seine ganze Seele legte er hinein. Er declamirte sie
nicht, nein, er brüllte sie: feierlich, stoßweise, donnernd wie
ein Berauschter, wie ein Verzückter, wie eine Pythia! . . .
Und dabei hatte er folgende Gewohnheiten: erst las er die
Verse leise, mit halblauter Stimme, wie wenn er etwas vor
sich hin summte. Er nannte das „im Entwurf" declamiren,
dann aber brüllte er, aufspringend und an allen Gliedern
bebend, diesen selben Vers in der Reinschrift heraus." . . .
Wenn Punin in seiner poetischen Floskelsprache klagte: „O,
die Reichen, o die Reichen! Wie sie weichen, wie sie weichen
— von der Väter Sinn! Wie sie leben, wie sie streben
— nach des Auslands Sitte hin", so galt das nicht zum
Mindesten dem jungen Turgenjew, der ganz und gar in westländischen Anschauungen auferzogen wurde. Im Jahre 1830
kam er nach Moskau in die Pension von Weidenhammer,
da es damals Sitte war, die Kinder von Adligen nicht das
Gymnasium besuchen, sondern durch Privatunterricht gleich
für die Universität vorbereiten zu lassen. Doch blieb er
nicht lange bei Weidenhammer, sondern kam bald in das
Lazarew'sche Institut des Direktors Krause, wo seine Verehrung der westlichen Cultur neue Nahrung fand. Turgenjew
gedachte besonders dreier Lehrer, denen er eine dankbare
Erinnerung bewahrte, des Mathematikers Bagarewski, des
Historikers Kluschnikow und des Lehrers der russischen Sprache
Dubienski.

Im Jahre 1834 bezog Turgenjew die Universität Moskau, wo er sich in der philosophischen Facultät einschreiben
ließ. Der Tod seines Vaters war jedoch die Veranlassung, daß
er die alte Zarenstadt mit ihrer jüngeren, hübscheren an der

Newa gelegenen Schwester vertauschte. Der Stand der Univer=
sität war in Petersburg im Allgemeinen kein glänzender, her=
vorragenden Einfluß scheint auf den Dichter nur der Professor
der Literaturgeschichte Pletnew gehabt zu haben, der sich
als Freund Puschkins — dieser hatte ihm sein dichterisches
Hauptwerk „Eugen Onägin" gewidmet —, als selbständiger
makelloser Charakter und durch seine Vorlesungen über die
Geschichte der russischen Literatur einer allgemeinen Beliebtheit
zu erfreuen hatte. Der achtzehnjährige Turgenjew hatte da=
mals bereits ein Drama „Sthenio", eine sehr unselbständige
Nachahmung von Byrons „Manfred" verfaßt und gab dieselbe
seinem Lehrer, an dessen literarischen Abenden er theilnehmen
durfte, zu lesen. Pletnew verfuhr mit diesem Erstlingswerke
seines Schülers keineswegs nachsichtig, tröstete ihn jedoch mit
der Versicherung, daß „Etwas in ihm stecke".

Im Jahre 1837 zog es ihn mit unwiderstehlicher Ge=
walt in das Vaterland Schillers und Goethe's. Er machte
sich auf dem Dampfschiff „Nicolaus I." auf die Reise und
hätte beinahe das Ziel seiner Wünsche nicht erreicht, da der
Dampfer bei Travemünde in Brand gerieth und die Passa=
giere in Lebensgefahr schwebten. Die Bildungsreise nach
Deutschland, nach jenem Lande, von dem er später in der
Vorrede zu der bei Behre in Mitau erschienenen Ueber=
setzung seiner auserwählten Werke erklärte, daß er es wie
sein zweites Vaterland verehre und liebe, ist von dem außer=
ordentlichsten Einflusse auf ihn wie auf viele seiner Lands=
leute gewesen. „Die philosophische Facultät der Friedrich=
Wilhelms-Universität in Berlin", sagt der Verfasser des Buches
„Aus der petersburger Gesellschaft"*), „war zum Mekka
der strebsamen jungen Russen des vierten Jahrzehnts geworden,

---

*) Fünfte Auflage. Leipzig. Verlag von Duncker und Humblot.
1880. S. 187 sg.

seit Stankewitsch die Hegel'sche Philosophie nach Moskau im=
portirt und eine andächtige Gemeinde um dieselbe geschart
hatte. Zu den Füßen Hegel's und seiner Schüler saß in
den dreißiger Jahren eine ganze Anzahl russischer Studenten,
welche in der Folge berühmt geworden sind. Zwei von ihnen
haben als Repräsentanten der beiden Richtungen, welche das
neuere Rußland beherrschten, besonders viel von sich reden
gemacht: Michael Katkow, seit 1863 Redacteur der «Moskauer
Zeitung» und zehn Jahre lang Spiritus rector der National=
partei, damals ein eifriger Verehrer Werder's, und Michael
Bakunin, Exlieutenant der Gardeartillerie, dann Mitarbeiter
der «Halle'schen Jahrbücher», revolutionärer Führer in Prag
und Dresden, Verbannter in Sibirien, Mitherausgeber des
Herzen'schen «Kolokol», schließlich der verrufenste Demagoge
und Communist in Europa. Den Studienjahren dieser Männer
lag die Beschäftigung mit praktischer Politik ebenso fern wie
unserm Dichter Turgenjew, der ganz in der Gedankenwelt
lebte, die ihm durch seine neuen Lehren erschlossen worden
war, und der in der Stille an seinen ersten poetischen Ver=
suchen feilte. Gerade wie in dem Deutschland jener Tage,
so bildete auch in dem damaligen Rußland die Beschäftigung
mit philosophischen und ästhetischen Problemen den Haupt=
inhalt des geistigen Lebens; erst in der Folge wurde die
unter diesen Einflüssen emporgekommene Generation hüben
wie drüben gewahr, daß die Consequenzen ihrer Weltan=
schauung eine radicale Umgestaltung der Wirklichkeit forderten,
von der man sich bis dahin abgewandt hatte." Turgenjew
hat in Berlin Philosophie bei Werder, dem Dichter des
„Columbus", Philologie bei Zumpt, Griechisch bei Boeckh,
Geschichte bei Gans und Ranke gehört.

Mit der Literatur des westlichen Europas und seinen
freiern Anschauungen und Lebensgewohnheiten vertraut, noch
ungewiß darüber, in welchem Wirkungskreise er seine Kraft

erproben werde, kehrte er 1841 nach Petersburg zurück, um in den Staatsdienst zu treten und im Ministerium des Innern zu arbeiten. Zu jener Zeit stand die Willkürherrschaft des Kaisers Nikolaus, der mit der brutalen Hand des Despoten alle freiern Bestrebungen unterdrückte und das geistige Leben erstickte, auf ihrem Höhepunkt. Es war nicht daran zu denken, daß eine selbständige und durch Bildung in so hohem Grade verfeinerte Natur, wie sie unser Dichter besaß, sich diesem Joche beugen sollte. Kurz entschlossen, warf Turgenjew die Fesseln des Staatsdienstes, die er sich kaum auferlegt hatte, wieder ab, um das Leben eines Gutsbesitzers zu führen, der durch die Wälder und Steppen seines Vaterlandes streift und das Volksleben, die Natur Rußlands in ihren mannichfachen Offenbarungen studirt. Aber nicht in thatenlosem Beobachten durfte das Leben des Mannes dahinfließen; ohne daß er es wußte, hatte sich die Krystallisation seines innern Menschen vollzogen und eine Fülle von Gedanken und Bildern hatte sich in seiner Phantasie angesammelt, die nach literarischem Ausdruck verlangten. Er selbst unterdrückte solche Regungen weit mehr, als daß er ihnen nachgab; denn seine Anschauungen von Kunst und Poesie waren viel zu hoch, als daß ihm alles Halbe und Unreife nicht hätte zuwider sein sollen. Erst die Berührung mit der Schriftstellerwelt Petersburgs und die Anerkennung, die seine ersten Schöpfungen fanden, konnten in ihm die Ueberzeugung befestigen, daß er ein geborner Dichter sei und daß er nach keinem andern Berufe zu suchen habe.

Die ersten poetischen Arbeiten Turgenjew's, die zur Veröffentlichung kamen, wurden von Professor Pletnew in seinem „Zeitgenossen" veröffentlicht. Es waren kleine Versuche, die kaum den Schluß gestatteten, daß ihr Verfasser zu etwas Großem berufen sein würde. Dann erschienen im Jahre 1841 zwei Gedichte „Der alte Gutsherr" und „Ballade" in den „Vaterländischen Annalen"; auch in ihnen pulsirte noch keine

eigene Kraft, glühte nur geborgte dichterische Wärme. Namentlich schwindt die Figur des alten Gutsherrn, der kurz vor
seinem Tode einen Rückblick auf sein verflossenes Leben wirft
und dabei beklagt, daß er die Liebe nie kennen gelernt habe,
noch ganz in Empfindelei und Geziertheit. Erst das im Jahre
1843 pseudonym erschienene Epos „Parascha" führte ihn er-
folgreich in die Literatur ein und erwarb ihm die Anerkennung
des für die Gestaltung der modernen russischen Literatur maßgebend gewordenen Kritikers Belinski, der die literarische
Production seiner Zeit mit ebenso feinem Kunstverständniß wie
edelm Freimuth gegenüber den schädlichen Einflüssen des Despotismus und der gesellschaftlichen Corruption begleitete und
in den vierziger Jahren eine allseitig anerkannte Autorität war.

Turgenjew's Freundschaft mit dem „russischen Lessing"
ist eine ebenso herzliche wie segensreiche für beide Theile gewesen. Wissarion Gregorjewitsch Belinski (1812—1848),
der Kritiker des „Zeitgenossen" und der „Annalen", hatte
seine literarische Thätigkeit schon frühzeitig in Moskau begonnen, nachdem es ihm gelungen war, die Mängel seiner
Bildung durch Anlehnung an die deutsche Philosophie und
Literatur, namentlich an Schelling, Hegel und die Romantiker
zu überwinden. Seine eigentliche Bedeutung für die russische
Literatur gewann er doch erst, als er in Petersburg lebte
und von der ästhetischen Betrachtung zur Erörterung socialer
und politischer Fragen übergegangen war. Mit seiner scharfen
kritischen Feder sowohl gegen das bornirte Altrussenthum in
Moskau, wie gegen die als Schminke aufgetragne Nachäffung
des Französischen in Petersburg zu Felde ziehend, forderte er,
daß seine Landsleute erst versuchen müßten, Menschen zu sein,
wenn sie als Schriftsteller in Frage kommen wollten. Indem
er in versteckter und doch stets verständlicher und wirkungs-
voller Weise gegen den zarischen Despotismus ankämpfte,
gab er jener Literatur, die sich nicht mit der Erzeugung

schöner Formen begnügte, sondern in das Kunstwerk zugleich eine freiheitliche und reformatorische Idee hineinbaunte, einen mächtigen Anstoß. In den Gesprächen mit ihm, der damals in Petersburg an der Fontanka in der Nähe der Anitschow-Brücke wohnte, festigte sich Turgenjew's Weltanschauung, läuterte sich sein Geschmack, bestärkte sich sein Idealismus im Kampfe gegen die Zustände der vierziger Jahre. Je geringer die geistige Anregung war, welche in jener Zeit die auf-strebende Jugend fand, desto wuchtiger mußte für Turgenjew ein solches Band auf gegenseitiger Werthschätzung beruhender Freundschaft sein. Belinski hat sich wiederholt als höchst treffender Beobachter des Naturells wie des Talentes seines Freundes gezeigt, dessen Herzensgüte, originellen Humor und Erzählungsgabe er nicht genug rühmen konnte. Leider sollte diese Freundschaft ein schnelles Ende nehmen, da Belinski, der im Jahre 1847 seiner Gesundheit halber eine Reise nach Deutsch-land und Frankreich unternommen hatte, bereits im folgenden Jahre an der Schwindsucht starb. Wenn Turgenjew auf seinem Sterbebette den Wunsch äußerte, neben seinem genialen Jugend-freunde beerdigt zu werden, so gewährt uns dieser Umstand einen Einblick in das Verhältniß, in welchem beide Männer zu einander standen. Belinski hat an der „Parascha" des Freundes eine seiner bekannten kritischen Thaten verübt, und ihm nach dem Erscheinen der Skizze „Chor und Kalinitsch" (1847) einen literarischen Geleitschein auf den Weg gegeben, wie ihn nur ein bedeutender Kopf ausstellen kann. „Täusche ich mich nicht," schrieb ihm Belinski, „so besteht Ihr Beruf darin, die Erscheinungen des wirklichen Lebens zu beobachten, um dieselben durch Ihre Phantasie gehen zu lassen, sich auf die Phantasie allein aber nicht zu stützen." Es läßt sich in der That noch jetzt, nachdem alle Werke Turgenjew's der Beurtheilung offen stehen, kaum etwas Präciseres und Charak-teristischeres über Turgenjew sagen, als es in diesen paar

Worten geschehen ist. Daß es ihm an reich quellender Phantasie fehle, ist eben so fein bemerkt, wie der Hinweis auf die Erscheinungen des wirklichen Lebens. Niemals hat ein Dichter einen größeren Respect vor der Wirklichkeit besessen, als Turgenjew; in der Richtigkeit seiner Beobachtung, der ehrlichen bescheidenen Wahrheit seiner Schilderungen steht er unter allen modernen Dichtern einzig da.

„Parascha" gehört noch in die Gruppe jener Dichtungen, die Turgenjew seine „Jugendsünden" zu nennen liebte und deren romantische Nebel sich von der realistischen Klarheit seiner späteren Schöpfungen unterscheiden wie die Nacht vom Tage. In diesem Gedicht ist das Sujet noch sehr einfach, die Nachahmung Puschkins und seines „Eugen Onägin" überall deutlich zu erkennen. Ungleich und unfertig, bald elegisch, bald ironisch angehaucht, ist das Werk noch immer als keine vollgiltige Talentprobe anzusehen. Im Zusammenhang der literarischen Entwicklung Rußlands und dessen, was der Autor später geleistet hat, vermag uns allerdings manche Einzelheit wohl zu interessiren.

In dem russischen Edelfräulein Parascha, das von einem russischen Edelmanne geliebt wird und ihn heirathet, erscheint die russische Frau genau so wie sie Puschkin in der Tatjana seines „Onägin" in die Literatur eingeführt hat. Sie ist neben ihrem müden blasirten Bräutigam das frischere gesundere Element und eröffnet auch in diesem Sinne die später zu schildernde Reihe der Turgenjew'schen Mädchen- und Frauencharaktere, die an Entschiedenheit, Klarheit des Denkens und Thatkraft die Männer fast regelmäßig übertreffen. Es wird sich uns noch mancherlei Gelegenheit darbieten, auf dieses psychologische Problem des Näheren einzugehen und die Gruppe der Männer, die ein Weiberherz im Busen tragen und der Frauen, die sich von einem männlichen Verstande leiten lassen, im Einzelnen zu betrachten. Jetzt führen wir zur Charakteristik der Titel-

helbin des Gedichtes nur zwei Stellen an, welche diese in
Deutschland ganz unbekannte Schöpfung Turgenjew's unseren
Lesern näher bringen mögen*. Die eine schildert das erste
Erwachen der Liebesneigung in Parascha, ihr sich einer nur
geahnten Empfindung süß erschließendes inneres Leben:

„An einem heißen Sommertage wandte
Parascha zu der dunklen Grotte sich.
Vor ihr der See, der Garten, die sie kannte —
Auch dort der Hügel mit dem Wäldchen glich
Sich selber nur, wie sonst. Doch sieh! — was bannte
Im Hohlweg dort ihr Aug'? Ein Jäger saß —
Welch' sonderbarer Anblick! — unter'm Strauch,
Schnitt mit dem Taschenmesser Brod und aß.
Recht vornehm däucht' er sonst nach Art und Brauch,
Ein Gutsherr schien's — die Kleidung sein, die Hände
Bedeckt mit Handschuh'n. Als sein Mahl zu Ende,
Nimmt er vom Kopf die Mütze, ruft dem Hunde,
Gähnt, streckt sich unter'n Busch — und schläft zur Stunde.
Er schläft. Parascha blickte nach ihm hin,
Und zwar nicht einmal nur, ich will's bekennen!
Sie sinnt — oft sprachen Nachbarn vor — doch ihn
Sah sie noch nie — (ich will ihn jetzt nicht nennen
Noch schildern, wie er ist; ich weiß, ich bin
Ein Wortverschwender, dem nicht leicht zu lauschen).
Der Jäger schläft — es spielet leis der Wind
Mit seinen Locken, und die Blätter rauschen
Ob seinem Haupt so traulich und gelind:
Parascha schaut — er ist so übel nicht!
Und plötzlich lächelt lieblich ihr Gesicht,
Jedoch, warum? — vermag ich nicht zu künden —
Ich lernt' der Frauen Lachen nie ergründen.

---

*) Nach der Uebersetzung von August Scholz in der „Gegen-
wart" 1882, Nr. 33. Vergl. die in russischer Sprache erschienene
biographisch-kritische Arbeit über den Dichter von S. Wengerow.
St. Petersburg. Verlag von Wilken und Ittinger. 1875.

So schwand ein Stündchen schnell; die Schwüle wich
Dem kühlen Abendwind — die Schatten ziehen
Sich länger — sieh, da regt der Jäger sich,
Wacht mälig auf, steht träge auf den Knieen,
Setzt lässig seine Mütze auf, erhebt
Sich halb vom Boden, sinkt dann plötzlich wieder
Zurück — vor seinem Blick Parascha schwebt!
Er sieht sie, lächelt, blickt verlegen nieder,
Dann plötzlich springt er auf — Parascha bebt —
Er eilet durch den Hohlweg kühn und leicht
Dem Garten zu — Parascha jäh erbleicht.
Verbindlich grüßend, bleibt am Zaun er stehn
Und sinnt und sinnet — soll er weiter gehn?
Vor Scham erröthend, stand Parascha da,
Das Aug' zu Boden senkend; heftig pochte
Ihr Herz und regellos. Der Jäger sah
Ihr grad' in's Antlitz — nicht die Erste mochte
Sie sein. Er fragt: „Verzeihen Sie — hm, ja —
Wie spät ist's wohl?" Sie wußt' nicht ein noch aus,
Sie blickt ihn an und sagt: „Fünf Uhr ist's eben!"
Doch weiter fragt er: „Wem gehört dies Haus?"
Und eh' sie ihm noch Antwort recht gegeben,
Bat er wohl tausendmal für die Entweihung
— Gott weiß, für welche! — dringend um Verzeihung.
Doch ging er nicht — sagt, daß er Nachbar ja,
Daß sein verstorbner Ohm und ihr Papa
Stets Freunde waren — daß er wirklich froh
Der unerwarteten Begegnung wäre,
Und zwanzig Mal wohl seinem Mund entfloh
Die Frage, ob Verzeihung sie gewähre,
Bis endlich über'n Gartenzaun er sprang —
(Nicht hoch sind unsre Zäune, Gott sei Dank!)
Sein Antlitz lächelte so sonderbar,
So freundlich strahlt' sein braunes Auge wieder,
Daß es ihr lächerlich und sonderbar
Erschien, zu fliehen. Sieh — er beugt sich nieder,
Er sagt ihr etwas — lachen muß sie drüber,
Erst laut, dann leiser. Noch einmal hinüber
Er zärtlich lächelnd zu der Holden sah,

Drauf ging er fort und murmelte: Comme ça!
Sie schaut ihm nach, und eh' er noch entfloh'n
Dem späh'nden Auge, wendet er sich heiter
Zurück und geht alsdann, als ob er schon
Gewohnt des Sieges, achselzuckend weiter."

Die andere Stelle, die wir in Folgendem mittheilen, malt
die Stimmung Parascha's in der Nacht aus, nachdem ihr der
Jäger bei einem abendlichen Spaziergange Herz und Hand an=
geboten hat:

„Sie ging in ihrem Zimmer auf und nieder —
Nicht Furcht noch Sehnsucht kannte nun ihr Herz.
Ihr Denken war verstummt; im Augenblick
Schien gänzlich umgewandelt ihr Geschick;
Sie sank in Schlummer bald; im Traum erschien
Ein traulich Bild ihr — sie erkannte: ihn!
Ihn — — ach, wie wird so traurig mir zu Muth!
Fast möcht' ich weinen, seh' ich dort die Holde
Am Fenster sitzen. Auf dem Kissen ruht
Ihr blasses Antlitz, von der Locken Golde
So leicht und mild umflossen. Leise thut
Ihr Mund sich auf zu einem stillen Lächeln,
Von ihren Schultern gleitet sanft das Tuch —
Ein leiser Abendwind mit lauem Fächeln
Des Mondes bleichen Strahl ins Dunkel trug.
So selig fliegt sie hin auf Traumes Schwingen —
Doch wie ein Glöcklein hör' ich zitternd klingen
Ein spöttisch Lachen — eine Stimme tönt,
Die — ach, wie wird so bang mir! — also höhnt:

Wenn der Sommersonne Brüten
Längst entfesselt' jeden Keim,
Oeffnen sich der Linde Blüthen,
Reift im Kelch der Honigseim.
Und es fliegt der muntren Bienen
Emsig Völkchen flink heran —
Süße Labung bieten ihnen
All die holden Blümlein an.

2 *

Tausend zarte Blüthenstengel
Beugen sich dem lieben Gast,
Und der kleine Bienenengel
Plündert mit geschäft'ger Hast.
Einer Knospe, dicht verschlossen,
Glichst auch du, mein holdes Kind —
Doch im jungen Herzen sprossen
Süße Keime hold und lind;
Und in heller Sommerwonne
Bist du herrlich nun erblüht —
Von der schönen Zaubersonne
Ist dein Wesen ganz durchglüht.
Neige denn zur Liebesfeier
Deinen Stengel, Blümelein —
Schau, dort kommt ein wackrer Freier,
Möchte gern dein Bienchen sein!"

In dem letzten Vers der angeführten Stelle haben wir
einen Beweis für die oben erwähnte Ironie vor uns, von welchem
das Gedicht wiederholt durchwachsen ist. Turgenjew glaubte
nicht an das, was er schilderte, eine innere Stimme sagte
ihm, daß er die Wahrheit noch nicht gefunden habe, und so
versuchte er den Eindruck, den er an einzelnen Stellen auf
den Leser hervorbringt, durch Haschen nach Witz wieder zu
zerstören.

Das 1845 erschienene Gedicht „Das Gespräch" ist aus
einer ähnlichen Nachahmung Lermontows hervorgegangen wie
„Parascha" Puschkin nachgebildet ist. Das Sujet des etwa
vierzig Seiten enthaltenden Werkes ist ganz allgemein gehalten,
weder Ort noch Zeit sind bestimmter charakterisirt. Der Held
ist ein Greis, welchem die menschliche Gesellschaft Widerwillen
verursacht und der sich daher in eine Einöde zurückzieht, um
ungestört seinen Gedanken und Träumereien, seinem Haß und
seiner Verachtung leben zu können. Von herben Schicksals=
schlägen niedergebeugt, hofft er, daß die jüngere Generation
die Ideale der älteren verwirklichen werde, aber wie ihm zu=

zufällig ein junger Mensch begegnet, muß er auch an ihm schon den Ausdruck der Thatenlosigkeit und Weltmüdigkeit erblicken. Es liegt dem Gedicht eine eigenthümlich fröstelnde, fast schon erstarrte Weltanschauung zu Grunde. Der Dichter steckt ganz und gar in romantischen, von der Verzweif= lungsliteratur jener Tage beeinflußten Anschauungen. Er zeigt noch keine wahre Physiognomie, bringt es über eine gewisse Allgemeinheit nicht hinaus und bewegt sich überhaupt in einem fremden Element. Uebrigens hat der Dichter selbst alles dazu gethan, diese ersten Früchte seiner Muse in Ver= gessenheit zu bringen. Er hat ihnen keinen Platz in den Ge= sammtausgaben seiner Werke zugestanden und wiederholt er= klärt, daß er eine „entschiedene, beinahe physische Abneigung gegen seine gereimten Dichtungen fühle und nicht nur kein Exemplar derselben besitze, sondern auch wer weiß was darum gäbe, wenn überhaupt keins davon auf der Welt existirte".

II

Die ersten Prosa-Erzählungen, die „Skizzen aus dem Tagebuche eines Jägers".

Es ist in der That nicht zu lengnen, daß sich in Turgenjew's literarischem Debut keins jener Anzeichen nachweisen läßt, aus denen man auf eine volle originelle Begabung schließen kann. Seine Erstlingswerke haben nicht den Reiz des Erlebten und Durchgearbeiteten, der in dem Leser ein deutliches Bild der Menschen und Dinge erweckt. Er hatte sich in dieser ersten Periode seines Schaffens sowol in der Form wie in dem Inhalt vergriffen. Nicht der Vers sollte ihm zum Träger seiner Poesie werden, sondern die ungebundene, frei dahinfließende Sprache des modernen Epos, des Romans; nicht im Dämmerschein der Romantik, die von den Figuren nur die äußere Hülle borgt, um subjectiven Seelenstimmungen nachzugeben, sollte sich ihm die Muse nahen, sondern in Klarheit der auf Beobachtung und ernsten Studien beruhenden Erkenntniß des Thatsächlichen. Turgenjew irrte sich, als er mit seinen Schöpfungen zum ersten Mal vor das Publikum trat, nicht in seinem Talent, sondern nur in der Richtung desselben; er glich einem Manne, dem die Natur eine Baritonstimme verliehen hat und der sich ein= bildet Tenor singen zu können. Solange es ihm nicht gelang die Stimmlage ausfindig zu machen, die seiner eigensten Natur entsprach, mußte er sich für einen bloßen Nachempfinder, für ein Talent zweiten oder dritten Ranges halten, und diese Ueberzeugung hatte für ihn etwas dermaßen Niederdrückendes, daß er sich vornahm, aller literarischen Thätigkeit in Zukunft zu entsagen.

Während Turgenjew sich selbst gestehen mußte, daß seine versificirten Versuche nicht viel bedeuten wollten, hatte er, wahrscheinlich ohne sich viel darauf einzubilden, ein paar Genrebilder gezeichnet, die sein Talent von einer ganz anderen Seite zeigten. Es waren Novellenskizzen von glücklicher und selbstständiger Beobachtung, ihr Inhalt hatte etwas Hartes und Unversöhnliches, aber die Gabe des Erzählens, der bezeichnenden Charakteristik war in ihnen schon voll enthalten. Ohne daß der Dichter es wußte, schimmerte in ihnen bereits die wahre Puls- und Lebensader seiner Begabung hindurch. Noch war die Form des abgeschlossenen Kunstwerks zwar nicht gefunden, aber das Auge sah bereits deutlich in die Wirklichkeit hinein und das Gesehene nahm in der Schilderung einen bestimmten überzeugenden Ausdruck an.

Am meisten sind von diesen Skizzen die „Drei Portraits" (1846 *) ausgeführt. Es ist ein düsteres Nachtstück, das ganz in die Aesthetik des Häßlichen hineinfällt. Rohe Gewalt, wüste Verschwendung und teuflische Verführung spielen darin eine so große Rolle, daß der Eindruck der denkbar peinlichste ist. Es empört sich beim Lesen Alles in uns, und das Gefühl des Unwillens ist noch stärker als die Anerkennung der sich hier bereits voll entfaltenden dichterischen

---

*) Iwan Turgenjew's ausgewählte Werke. Autorisirte Ausgabe. Mitau, E. Behre's Verlag. Vierter Band. Im Ganzen sind bis jetzt elf Bände erschienen, ein zwölfter mit der Uebersetzung der vier letzten Dichtungen Turgenjew's, „Lied der triumphirenden Liebe", „Ein Verzweifelter" (Poltjew), „Gedichte in Prosa" und „Clara Militsch" von Constantin Jürgens steht zu erwarten. Wir bezeichnen diese Ausgabe in Zukunft kurzweg mit M. T. A.

Begabung. Dieser Wassili Iwanowitsch, der seine welt-
männische Ueberlegenheit dazu benutzt, um ein ahnungsloses
Weib Olga Iwanowna zu verführen und deren Bräutigam
Pawel Rogatschew, einen kindischen Tölpel, über die Klinge
springen zu lassen, weil er sich nicht zu den Folgen dieses
Leichtsinns bekennen und das Mädchen heiraten will, ist eine
fürchterliche Verkörperung von Bosheit und Niedertracht. Daß
es in Wirklichkeit manchmal in der „alten guten Zeit" auf
russischen Gütern so hergegangen sein mag, daran dürfen wir
keinen Augenblick zweifeln. Aber der Eindruck des Ganzen
ist doch unerträglich, man hat beim Lesen die Empfindung,
als ob man in einem dunklen Zimmer gegen eine Thür stoße
und sich dabei verletze, oder als ob man den schrillen Ton
eines über eine Schiefertafel geführten Stiftes vernehme.

Origineller ist die Erzählung „Der Jude"*) (1846),
die Geschichte eines Hebräers, Namens Hirschel, der bei der
Belagerung Danzigs im Jahre 1812 als Spion ergriffen
und gehängt wird. Zu Beginn der Novelle erscheint er uns,
wie er seine Tochter Sarah an einen Offizier verhandeln
will, doch gebraucht er sie nur als Vorwand, um Zeichnungen
und Angaben dem Feinde auszuliefern. Das Interesse des
Lesers wendet sich in der Hauptsache der Todesangst des
Juden zu, als er an den Galgen geführt wird und trotz des
Schauerlichen der Situation durch seine possirlichen Bewegungen
die Umstehenden zum Lachen bringt. Turgenjew zeigt sich
hierin bereits als Meister der stimmungsvollen Beleuchtung.
Die zähneklappernde Furcht Hirschels, der sich dem General
zu Füßen wirft, die militärisch strenge Unerbittlichkeit desselben,

---

*) Die in der M. D. A. nicht enthaltenen Novellen „Der Jude",
„Petuschkow", „Der Hund" und „Der Brigardier" findet man franzö-
sisch in den „Nouvelles moscovites". Paris, J. Hetzel & Cie. Die
ersten drei sind von P. Mérimée, die letzte ist vom Autor selbst übertragen worden.

das Mitleid des Offiziers, dem die Novelle in den Mund gelegt wird, endlich der furchtbare Fluch, den Sarah ausstößt, als sie sieht, daß ihr Vater unrettbar verloren ist, das Alles klingt in einer Tonart düster zusammen. Turgenjew schildert den Juden hierin nur von einer theils lächerlichen, theils verächtlichen Seite. Eine eigentliche Karikatur vermögen wir indessen lediglich in einem einzigen Zuge zu erblicken. Es ist die Stelle, wenn sich Hirschel gegen den Verdacht ver= wahren will, daß er dem Offizier vielleicht eine alte Vogel= scheuche aufschwatzen werde. „Wie könnt Ihr glauben," er= wiederte der Jude lebhaft und erhob die Hände. „Wenn ich Euch täusche, Euer Gnaden, so laßt mir fünfhundert.... vierhundertundfünfzig Stockschläge geben," fügt er schnell hinzu. Daß der Jude auch in Bezug auf die Stockschläge zu handeln anfängt, ist mehr drollig als charakteristisch und erinnert einigermaßen an die Farce. Es verdient übrigens beachtet zu werden, daß Turgenjew nur dieses eine Mal zum Helden seiner Erzählung einen Juden gemacht hat. Der für sein Vaterland so brennenden Frage, die der russischen Regierung und allen Freunden der Cultur viel Sorge macht, durch eine novellistische Darstellung näher zu treten, ist der Dichter durch die schwere Krankheit in seinen letzten Jahren und den darauf erfolgten Tod verhindert worden.

„Der Raufbold" (1846) und „Petuschkow" (1847) entnehmen ihre Stoffe dem Leben der Offiziere in den Garni= sonen. In jener Erzählung ist es der Hauptmann Luschkow, ein roher ungebildeter Bursche, der auf seine physische Kraft trotzt und mit aller Welt Händel sucht, die meistens für ihn gut ablaufen. Ueber seine geringe geistige Bedeutung ist Niemand im Unklaren, außer einem wunderlichen Idealisten von deutscher Abstammung Kister, der durch seine Erzählungen eine junge Dame auf den Helden dermaßen neugierig macht, daß sie sich ihm zu einem Rendezvous förmlich aufdringt.

Aber Luschkow benimmt sich dabei so roh und ungebildet, daß die Dame ihre Neigung auf Kister übergehen läßt, der aber von seinem früheren Freunde Luschkow erschossen wird. Der harten Struktur dieses Sujets steht die weiche Empfind= samkeit in „Petuschkow" gegenüber. Dieser sonderbare Heilige ist ein Offizier, der in einem Landstädtchen abgesondert von seinen Kameraden und ohne ihre Vergnügungen mitzumachen, naiv wie ein Kind lebt. Er verliebt sich in ein ganz unge= bildetes leichtsinniges Bäckermädchen, bringt den ganzen Tag in ihrer und ihrer Tante Gesellschaft zu, quält und langweilt sie mit seiner Eifersucht dermaßen, daß die beiden Frauen froh sind, ihn wieder loszuwerden und würde in Trunksucht untergegangen sein, wenn sich das Mädchen nicht doch noch erbarmt und ihm ein Plätzchen auf der Ofenbank eingeräumt hätte, wo er, auch nachdem sie sich verheirathet hat, rauchend, plappernd, trinkend in der „blöden Jugendeselei" weiter schwärmend, seine Tage verbringt.

Natürlich ist der Inhalt der Skizze ein humoristischer, aber auf dem Grunde dieses Humors liegt etwas Schweres, Ernstes, Gewaltiges. Es ist die Macht der Liebe, die Turgenjew hier zum ersten Male in jener später oft wieder= holten Form schildert, daß ihre Sclaven die einmal auf= erlegten Fesseln nicht wieder abstreifen können, sondern mit dem Gefühl, daß sie auf Schritt und Tritt etwas Klirrendes mit sich schleifen, durchs Leben wandern müssen.

Vielleicht hätte Turgenjew, obwol er sich mit diesen Arbeiten bereits auf dem rechten Wege befand, die Feder doch noch zerbrochen, wenn ihn die Redaction des „Zeitgenossen" nicht aufgefordert hätte, ihr einen kleinen Beitrag für. den vermischten Theil des Blattes zu senden. Nur widerwillig gab er diesem Wunsch (1847) nach und stellte dem Blatt eine Skizze zur Verfügung, in der er ein Bild heimatlichen Lebens, wie es sich ihm bei seinen Wanderungen und Jagd=

ausflügen erschlossen hatte, im kleinen Rahmen fixiren wollte.
An eine künstlerische Leistung, an eine Befolgung der über=
lieferten Formgesetze hat er dabei offenbar nicht einen Augen=
blick gedacht, aber die Kleinigkeit schmeckte nach Natur und
Wahrheit und erregte Aufsehen in der ganzen gebildeten
Leserwelt Rußlands. Es war die Skizze „Chor und Kali=
nitsch", und ihr Erfolg regte den Verfasser an, ihr ähnliche
folgen zu lassen, die sich alle des gleichen Beifalls zu er=
freuen hatten und die Löwenklaue mit einer Deutlichkeit
zeigten, die jeden Zweifel an der Ursprünglichkeit und Größe
des plötzlich zum Durchbruch gekommenen Talents nieder=
schlagen mußte. Aus diesen Skizzen entstand später die
Sammlung „Tagebuch eines Jägers", eins der charakte=
ristischsten, merkwürdigsten und erfolgreichsten Bücher der
modernen Literatur. Der große Wurf war gleichsam über
Nacht gelungen; aus dem Nachahmer des Fremden war ein
schöpferisches Talent ersten Ranges geworden, dem die andern
nachzuahmen begannen. Der Hebel war an der richtigen
Stelle angesetzt, die Bewegung konnte nicht ausbleiben.

Die „Skizzen aus dem Tagebuche eines Jägers"*) ent=
halten eine solche Fülle von Gestalten und dichterischen Mo=
tiven, Naturschilderungen und Menschenbeobachtungen, daß sie
uns das Talent Turgenjew's in seiner ganzen Breite zeigen.
Es liegt in der Natur der Skizze, daß sie mehr Erfindung
als Ausführung ist, daß ihr die abgeschlossene Form des Kunst=
werkes fehlt. Andererseits ist sie dem letztern wieder durch
die Unmittelbarkeit des Empfängnisses, das Frische, Lebens=
volle des ersten Wurfes überlegen; in ihr steht der Künstler
dem Quell des Schaffens weit näher als in dem ausgeführten
Bilde, in dem die ursprüngliche Wärme schon nachgelassen hat.

Auch in den Blättern, die Turgenjew in den beiden

---

*) M. D. A. achter und neunter Band.

Bänden seines Tagebuchs vor uns ausbreitet, ist die Form eine zufällige und oft abgebrochene, während der Inhalt so ganz und gar Natürlichkeit und Einfachheit ist, daß man an eine literarische Hervorbringung kaum noch denkt. Ein berufs= mäßiger Schriftsteller würde die Schale ganz anders geglättet und abgerundet, dafür aber auch den Kern weniger süß und schmackhaft gemacht haben. Unser Dichter stand indessen dem Tintenfasse nicht näher als jeder andere gebildete Mensch, der seine Gedanken klar auszudrücken weiß. Was ihn aus= zeichnete war keine Fertigkeit im gewöhnlichen Sinne, sondern der Umstand, daß er originelle Vorstellungen hatte und daß durch diese seine Phantasie mächtig angeregt war. Das Schreiben als solches gewährte ihm keine Befriedigung, und er blieb ein Gutsherr und Jäger, auch wenn er die Feder in die Hand nahm und seine Eindrücke zu Papier brachte. Lange Tage und Nächte war er, nur von seiner Flinte und seinem Hunde begleitet, durch Wald und Steppen, Wiesen und Felder gestreift, die ihn das conventionelle Leben vergessen ließen und der Natur zurückgaben. Noch vor Sonnenaufgang, wenn die übrigen Menschen im besten Schlafe liegen, ging er hinaus, holte sich Beute, suchte im niedern Gesträuch ein paar Birkhühner oder am Rande des Waldes ein paar Schnepfen zu schießen, und wenn der Abend herannahte und er sich müde und matt zur Ruhe legen wollte, mußte er dieselbe suchen, wo er sich gerade befand, in der Hütte des Waldvogtes oder im Schloß des Magnaten, in einem Schuppen, wohin Stroh und Heu gebracht wurde, oder im Wiesengrunde bei dem Wachtfeuer der Bauernkinder. Die buntesten Erscheinungen des Volks= und Naturlebens boten sich ihm dar, er brauchte nur zuzugreifen, um kostbare Schätze einzuheimsen. Turgenjew hat das redlich gethan, und je nachdem er mehr die eine oder die andere Seite seines Themas erfaßte, zerfällt sein „Tage= buch" in zwei Theile. Der Mensch und seine Umgebung geben ihm unerschöpfliche Anregungen zu vollendeten Schilderungen. Bald tritt diese, bald jene in den Vordergrund; den höchsten Preis verdient der Autor, wenn er beide aufs Innigste mit einander verknüpft, wir in der „Biäschinwiese".

Das Verhältniß des Dichters zur Natur hat jenen intimen Charakter, welcher der slawischen Poesie eigentümlich ist. Er schmiegt sich an sie wie an eine Geliebte, er nistet sich darin ein und verliert gleichsam seine Individualität, um zu einem bloßen Theil des großen ewigen Schauspiels zu werden. Er schlägt die Augen zu ihm auf und erblickt überall farbiges Leben; er lauscht und hört in die Natur hinein und vernimmt, wie sie athmet, webt und schafft. Er wächst so zusammen mit dem Spiel der Elemente, daß er sich darin fühlt wie der Fisch in der kühlen Flut. Kein Wunder, wenn das Wohlbehagen, das er empfindet, auch auf die Leser übergeht und diese Duust, Klang und Farbe als etwas Wirkliches bei der Lektüre zu spüren glauben.

Doch in alledem ist noch nicht dasjenige enthalten, was die Naturauffassung des Dichters individuell macht. Eine solche persönliche Auffassung ist aber vorhanden und macht den Reiz seiner Schilderungen vollends unwiderstch= lich. Für Turgenjew liegt die Erhabenheit der Natur darin, daß sie keine Liebe und keinen Haß kennt, alles Vor= handene, vom Sandkorn bis zum Wurm und vom Wurm bis zum Menschen mit derselben Theilnahmlosigkeit behandelt und aus dieser Gleichgültigkeit bei allem, was uns erschüttern könnte, nicht heraustritt. Unsere täglichen Sorgen und Mühen haben wir uns selbst geschaffen, wir können sie beherrschen und fühlen uns daher wohl in ihnen; versuchen wir aber unsere Leiden und Freuden in die Natur hineinzutragen, so sehen wir, daß sie nichts von uns wissen will und uns als bloßes Atom wie die Milliarden ihrer Gebilde behandelt. Durch diese Art der Betrachtung, die jede Anwandlung von

Sentimentalität unmöglich macht, weil sie den directen Ausblick ins Ewige eröffnet, weiß der Autor jedem seiner Bilder einen Zug zum Großartigen zu geben. Es bildet, wenn wir so sagen dürfen, das immer wiederkehrende Leitmotiv, so oft auch die Scenerie wechseln mag. So heißt es in der Erzählung „Ein Ausflug in die Waldregion": „Schwer fällt es dem Menschen, dem gestern geborenen und schon heute dem Tode geweihten Eintagswesen, den kalten theilnahmslos auf ihn ge= richteten Blick der ewigen Isis zu ertragen; nicht blos die kühnen Hoffnungen und hochfliegenden Träume der Jugend werden gedemüthigt und erlöschen in ihm beim Eiseshauche der Elementarmächte: seine ganze Seele zieht sich gebeugt und scheu in sich selbst zurück; er fühlt, daß der letzte seiner Brüder vom Angesicht der Erde verschwinden könnte, ohne daß nur eine Kiefernadel an den Zweigen darob erzitterte." Aehn= lich wächst diese Idee aus zwei köstlichen Bildern heraus, die Turgenjew in „Senilia. Dichtungen in Prosa" kurz vor seinem Tode veröffentlicht hat. In dem einen zeigt er die Natur als majestätische Frauengestalt, die auf die Frage, ob die Menschen nicht ihre liebsten und bevorzugten Kinder seien, mit dröh= nender, metallischer Stimme erwidert: „Alle Geschöpfe sind meine Kinder, ich bin in gleicher Weise besorgt für alle und vernichte sie alle, ohne Unterschied. Ich kenne weder Gutes noch Böses; Vernunft ist mir nicht Gesetz; und was ist Ge= rechtigkeit? Ich gab dir das Leben, und ich nehme es dir und gebe es andern; Würmern oder Menschen, ist mir ganz gleich. . . . Du aber, vertheidige dich einstweilen und laß mich in Ruhe." Und in dem andern Bilde, einem Gespräch zwischen Jungfrau und Finsteraarhorn, faßt der Dichter die ganze Entwickelung der Erde, vom Entstehen des Organischen bis zum dereinstigen eisigen Erstarren des Lebendigen, als etwas im Verhältniß zu der ewigen Dauer der Natur, für welche Jahrtausende eine Minute sind, gänzlich Verschwindendes auf.

Zuerst sieht Finsteraarhorn nur undurchdringliche Wolken, welche die Erde verhüllen, dann blaues Wasser, schwarze Wälder, Massen von grauen Steinen und die dazwischen wimmelnden Menschen, später werden die Gewässer schmäler, die Wälder weniger dicht, endlich ist alles zu Schnee und Eis erstarrt und die ewige Ruhe eingekehrt. Wir kennen in der Literatur keine ähnliche, poetisch ergreifende und mit so geringen äußern Mitteln bewirkte Durchführung des Gedankens von der Ewigkeit der Natur im Verhältniß zu der Kurzlebigkeit des Menschengeschlechts.

Diese Naturauffassung raubt nun aber durch ihre Großartigkeit der einzelnen Anschauung nichts von ihrem poetischen Schmelze. Können wir von der großen, so unendlich hoch über uns stehenden Mutter keine Bevorzugung vor den übrigen Geschöpfen verlangen, so müssen wir sie doch lieben, weil wir ihr unser Dasein verdanken und weil wir aus demselben Stoff gewoben sind und zu demselben Stoffe werden, wie alles übrige Organische. Haben wir nur erst aufgehört, den Menschen für den Mittelpunkt der Welt zu halten und alle Dinge auf ihn zu beziehen, so sind wir auf dem rechten Wege, die Natur in dem großen Zusammenhang ihrer Erscheinungen zu verstehen, sie nicht nach den Maßstäben zu messen, die unser Egoismus anzulegen liebt, sondern sie aus sich selbst zu begreifen. Dann erscheint nichts mehr schädlich oder nützlich, sondern alles nothwendig und bedingt, gerade so wie wir es selbst sind. Turgenjew führt den Menschen wieder zum Ausgangspunkte seiner Existenz zurück, er will ihm seine Bildung nicht nehmen, bringt ihm aber den verlorenen Glauben an sein verwandtschaftliches Verhältniß zur Umgebung wieder. Dadurch hebt er den Druck, den er durch die Größe seiner Naturanschauung erzeugt hatte, wieder auf, wir fühlen uns nicht mehr einsam, sondern freudig angezogen und begrüßt von Baum und Blume, Vogel und Thier; ein

Gefühl von Wärme und Sympathie durchströmt uns wie jemand, der nach langer Abwesenheit an den Herd des Vaterhauses zurückkehrt und das Feuer noch nicht erloschen findet.

So kommt der Dichter zum Idyll durch die gemüthvolle Beobachtung des Einzelnen. Es liegt ein Zauber in seinen Schilderungen, eine Feinheit und Fülle, die immer wieder zur Betrachtung verleiten: man weiß nicht was bewunderungswürdiger ist, die Schärfe und Deutlichkeit dieser Malerei oder der Stimmungshauch, der sie umgibt. Man lese die Beschreibung des Sonnenuntergangs im Walde zur Zeit des Frühlings in „Jermolai und die Müllerin":

„Im Frühling geht man eine Viertelstunde vor Sonnenuntergang mit der Flinte, ohne Hund, in den Wald. Man sucht sich am Waldessaume eine passende Stelle aus; da stellt man sich auf. Man sieht sich nach allen Seiten um, untersucht die Zündhütchen und wechselt stumme Blicke mit dem Gefährten. . . . Eine Viertelstunde verstreicht. Die Sonne ist schon gesunken; aber im Walde ist es noch hell, die Luft ist rein und durchsichtig; die Vögel zwitschern geschwätzig; das junge Gras glänzt in heiterem smaragdenem Schimmer. . . . Ihr wartet. Allmählich nimmt die Dunkelheit zu. Der röthliche Widerschein, in welchem der Abendhimmel erglüht, streift langsam über die Wurzeln und Stämme der Bäume; steigt höher und höher, — geht von den unteren, mit kaum erschlossenen Knospen bedeckten Zweigen zu den unbeweglichen, schlummernden Wipfeln über. . . . Jetzt verdunkeln sich auch diese, der noch eben purpurne Himmel wird immer blauer. Der Waldduft wird stärker, ein feuchter, kaum fühlbarer Lufthauch erhebt sich für Augenblicke, um wieder nah bei uns in den Zweigen zu ersterben.

Die Vögel entschlummern, je nach ihren Gattungen, zu verschiedener Zeit. Die Finken verstummen zuerst; einige Augenblicke darauf die Grasmücken, dann die Goldammern . . .

Im Walde wird es dunkler und dunkler; die Bäume fließen in riesige, unbestimmte, schwärzliche Massen zusammen, am schwarzblauen Himmel funkeln schüchtern die ersten Sternchen. Die meisten Vögel schlafen. Nur die Rothschwänzchen und die kleinen Spechte lassen noch dann und wann im Schlaf ein Zwitschern hören. ... und jetzt sind auch sie verstummt. Noch ein letztes Mal erklingt unter uns das Liedchen des Laubsängers. Der klagende Ruf des Pirol hat ihm aus der Ferne geantwortet. Eine Nachtigall ließ eben ihre ersten schwungvollen Töne erschallen. ... Das Herz hebt sich in sehnsüchtiger Erwartung. Da plötzlich — doch nur ein Jäger wird mich verstehen können — plötzlich wird in der tiefen Stille ringsum ein leises Gekrächze von ganz eigener Art, dann ein Geräusch, wie von einem gleichmäßigen raschen Flügelschlag erzeugt, hörbar: eine Waldschnepfe hebt sich, den langen Schnabel zierlich geneigt, von dem dunklen Laubwerk einer Birke ab und schwimmt langsam Eurem Schusse durch die Luft entgegen."

Der Instinkt des Jägers, der mit frischem Sinnenleben in die Natur hineintritt, der aufmerksam zu hören, zu sehen, zu riechen gewohnt ist, der in der Luft und im Wasser, auf den Zweigen und im Grase, alles den Stubenhockern nur theoretisch Zugängliche unmittelbar erfaßt, hat diese Bilder erschaffen. Man meint, sie hätten gar nicht den Weg durch den Arm und die Feder des Autors genommen, sondern seien ein unmittelbarer Niederschlag und Abdruck aus Luft, Wald und Feld.

Nicht minder vollendet ist die Schilderung der schwülen Glut des Hochsommers im Gegensatz zu der erquickenden Kühle des Waldes in „Kassian aus Krassiwa Metsch":

„Welch angenehme Beschäftigung, im Walde auf dem Rücken zu liegen und emporzuschauen! Es ist, als schautet ihr in ein bodenloses Meer, das sich weit über euch ausbreitet, als

ob die Bäume sich nicht von der Erde erhöben, sondern viel=
mehr wie die Wurzeln riesiger Pflanzen herabfielen und sich
senkrecht in die krystallhellen Wogen senkten; die Blätter der
Bäume schimmern bald in durchsichtigem Smaragd und bald
verdichten sie sich zu einem sammtartigen, fast schwarzen Grün.
An einer Stelle, weit, weit, am äußersten Ende eines
dünnen Zweigleins, steht unbeweglich ein einzelnes Blättchen
auf einem blauen Flecke des durchsichtigen Himmels und neben
demselben wiegt sich ein anderes, das durch seine Bewegung
an das Spiel der Fischflossen erinnert, denn sie erscheint selb=
ständig und nicht durch den Wind hervorgebracht. Zauber=
haften Inseln unter dem Wasser gleich, schwimmen runde
weiße Wölkchen leise heran und ziehen vorüber. . . . und
auf einmal bewegt sich das ganze Meer, diese leuchtende Luft;
alle diese in Purpur getauchten Zweige und Blätter fangen
an sich zu regen und in flüchtigem Glanze zu erzittern; es
erhebt sich ein frisches lebendiges Rauschen, das dem un=
unterbrochenen Plätschern einer an den Sand des Strandes
schlagenden Welle gleicht. Und ihr liegt regungslos und schaut
— und es ist unmöglich, mit Worten zu beschreiben, wie süß
und still es euch ums Herz wird. Ihr schaut — und dieses
tiefe, reine Azurblau lockt euch ein Lächeln auf die Lippen,
so unschuldig wie das Blau selbst, wie die Wolkenflocken am
Himmel, und mit ihnen ziehen euch langsam glückliche Er=
innerungen in langer Reihe durch die Seele und es ist euch, als
wenn euer Blick immer tiefer und tiefer hineindränge und euch
selbst nachzöge in jenen stillen, leuchtenden Raum, und es ist
unmöglich, sich von dieser Höhe, dieser Tiefe loszureißen. . . ."

Welch ein harmonisch abgestimmtes Farbenconcert, welch
eine zarte und doch gesunde Beseelung drückt sich hierin aus!
Man glaubt in seinen vier Wänden das alles wirklich zu ge=
nießen, wovon der Dichter erzählt. Noch breiter ist das wie
aus Luft und Himmel gewobene Naturbild „Wald und Steppe",

in welchem die Beleuchtung je nach der Tages= und Jahres=
zeit wechselt und Frühling, Sommer, Herbst und Winter nach=
einander an uns vorüberziehen. Der Eindruck ist auch hier
ein freudig gehobener und beseligender, man glaubt wie auf
goldenen Schwingen emporgetragen zu werden.

Andere Dichter haben ihre Gemüthsstimmung in die
Natur hineingesehen und aus ihrem Schaffen eine Art be=
gleitender Musik für die Empfindungen des Schmerzes und
der Freude gebildet. Sie haben die Natur zur Resonanz
ihrer Seele gemacht, wie man etwa eine tönende Stimmgabel
auf einen festen Gegenstand setzt, um ihren Klang zu ver=
stärken. Turgenjew dagegen bleibt der objective Beobachter
der Wirklichkeit, die sich uns nicht unterordnet, sondern über
uns herrscht, und findet das Antlitz der Natur schön, auch
wenn ihre großen unergründlich tiefen Augen über Menschen=
leid und Menschenlust theilnahmlos hinwegsehen. Die „gleich=
giltige Natur" hat dem Dichter auch zu einem kleinen zierlichen
Idyll in Versen, das wir in der Uebersetzung Bodenstedt's*)
mittheilen, den Stoff gegeben. Es führt den Titel „Die
Meise" und verdient, von seinem zarten poetischen Hauche
abgesehen, auch deshalb Interesse, weil es die einzige Dichtung
in gebundener Form ist, die wir von Turgenjew in deutscher
Sprache besitzen:

„Wohl im Wald im Blättergolde
Hellen Tons die Meise singt.
Gruß dir, Sängerin, du holde
Botin, die den Herbst uns bringt.

Ob sie droht mit Sturm und Regen
Und den Winter prophezeit,
Haucht doch deine Stimme Segen,
Athmet helle Freudigkeit.

*) Russische Dichter III: Michael Lermontoff, Kolzoff und Andere.
Berlin 1866. S. 167. (Siebenter Band der gesammelten Schriften
Friedrich Bodenstedt's.)

3 *

Die mir tief zu Herzen dringen,
Sind die süßen Töne nur,
Ein bewußtlos leeres Klingen
Der gleichgiltigen Natur.

Oder ist auch dir gegeben,
Wie dem Menschen, jene Lust,
Jene Freud' am schönen Leben
Die du strömst aus voller Brust?"

Wie anders gestaltet sich dagegen die Scenerie in dem
„Ausflug in die Waldregion"*), einer Erzählung, die nicht in
die deutsche Ausgabe des „Tagebuch" aufgenommen worden
ist, aber wegen ihres skizzenhaften Charakters dorthin gehört.
Turgenjew berichtet darin, wie ihn ein zweitägiger Jagdaus=
flug in einen alten düstern Kiefernwald, der ihm wegen seines
ungeheuren Baumreichthums zum Bilde des Todes wird, und
zu einer merkwürdigen Naturerscheinung, einem Waldbrand
über der Erde führt, bei welchem das Feuer nur das Kraut
und die trockenen Blätter wegfrißt, über alles andere aber,
ohne Schaden anzurichten, hinweghüpft. Das Schauerliche
und Majestätische der Bilder paßt trefflich zu der Schwer=
muth des Erzählers, dem trübe Erinnerungen durch die Seele
ziehen. Es ist einer jener düsteren Momente, die keiner idea=
len Natur erspart bleiben, eine jener Anwandlungen, in denen
man an der eigenen Begabung zu zweifeln anfängt und die
am Lebensbaum hängende Frucht plötzlich verdorrt im trockenen
Laube zu rascheln scheint: „Ich setzte mich auf einen gefällten
Baumstamm, die Ellbogen auf die Kniee stützend; nachdem ich
so lange schweigend den Kopf gesenkt, erhob ich ihn langsam
wieder und ließ die Blicke spähend umherschweifen. O! wie
Alles ringsum still, finster und traurig war — nein, nicht blos
traurig, sondern zugleich stumm, kalt und grausig! Das Herz

*) Erzählungen von Iwan Turgenjew. Deutsch von Friedrich
Bodenstedt. Erster Band. München 1864.

schnürte sich mir zusammen. In diesem Augenblick, an diesem
Orte, spürte ich den Hauch des Todes, ich fühlte seine unauf=
hörliche Nähe, als hätte ich ihn mit der Hand tasten können.
Wenn auch nur ein Schall hörbar gewesen, nur ein flüchtiges
Rauschen aus dem Schlunde des mich umgebenden Waldes
zu mir gedrungen wäre. Ich senkte wieder, fast aus Furcht,
meinen Kopf, mir war, als hätt' ich einen Blick dahin ge=
than, wohin dem Menschen nicht gestattet ist, zu sehen . . . .
Ich drückte meine Hand vor die Augen und plötzlich, wie
einem geheimnißvollen Befehle gehorchend, zog die Erinnerung
meines ganzen Lebens an mir vorüber . . . .

Meine Kindheit erschien vor mir, lärmend und ruhig,
ungestüm und gut, mit ihren hastigen Freuden und stürmischen
Trübsalen; dann meine Jugend, seltsam, voll Unruhe und
Eigenliebe, wie sie war, mit all ihren Fehlern und Anstre=
bungen, mit ihrer ungeregelten Arbeit und ihrem vielbewegten
Nichtsthun . . . . Auch die Genossen meiner ersten Triebe
und Anläufe standen lebhaft vor meinem inneren Auge; dann
zuckten wie Blitze in der Nacht einige leuchtende Erinnerungen
auf; . . — dann stiegen Schatten vor mir auf, mich um=
schwankend und umschwärmend; dunkler, immer dunkler ward
es um mich her, dumpfer und stiller eilten die einförmigen
Jahre dahin und der Kummer drückte mein Herz wie ein
Stein. Ich saß unbeweglich und schaute, schaute mit Staunen
und Anstrengung, mein ganzes Leben sah ich vor mir aus=
gebreitet wie eine entrollte zusammenhängende Reihe von
Bildern. O, was hab' ich gethan! murmelten unwillkürlich
meine Lippen in bitterem Tone. O, Leben, Leben, wohin und
wie bist Du so spurlos verschwunden? Wie bist Du meiner
Dich festhaltenden Hand entschlüpft? Hast Du mich betrogen
oder habe ich Deine Gaben nicht zu benutzen verstanden?
Ist mir denn wirklich nichts von Dir geblieben, als diese
nichtige, arme Hand voll staubiger Asche? Ist dieses kalte,

träge, unnütze Etwas, dieses Ich, dasselbe, was ich einstmals war? Wie? Meine Seele dürstete nach einem so vollen Glück, sie wies mit Verachtung alles Kleinliche, Unzugäng= liche von sich, sie wartete und dachte: dort strömt das Glück wie ein Gießbach) und nicht ein einziger Tropfen hat meine lech= zenden Lippen benetzt? O, meine goldenen Saiten, die so laut und süß einst erklungen, so sollte mich auch Euer Gesang nicht erfreuen — Ihr erklangt nur, als Ihr zersprangt! Oder wäre das Glück, das ächte Glück des ganzen Lebens mir nahe gekommen, an mir vorübergeschwebt mit strahlendem Lächeln und ich hätte sein göttliches Antlitz nicht erkannt? Oder hätt' es mich wirklich aufgesucht und sich niedergelassen mir zu Häupten und wäre von mir vergessen wie ein Traum? Wie ein Traum! wiederholte ich verzagt. Unfaßbare Bilder durchzogen meine Seele und weckten in ihr Zweifel und Betrübniß.

O, Ihr, dachte ich, traute liebe Schatten verlorener Freunde, Ihr, die Ihr mich in dieser todten Einsamkeit um= schwebt, warum seid Ihr so traurig stumm? Aus welchem Abgrunde seid Ihr aufgestiegen? Wie soll ich Eure räthsel= haften Blicke deuten? Kommt Ihr, Abschied zu nehmen, oder kommt Ihr, mich zu begrüßen? Giebt es wirklich keine Hoff= nung, keine Umkehr für mich? Warum entquillt Ihr jetzt meinen Augen, geizige, verspätete Thränen? O, Herz, wozu und warum bereuen und bedauern? Strebe zu vergessen, wenn Du Ruhe finden willst; lerne Demuth, gewöhne Dich an ewige Trennung, an die bitteren Worte: „Lebewohl" und „Auf Nimmerwiedersehen!" Schaue nicht rückwärts, überlaß Dich keinen Erinnerungen, strebe nicht dahin, wo es hell und licht ist, wo die Jugend lächelt, wo die Hoffnung sich krönt mit den Blumen des Frühlings, wo die Freude flattert auf bläulichen Taubenflügeln, wo die Liebe wie der Thau im Morgenroth von Thränen der Wonne glänzt, blicke nicht da=

hin, wo Seligkeit, Glaube und Kraft ist. Dort ist unseres Bleibens nicht."

Zwei andere Erzählungen: „Das Stelldichein" und die „Bjäschinwiese", können als Uebergang von der Naturschilde= rung zur Charakterisirung des Volkslebens betrachtet werden. Im „Stelldichein" ist eine rührende Abschiedsscene zwischen einem jungen, sich in Liebe verzehrenden Bauermädchen und einem herzlosen geckenhaften Kammerdiener in die Stimmung eines klaren herbstlichen Waldes getaucht. Obwohl wir nur eine einzige Situation kennen lernen, ist dieselbe doch so lebens= wahr gehalten, daß wir uns aus ihren Beziehungen eine voll= ständige Novelle konstruiren können. Die „Bjäschinwiese" ist die Krone in dieser Gruppe von Dichtungen, die Schilderung der Nacht vom Einbrechen der Dämmerung bis zum Sonnen= aufgang einfach klassisch zu nennen. Die alle Sinne labende Erzählung von der Wanderung des Verirrten auf der unend= lich ausgedehnten Ebene ist so intim und märchenhaft, daß man zu träumen glaubt. Und dazu das russische Volksleben in anheimelnder Gestalt dargestellt durch frische, prächtige Bauerkinder, die um ein Feuer gelagert sind und sich Spuk= geschichten erzählen, während daneben die Pferde weiden, als deren Hüter die Knaben ausgezogen sind. Die Natur tritt in diese geheimnißvoll gespannte Atmosphäre bald durch einen Ton, bald durch ein unerklärtes Geräusch, bald durch einen Vogel, der von dem Feuer angezogen wird, hinein und stellt das Echo von dem dar, was der Aberglaube des Volkes sich von Poltergeistern und Russalken leise zuflüstert.

Wie die Erkenntniß von der Erhabenheit der Natur, die in nichts Anderem als ihrer Theilnahmlosigkeit wurzelt, zum Idyll führt, so erzeugt das Bewußtsein, daß auch im Thier= reich der gleiche Drang zum Leben pulsirt, wie im Menschen, das Mitgefühl mit den stummen Brüdern der Schöpfung. Das klingt in den Schilderungen Turgenjews nach ohne Spur

von Sentimentalität. Als Beobachter der menschlichen Leiden=
schaften weiß er, daß wir zum Kampf ums Dasein bestimmt
sind und von der Thierwelt jedes Opfer fordern, das für
unsere Existenz nothwendig erscheint, als Waidmann hat er
selbst oft genug „Arm und Bein gebrochen" und den Kindern
des Waldes den Garaus gemacht. Trotzdem erkennt er in
den Thieren einen Zug, der dem Menschen verwandt ist, sieht
er in ihnen eine unter ähnlichen Bedingungen sich kundgebende
Erscheinung des Lebens. Die „Senilia" enthalten ein paar
bemerkenswerthe Proben dieser ebenso gemüthvollen wie geistig
gehobenen Anschauung. Der Erzähler erblickt seinen Hund
wie er die Augen auf seinen Herrn gerichtet hat und Etwas
sagen zu wollen scheint: „Ich verstehe, daß sowohl in ihm,
wie auch in mir dasselbe Empfinden lebendig ist, daß zwischen
uns kein Unterschied besteht. Wir sind gleichartig; in jedem
von uns glüht und leuchtet dasselbe flackernde Flämmchen.
Es naht der Tod, ein einziger Schlag seiner kalten, mächtigen
Flügel .... Und das Ende ist da! Wer unterscheidet dann,
was für ein besonderes Feuer in jedem von uns Beiden
glühte? Nein! ... nicht Mensch und Thier haben sich gegen=
seitig angeblickt. Es waren zwei Paar Augen von gleicher
Art, die auf einander gerichtet waren. Und in jedem dieser
Augenpaare, im Thier, wie im Menschen — schmiegt sich das
gleiche Leben ängstlich an das andere." Und in einer anderen
Tagebuchaufzeichnung „Eine Fahrt auf dem Meere", in wel=
cher Turgenjew erzählt, wie ihn auf dem Dampfer ein kleiner,
an seiner Kette liegender und ängstlich klagender Affe bittend
anzusehen schien und nicht eher zu winseln aufhörte, als bis
der Erzähler die kalte schwarze Hand des Thieres ergriff,
heißt es: „Einer Mutter Kinder sind wir Alle — und es war
mir lieb, das arme Thierchen so vertrauensvoll ruhig werden
und sich, wie an einen Freund, anschmiegen zu sehen." Der
große Dichter, in dessen Kopf eine Welt von Ideen und Bil=

dern wohnt, sich zu dem zitternden Thiere wie zu einem geistig zurückgebliebenen hilfsbedürftigen Bruder herabneigend, welch ein schönes Zeugniß für eine breit ausgestaltete, für Alles empfängliche Menschlichkeit! Auf solchem Wege gelangt der Dichter dazu nicht nur die volle und naive Liebe für das Thier zu empfinden, sondern sie auch für das treibende, bewegende und erhaltende Element alles Bestehenden zu erklären. Das thut er in der reizenden Erinnerung aus seinen Kinderjahren „Die Wachtel", der letzten Arbeit, die Turgenjew in Rußland für seinen Freund L. Tolstoi veröffentlicht hat, wenn er berichtet, wie das Thier, um seine Jungen vor den Nachstellungen des Hundes zu bewahren, sich selbst verwundet stellt und dabei das Opfer der Mutterliebe wird. Oder endlich „Der Sperling" „Senilia", der sein Junges in höchster Todesangst und Preisgebung seiner selbst gegen einen Hund vertheidigt: „Die Liebe, dachte ich, ist doch mächtiger, als Tod und Todesfurcht. Die Liebe allein erhält und belebt das All." Der Dichter hat dabei nur den andern gewaltigen Faktor alles Seins und Werdens vergessen, den Schiller in seinem Spruche von der Natur betont:

„Einstweilen, bis den Bau der Welt
Philosophie zusammenhält,
Erhält s i e das Getriebe
Durch Hunger und durch Liebe."

Die Schilderung des Volkes in einer großen Anzahl hervorstechender Charaktere füllt den übrigen Theil des merkwürdigen Werkes aus. Auch in dieser Darstellung verfuhr der Autor rein als Künstler, aber die Umstände brachten es mit sich, daß die freie absichtslose Schöpfung des Dichters zu einer That wurde, die mächtiger einschlug als viele auf unmittelbar praktische Wirkung berechnete Unternehmungen. Die Frage über die Nothwendigkeit und Berechtigung der Leibeigenschaft ist von Turgenjew in seinen Skizzen mit einer Entschiedenheit

beantwortet worden, die im höchsten Maße reformatorisch
wirkte. Tief hatte sich die Vorstellung des unterdrückten,
um seine Menschenwürde gebrachten Volkes, dessen gesunde
Kraft er durch den Despotismus gelähmt sah, seiner Phantasie
eingeprägt. Was ihm in dieser Beziehung die Tradition
seiner Familie vermittelt, was er von Kindesbeinen an gesehen
hatte, brachte sein Blut in Wallung und machte die Ueber=
zeugung, daß diesem Zustande ein Ende bereitet werden müsse,
unerschütterlich. Ihn erfüllte die Sehnsucht nach voller natür=
licher Menschlichkeit; aber wo konnte er diese finden, so lange
die Kette der Leibeigenschaft nicht gebrochen, die despotische
Willkür derer nicht beseitigt war, die des Volkes Lehrer und
Führer hätten sein sollen? Die Verschleuderung eines im
Kern gesunden Menschenmaterials erfüllte den feinfühligen
Mann mit tiefer Wehmuth und zwang den Künstler, diese
Zustände einmal zu schildern, wie sie wirklich sind, ohne sub=
jektive Erregung die Wahrheit und nur die Wahrheit zu sagen.
So eröffnete er mit den feinsten und gefährlichsten Waffen
den Kampf gegen diesen Feind und ruhte nicht, bis er ihn
ohnmächtig zu Boden gestreckt sah. Nicht seinen unerschrockenen
Angriffen und unaufhörlichen Kernschüssen allein ist dieses
Resultat zu danken, aber sie bildeten einen Faktor von außer=
ordentlicher Bedeutung. Nicht vom Standpunkt einer Partei
ging er dabei aus, sondern von dem jedem Menschen ange=
borenen Gefühl; er deklamirte nicht gegen das Uebel, sondern
er zeigte nur seine verheerenden Wirkungen, er schien weder
etwas beweisen noch etwas fordern zu wollen, aber mit jedem
neuen Typus der Verkommenheit, den er den Lesern vorführte,
mußte die alte Zwingburg ins Schwanken gerathen, und je
ruhiger und sachlicher er die Bilder des Elends behandelte,
desto mehr mußte den Männern, die sie hervorrufen oder
geduldet hatten, die Schamröthe das Blut in die Wangen
treiben. Verstandesgründe hätte man jesuitisch mit andern

Gründen beantworten können; aber das schmerzhaft verzogene Antlitz des leibeigenen Bauern, das aus den Zeilen des Turgenjew'schen „Tagebuch" aufstieg, erlaubte keine Widerlegung, gestattete keine andere Antwort als Abhülfe.

Wie bewußt und ernst der Dichter seine Aufgabe erfaßte, können wir aus einer Stelle in seinen „Literarischen Erinnerungen" ersehen, wo er es ausspricht, daß er in Rußland einen Feind hatte, mit dem er nicht dieselbe Luft athmen, den er nicht mit Gleichmuth ertragen konnte, die Leibeigenschaft: „In diesem Begriff concentrirte sich für mich Alles, wogegen ich bis zum Ende meiner Tage zu kämpfen beschlossen, womit ich mich nie auszusöhnen gelobt — das war mein Hannibalschwur!"

Es ist eine Galerie mit wunderlichen Bildern, in die wir da treten. Die Nichtigkeit und Verlorenheit dieser Existenzen aus der Zeit der Leibeigenschaft ist mit meisterhaftem Pinsel gezeichnet. Sie sind lauter Nullen und würden zusammenaddirt immer noch nicht so vielen Stoff ergeben, als zu einer einzigen Persönlichkeit erforderlich ist, denn ihr Dasein ist mechanisch, leer und zwecklos, sie rollen durchs Leben wie Glaskugeln, welche Kinder zum Zeitvertreib über eine Bahn gleiten lassen. Ohne Wünsche und Bedürfnisse entstehen und vergehen diese Menschen wie Grashalme am Wege, niemand beachtet sie, niemand wundert sich, daß sie da sind oder daß sie wieder verschwinden. In der Hand des Zufalls, dessen Spielzeug sie sind, haben sie keinen andern Beruf, als hin- und hergeworfen zu werden, wie es ihren Herren gerade gefällt. So heißt es von dem Leibeigenen Stiopuschka in der Skizze „Der Lauterquell": „Er hatte gar keine Verwandten und niemand kümmerte sich um seine Existenz. Dieser Mensch hatte nicht einmal eine Vergangenheit; man sprach gar nicht von ihm; er war sicher niemals bei der Seelenrevision gerechnet worden". Eine ähnlich dumpfe, gebrochene, gleichsam verschlafene Existenz ist der barfüßige, zerlumpte Sutschof, in „Lgow", der je nach Wunsch seiner Herrschaft Schuster, berittener Piqueur, Gärtner, Vorreiter, Kojak, Akteur, Tafel= diener, Kutscher und Fischer ist, oder der Leibeigene Jermolai, von dem es in „Jermolai und die Müllerin" heißt: „Er war ein Mensch von ganz besonderer Art, sorglos wie ein Vogel, ziemlich offenherzig, anscheinend zerstreut und unbe= holfen; er liebte einen guten Schluck, hielt nie lange an dem= selben Orte aus, schlurrte beim Gehen und watschelte von einer Seite auf die andere; schlurrend und watschelnd machte er dennoch nöthigenfalls in 24 Stunden seine 60 Wege. Er setzte sich den verschiedenartigsten Abenteuern aus: er übernachtete im Moor, auf Bäumen, auf Dächern, unter Brücken, war mehr als ein= mal in Speichern, Kellern und Schuppen eingeschlossen, büßte seine Flinte, seinen Hund und die allernothwendigsten Kleidungs= stücke ein, hatte derbe und reichliche Schläge auszuhalten und kehrte dennoch nach einiger Zeit bekleidet wie gewöhnlich und mit Flinte und Hund nach Hause zurück." Es ist eine feine Bemerkung von Julian Schmidt, wenn er sagt, daß dieser Jermolai eine unschätzbare Studie für den russischen Volks= charakter sei und in der Welt ebenso populär wie Sam Weller und Onkel Bräsig geworden wäre, wenn der Dichter ihn nicht absichtlich nur leicht skizzirt hätte. Ein ähnliches Ori= ginal zeigt uns „Kassian aus Krassiwa Metsch", einen zwerg= haften, verkrüppelten Vogelfänger, der das Nichtsthun zu seiner Lebensaufgabe gemacht hat und in seinem Gehirn alle mög= lichen philosophischen Blasen aufsteigen läßt.

Und wie die Diener, so die Herren, bei jenen Trägheit und Abgestumpftheit, bei diesen Willkür und Mißwirthschaft. Das auffallendste Muster despotischer Laune und Tollheit ent= hält die Erzählung „Tschertapchanow und Nedopinskin". Die beiden Männer sind durch die Ungleichheit der Charaktere zu unzertrennlichen Freunden geworden; jener ist ebenso hitzköpfig,

eigenfinnig und toll, wie dieser unfelbftändig und ſchwach iſt;
der eine hat den andern durch einen Akt der Großmuth an
ſich gefeſſelt und für den geſäeten Edelmuth eine unbegrenzte
Dankbarkeit geerntet. Die ſtruppige Wildheit Tſchertapchanow's
zerſtört alles in ſeiner Nähe und ſchließlich ſich ſelbſt; der
haarbuſchige Geſelle verliert ſeinen Freund durch den Tod,
ſeine Geliebte verläßt ihn, ſein Lieblingsroß wird ihm ge-
ſtohlen, und als er es zurückerhalten zu haben glaubt, iſt es
nicht das echte und rechte. Im Trunk und völliger Ver-
wahrloſung nimmt dieſe Exiſtenz ihr Ende. Turgenjew liebt
es, von der Menſchengattung, die er ſchildert, zwei Exemplare
in die Welt zu ſetzen und ſie miteinander zu vergleichen.
So ſtellt er uns in der Skizze „Zwei Gutsbeſitzer" zwei
andere Männer vor, die auf das Feinſte porträtirt ſind; der
eine von ihnen, Mardari Apollonitſch Stegunoff glaubt ſeine
Diener gerade deshalb recht zu lieben, weil er ſie fleißig
durchprügeln läßt, und der Gemißhandelte erklärt die Strafe
für wohlverdient und preiſt ſeinen Herrn als gerecht. Wir
ſetzen die betreffende Schilderung her, weil ſie ein ganzes
Kapitel ruſſiſcher Geſchichte enthält und uns ahnen läßt, wie
es im Herzen eines ſolchen, nach der Väter Sitte fröhlich
dahinlebenden Gutsdespoten ausgeſehen hat:

„Unterdeſſen war die Luft ganz ſtill geworden. Nur zuweilen bewegte ein leiſer Wind wellenförmig die Luft, ſtrich
um das Haus herum und trug erſterbend den Wiederhall
gleichmäßiger und häufig wiederholter Schläge aus der Ge-
gend der Stallungen an unſer Ohr. Mardari Apollonitſch
war eben im Begriffe, die volle Unterſchaale an die Lippen
zu ſetzen und hatte ſchon die Naſenflügel aufgezogen, ohne
welche Procedur bekanntlich kein einziger Stockruſſe ſeinen
Thee ſchlürft, — als er innehielt, aufhorchte, mit dem Kopfe
nickte, einen Schluck nahm, die Unterſchaale auf den Tiſch
zurückſetzte und mit dem gutmüthigſten Lächeln von der Welt,

wie unwillkürlich den Ton der Schläge nachahmend, wieder=
holte: Tschjuki, tschjuki, tschjuk, tschjuki, tschjuk, tschjuki,
tschjuk!

— Was ist das? fragte ich erstaunt.

— Da wird auf meinen Befehl ein Schelm gestraft.
Es ist Wassja, der im Büffet servirt. Kennen Sie ihn?

— Welcher Wassja?

— Derselbe, der bei Tische aufwartete. Der mit dem
großen Backenbarte.

Der grimmigste Unwille hätte dem klaren, sanften Blicke
Mardari Apollonitsch's nicht stichhalten können.

— Was ist Ihnen, junger Herr? Was ist Ihnen? sagte
er, den Kopf schüttelnd. — Bin ich denn ein Bösewicht, daß
Sie mich so ansehen? Wer seine Kinder liebt, der züchtigt
sie, das wissen Sie wohl.

Eine Viertelstunde darauf nahm ich Abschied von Mar=
dari Apollonitsch. Als ich durch das Dorf fuhr, erblickte ich
den Buffetdiener Wassja. Er ging die Straße entlang und
knackte Nüsse. Ich ließ den Kutscher halten und rief ihn heran.

— Nun Bruder, Du bist heute bestraft worden? fragte
ich ihn.

— Woher wissen denn Sie das? erwiederte Wassja.

— Dein Herr hat es mir gesagt.

— Er selbst?

— Wofür hat er Dich denn strafen lassen?

— Weil ich es verdiente, Väterchen! weil ich es ver=
dient habe. Für Kleinigkeiten wird bei uns nicht gestraft;
das kommt bei uns nicht vor — nie. Unser Herr ist nicht
so einer; unser Herr . . . . . solch' einen findet man im ganzen
Gouvernement nicht mehr!

— Vorwärts! rief ich dem Kutscher zu. Das also ist
unser altes liebes Rußland! dachte ich bei mir, auf der
Rückfahrt."

Vollkommen versumpft ist auch Peter Petrowitsch Kara=
taew, der dem Dichter in einer Poststation seine Liebes= und
Leidensgeschichte erzählt und damit endigt, daß er seine Tage
im Kaffeehause verbringt und sein Elend mit Hamlet=Citaten
verbrämt. „Der Burmistr" und „Das Comptoir" zeigen
uns das Rohe und Diebische der Gutsverwaltung; die heuch=
lerische Tücke Sofron's in der einen, die Prügelscene zwischen
dem Buchhalter und Kassirer in der andern Skizze stellen das
moralische Empfinden des Lesers auf eine harte Probe. Der
Apparat von Verordnungen, Unterschriften, Siegelungen, Vor=
lesungen, der in Thätigkeit gesetzt wird, um den Schulzen zu
veranlassen, daß er die Ursache eines Straßenlärms ergründe,
welcher der gnädigen Frau die Nachtruhe gestört hat, übt
allerdings trotz der spitzbübischen Gesellschaft eine sehr erhei=
ternde Wirkung aus.

Allein es wäre unmöglich, lediglich Nachtstücke dieser
Art zu ertragen, und der Dichter ist unbefangen genug, uns
auch die Kehrseite der Medaille zu zeigen. Ein so unerbittlicher
und unbestechlicher Kritiker seines Volkes, wie er ist, gibt
er es doch niemals gänzlich auf. Von den natürlichen An=
lagen seiner Nation denkt er viel zu hoch, um es für möglich
zu halten, daß sie dauernd unterdrückt werden könnten. Wenn
der Wecker kommt, der diese Seelen aus dem Schlummer ihres
Daseins ruft, hat er von ihrer unverbrauchten Kraft das Beste
zu erwarten. So steigt der Dichter in alle möglichen Stände
und Berufsarten hinab, und wir, die wir ihn auf dieser
interessanten Wanderung begleiten, können seine Gestaltungs=
kraft, seine Kunst, in kurzen Worten einen Charakter voll=
ständig zu erschöpfen, nicht genug bewundern. Schon in der
ersten vorhin erwähnten Skizze: „Chor und Kalinitsch", die
sein Talent zum ersten mal in seiner ganzen Tiefe erkennen
ließ, ist die im einzelnen durchgeführte Charakterparallele
zwischen dem durch Verschlagenheit zu Besitz gekommenen und

dem in gedankenloser Gutmüthigkeit einhertaumelnden Bauer eine Leistung ersten Ranges. Und daran reihen sich eine Anzahl anderer Gestalten, die nicht nur unser Interesse, sondern auch unsere volle Sympathie erwecken, vor allem der Freisasse Owsiannikow, die prächtige Figur des rüstigen, klar blickenden, sich auf die eigene Kraft stützenden Greises, der sich in Bescheidenheit und Arbeitsamkeit unabhängig gemacht hat und nun die alte Zeit mit der neuen vergleicht, indem er dort die Roheit und Gewaltsamkeit, hier das Unfertige und Experimentirende mit scharfem Auge betrachtet. „Wo soll das hinaus?" klagt der wackere Mann. „Soll ich denn wirklich sterben, ohne eine neue Ordnung der Dinge erlebt zu haben? ... Was ist das für ein Kreuz? Das Alte stirbt und das Neue will nicht kommen." Wir werden später sehen, wie das der Klageruf Turgenjew's, ja der ganzen russischen Literatur, des ganzen russischen Lebens, Denkens und Trachtens ist. Meistens merkt man nur Gegensätze und Widersprüche, selten ihre Versöhnung; auf beiden Seiten liegt das Mangelhafte und die Mitte bleibt oft leer.

Versöhnend können dabei nur die Momente wirken, in denen es uns vergönnt ist, die Volksseele rein und tief wie einen Bergsee zu erkennen, und darin Trost zu finden für das Verrückte und Zwitterhafte der Culturerscheinungen. Wie rührend ist die Skizze „Der Tod" mit dem Satze: „Merkwürdig stirbt der russische Bauer! Sein Zustand vor seinem Ende ist weder Gleichgültigkeit noch Stumpfsinn. ... Er stirbt, als hätte er eine Ceremonie zu vollziehen: einfach und kalt." Oder die nicht minder ergreifende Erzählung „Die Sänger" mit der wunderbaren Schilderung der Landschaft, des Dorfes, der Schenke, des Wirthes und den Figuren der beiden Sänger, des Fabrikarbeiters Jaschka, des Mannes mit der reinen vollen Künstlerseele, und des Baumeisters aus Schisdra, der das buntscheckige, schillernde Virtuosenthum vertritt. Die Schilderung, wie der letztere mit seiner Kehl= fertigkeit einen rasenden Ausbruch des Beifalls hervorruft, während der andere alles zu Thränen rührt, ohne daß sich dabei eine Hand bewegt, ist eine ergreifende Gegenüberstellung von glattem Virtuosenthum und edler Innerlichkeit, von grobem Effect und tiefem, nachhaltigem Eindruck. Prächtig berührt uns auch ˙im „Werwolf" die Erscheinung des gewaltigen, riesenstarken Försters mit der ehernen Stimme, der unermüd= lich seine Pflicht thut, den Dieb von weitem wittert und sich kein Bündel Reisig entwenden läßt. Wir glauben den Wald= gott selbst vor uns zu sehen, der durch sein Reich schreitet und jedem Vergehen die Strafe auf dem Fuße folgen läßt. ˙ Nur die Stellung der Frau erscheint in keinem erfreulichen Lichte. Nirgends ist sie die gleichberechtigte Lebensgefährtin des Mannes, ihre Position bringt es mit sich, daß sie seine Herrschaft entweder bedingungslos anerkennt, wie in „Jer= molai und die Müllerin" und „Mein Nachbar Radilow", oder sich ihr gewaltsam entzieht, wie es Tschertapchanow's Geliebte Mascha thut, deren Zigeunerblut es bei niemand lange aushält und die eines Tages ihre Sachen packt und davoneilt.

Noch ein paar Skizzen bleiben zu erwähnen, die durch ihren Stoff fesseln, oder das Charakterisirungstalent des Dich= ters in besonderm Glanze zeigen, oder endlich Themata ent= halten, die in den spätern Schriften des Autors weiter aus= geführt werden. Da ist zuerst die Schilderung eines Pferde= marktes in „Lebedjan" mit einem dichten Knäuel von Käufern und Verkäufern, die so lebenswahr und genial hingezeichnet sind, daß man an ein Bild von Wereschtschagin, dem großen Lands= manne unsers Dichters, denken muß. Da ist ferner der Fau= lenzer Andrinscha in der Skizze „Tatjana Borissowna und ihr Neffe", der sich einbildet ein Künstler zu sein, weil er eine Zeit lang in Petersburg war und in den Ateliers herum=

gelungert hat, der aber in Wirklichkeit zu gar nichts zu ge=
brauchen ist. „Es rasselt" ist wieder ganz aus dem russi=
schen Volksleben herausempfunden; die nächtliche Fahrt durch
die Furt, die Spannung bei der Erwartung der betrunkenen
Räuber, die sich indessen mit einer einfachen Bettelei begnügen,
sind landschaftlich und psychologisch gleich sein geschildert. „Die
lebendige Reliquie" enthält eins jener Orginale, wie sie Tur=
genjew liebt, die Schilderung eines ehemals blühend schönen
Mädchens, das aber infolge eines Falles skeletartig zusammen=
geschrumpft ist und, zu jeder Beschäftigung untauglich, wun=
derliche Gedanken spinnt. Das Physiologische geht für den
Dichter und seine Anschauung schnell in das Psychologische
über; nicht die körperlich vertrocknete und ausgedörrte Er=
scheinung ist es, was uns fesselt, sondern die Folgen, die
dieser Zustand für das nun ganz dem Kleinen und Nächsten
zugewendete in Demuth und Entsagung aufgehende Gemüths=
leben der Unglücklichen hat. Dieser Charakterstudie stellen
wir den „Kreisarzt" zur Seite, eine Erzählung, die schon als
abgeschlossene Novelle betrachtet werden kann. Unter den
Jugendversuchen Turgenjew's befand sich ein von uns oben
erwähntes Gedicht „Der greise Gutsherr", dessen Held vor
seinem Tode auf sein Leben zurückblickt und dabei beklagt, daß
er die Liebe nie kennen gelernt habe. Nun übertrug der
Dichter dasselbe Motiv auf ein junges Mädchen, das kurz
vor ihrem Ende im Fieberzustande von einem unwiderstehlichen
Liebesverlangen erfüllt wird und sich mit diesen Empfindungen
an den ihr ganz unbekannten Arzt klammert. Das letzte
Aufflackern des Lebenslichtes und die Sehnsucht nach einem
höchsten bisher nur geahnten Glück haben etwas unendlich
Rührendes. Endlich „Der Hamlet des Stschigrowschen Kreises",
eine deshalb bemerkenswerthe Studie, weil sie die affectirte
Halbbildung eines Mannes schildert, der nicht mehr Russe
sein will, und sich doch nicht in die westeuropäische Cultur

hineinleben kann. So ist er zwischen Barbarei und Civilisation
eingeklemmt und windet sich ohnmächtig in dieser Lage hin
und her, zu nichts tauglich, ohne Antrieb und Ehrgeiz, an
allem zweifelnd, nur nicht an der entsetzlichen Oede, die ihn
erfüllt. Es ist eine vollständig leere, mit koketten Gedanken und
Empfindungen bemalte Menschenhülse. Die Einkleidung dieser
Erzählung als Gespräch zwischen zwei Männern, die nicht
einschlafen können und durch ihre Unterhaltung den daneben
schnarchenden Nachbar aufwecken, ist wieder die glücklichste.
In der Erwähnung der Namen Hegel und Goethe hat sich
Turgenjew selbst in seiner Weise ironisirt, wenn er den Er=
zähler sagen läßt: „Sie halten mich für einen Steppenbe= ·
wohner . . . für einen rohen Menschen . . . gestehen Sie
es . . . aber ich bin durchaus nicht das, was Sie denken.
Erstens spreche ich das Französische nicht schlechter als Sie
und das Deutsche sogar besser als Sie; zweitens habe ich
drei Jahre im Auslande zugebracht: ich war in Berlin allein
acht Monate. Ich habe den Hegel studirt, mein Herr, und
kann Goethe auswendig: überdies bin ich lange in die Tochter
eines deutschen Professors verliebt gewesen und heirathete
hier in der Heimath ein schwindsüchtiges Fräulein, eine kahl=
köpfige aber sehr bemerkenswerthe Persönlichkeit. Ich bin
also eines Geistes Kind mit Ihnen, ich bin kein Steppensohn,
wie Sie glauben. Auch ich bin reflexionswurmstichig und es
ist gar nichts Unmittelbares an mir.“

Novellen mit dem Thema der Leibeigenschaft.

Während die Skizze „Chor und Kalinitsch" (1847) er=
schien, hatte Turgenjew seine zweite große Reise durch das
westliche Europa angetreten. Die meisten andern Skizzen des
„Tagebuch" wurden in den Jahren 1847—49 in Paris ge=
schrieben, also um die Zeit der Februarrevolution, und man=
cherlei traurige Erfahrungen warfen ihre Schatten auf diese
Blätter, die den jungen Autor in seinem Vaterlande schnell
berühmt machten. Die ganze Sammlung erschien 1852 und
fand durch Uebersetzungen auch im Auslande bald Anerkennung.

Man würde sich aber gewaltig irren, wenn man bei
dem Erscheinen der deutschen Uebersetzung von Viedert und
Boltz eine ähnlich enthusiastische Aufnahme voraussetzen wollte,
wie sie den späteren Erscheinungen des Dichters zu Theil ge=
worden ist. Eine sehr eingehende feinsinnige Besprechung
widmete ihm zwar Paul Heyse im „Deutschen Literaturblatt",
aber im Ganzen wurden die Bedeutung der sich hier erschlie=
ßenden neuen Stoffwelt und der unvergleichlichen Gabe, Men=
schen und Natur anzuschauen, keineswegs nach Verdienst ge=
würdigt. Im Winter 1846—47 lernte Ludwig Pietsch den
Dichter in Berlin kennen und legte hier den Grund zu einer
Freundschaft, die im Laufe der Jahre immer tiefere Wurzeln
schlug und den ausgezeichneten Feuilletonisten und Kunstkenner

zu einem der feinfinnigsten Interpreten der Muse Turgenjew's
stempelte. Den Eindruck, den dieser bei der ersten Begegnung
in dem Julius'schen großen Journal-Lese-Institut, der „Zei-
tungshalle“, auf ihn machte, schildert Ludwig Pietsch in folgender anschaulicher Weise in „Nord und Süd“ Band 7, 1878:
„An einem der letzten Novemberabende des Jahres 1846 hatte
ich diese Lesezimmer verlassen und stieg die Treppe zum Flur
hinab. Von unten kam mir die auffallend hoch und breit gewach-
sene Gestalt eines jüngeren Mannes, in einen weiten Pelzrock
gekleidet, ziemlich langsamen, schweren Trittes die Stufen
hinaufsteigend, entgegen. Auf dem mittleren Treppenabsatz
trafen wir zusammen. Die dort brennende Gasflamme beleuch-
tete scharf und hell das Gesicht dieses Mannes. Der Anblick
desselben frappirte mich so, daß ich für einen Moment stehen
blieb und das Auge nicht von ihm wenden mochte, als er an
mir vorüber und die Treppe weiter hinaufging. Falls er
mich überhaupt beachtete, so mußte ihm mein Benehmen und
Anstarren wunderlich genug und nicht eben von guter Lebens-
art zeugend erscheinen.

Es war ein Kopf, wie ich ihn nie gesehen hatte und wie
man ihn nie wieder vergißt. Der eines etwa Achtundzwanzig-
jährigen. Ein Gesicht von entschieden russischem Typus mit
ziemlich breiten Backenknochen, welche aber durch die edle,
breite, herrlich gewölbte Stirn und die mächtige Nase dominirt
wurden. Uebrigens fiel nach links hin ein voller Büschel
des etwas lang getragenen, auf der rechten Seite gescheitelten
braunen Haares. Starke, fast schwarze Brauen beschatteten
ein Paar grünlich-braune, breitlidrige, große Augen von fast
schwermüthig ernstem Ausdruck. Ein brauner, kurzer Schnurr-
bart zog sich bis unter die Mundwinkel über der etwas auf-
geworfenen Lippe hin. Das glattrasirte, volle, bestimmt gezeichnete Kinn schloß dieses bedeutende Antlitz nach unten
hin ab.

Ich hatte das instinctive Gefühl, hier einem ganz besonderen Menschenwesen begegnet zu sein, wenn mir auch schwerlich eine Vorahnung sagte, daß ich hier zum ersten Male auf die Quelle getroffen sei, die mir eines der besten und dauerbarsten „Glücke" der daran nicht eben armen späteren zweiten Hälfte meines Lebens spenden würde. Der Eindruck dieser exceptionellen Erscheinung beschäftigte mich am folgenden Tage unausgesetzt, und ich entsinne mich, während desselben wiederholte Versuche gemacht zu haben, sie aus der Erinnerung zeichnerisch zu reproduciren."

Weiter berichtet der geistreiche Beobachter über den russischen Dichter: „Er kannte Paris und Italien, bewies ebenso feines, tiefes, eigenthümliches Gefühl und Verständniß der Musik, und der Malerei sowie der poetischen Literatur. Mit der deutschen schien er gründlich vertraut und speciell von einer imponirenden Goethefestigkeit. Was er sprach und worüber es auch sein mochte, war durch Gehalt wie durch die Form der Darstellung immer gleich anziehend und fesselnd, hatte nicht nur frischen Reiz der Neuheit und Originalität, sondern unterschied sich, wie ich bald erkannte, sehr wesentlich von der Art jener Gesprächs- und Darstellungsweise, welche unter uns vormärzlichen, mehr oder weniger hegelianisch dressirten oder doch angekränkelten Idealisten vorwiegend war, durch eine mich völlig überraschende sinnliche Gegenständlichkeit, durch die Fülle der feinen und genauen Beobachtungen der realen Natur und des Menschenlebens, von denen er damals schon einen reichen Schatz in seinem treu bewahrenden Gedächtnisse angehäuft zu haben schien. Während der folgenden Tage und Abende dieses glücklichen Winters und Frühlings 1847, von welchem kaum einer vorübergegangen ist, ohne mir eine oder ein paar Stunden des erquicklichen Zusammenseins mit dem neuen Bekannten zu gewähren, fand ich immer vermehrten Anlaß, diese nie zuvor in solchem Maße bei einem anderen

Menschen gefundene Gabe der Anschauung oder vielmehr der
allgemeinen sinnlichen Aufnahmefähigkeit für alle Eindrücke
der Natur, d. h. der gesammten Wirklichkeit, einer so emi-
nenten Kunst der Darstellung derselben durch das Wort ge-
sellt, zu bewundern."

Für das herrschende System war die Veröffentlichung
des „Tagebuches eines Jägers", das der schärfsten Kritik der
bestehenden Zustände eine scheinbar ganz unverfängliche Form
lieh und die Leser in ihrem Urtheil auf das entschiedenste
bestimmte, indem es sie zugleich unterhielt, ein schwerer Schlag.
Da sich in dem Werke keine unmittelbaren Beziehungen auf
den Zaren Nikolaus fanden, wagte es die Censur nicht gegen
seine Verbreitung einzuschreiten; aber offenbar war der Autor
viel gefährlicher und einflußreicher als der Verfasser jener
Tendenzschriften, die sich vorzugsweise an literarische Kreise
wendeten. Aber durfte die Regierung auch gegen die Dichtung
nichts unternehmen, so hielt sie es doch für ihre Pflicht, den
Dichter scharf ins Auge zu fassen und ihn bei der ersten
besten Gelegenheit entgelten zu lassen, was er mit dem „Tagebuch" in ihren Augen gesündigt hatte.

Am 4. März 1852 war Nicolaus Gogol, der Verfasser
einer der ausgezeichnetsten Sittenromane der Neuzeit „Todte
Seelen" und des besten russischen Lustspiels „Der Revisor"
gestorben. Er war nicht nur für Rußland eine epochemachende
Erscheinung, sondern nimmt auch in der Weltliteratur einen
unbestrittenen Ehrenplatz ein. Als Kleinrusse geboren und
damit ursprünglich der Verachtung der Großrussen preisge-
geben, hatte er bald eine Ueberlegenheit des Geistes und Talentes, die ihr Träger dazu benutzte, ein ganz neues realisti-
sches Princip in die heimathliche Literatur einzuführen. Er
hatte sein herrliches Kosackenepos „Taraß Bulba" vollendet
und darin eine wahrhaft homerische Einfachheit und Naivetät
bekundet, er hatte dem kranken Körper seines Vaterlandes die

Satire als Arznei eingegeben, damit er wieder gesunde. Aber da traten die Dämonen, die sich bisher nur flüchtig gezeigt hatten, dem unglücklichen Mann immer näher, sie entrissen ihm das Instrument seiner Kunst, den seiner selbst bewußten Geist, sie zerstörten ihn innerlich und äußerlich und machten ihn zu einem Gegenstande tiefsten Mitleids, zu einem Zerrbilde seiner ehemaligen Bedeutung. Der kühne, freie Geist versank in Unthätigkeit und Schwermuth; aus dem Zuchtmeister seines Volkes wurde ein Betbruder, der tagelang die Heiligenbilder anstarrte. Vergeblich waren die Ermahnungen seiner Freunde, die ihn aus der Dumpfheit seines Gemüthszustandes wieder aufrütteln wollten. In seinem Kopfe hauste nicht mehr die göttliche Herrscherin Vernunft, sondern der furchtbare Tyrann Wahnsinn. Zweck- und ziellos reiste er von Petersburg nach Wiesbaden, von hier nach Paris und Rom, endlich nach Jerusalem, um fastend und Bußübungen verrichtend die letzten Jahre in Moskau zuzubringen. Hier fand man ihn eines Tages buchstäblich verhungert vor einem Heiligenbilde liegen.

Diese Nachricht erschütterte Turgenjew auf's Tiefste und bewog ihn, dem Verstorbenen einen Nachruf von etwa funfzig Druckzeilen zu widmen, der in der russischen St. Petersburger Zeitung erscheinen sollte. Der Censor des Blattes Mussin Puschkin hielt es indessen für unerlaubt, für einen solchen Schriftsteller Bewunderung zu empfinden und durchstrich den ganzen Artikel. Turgenjew schickte darauf den Nekrolog als Privatmittheilung an seinen Freund W. Botkin nach Moskau, der ihn, ohne den Verfasser weiter zu fragen, in der „Moskauer Zeitung" abdrucken ließ. Mussin Puschkin war über diese Kühnheit empört und hatte nichts Eiligeres zu thun, als den im Grunde ganz unschuldigen Autor in Petersburg verhaften und im Arrestantenzimmer des Kasan'schen Stadttheiles in der Offizierstraße einsperren zu lassen. Konstantin Jürgens, der treffliche Uebersetzer mehrerer Schriften des

Dichters, erzählt dabei eine Anekdote, die beweist, einen wie
hellen Klang Turgenjew's Name schon damals hatte. Die
Töchter des Polizeipristaws dieses Stadttheils hatten nämlich
von ihrem Vater erfahren, daß Turgenjew daselbst verhaftet
sei und wußten denselben durch Bitten so lange zu bestürmen,
bis er dem „berühmten Schriftsteller" ein Zimmer in der
eigenen Wohnung zum Aufenthalte anwies, bis sein Schicksal
entschieden sein würde. Hier brachte der Dichter zwei Wochen
zu, bis ihm der Befehl wurde, sich auf sein Gut bei Orel
Spaßkoje Lutowinowo auf längere Zeit zurückzuziehen. Wenn
nun diese Verbannung auch wenig drückend war und auf die
Fürsprache des Großfürsten Thronfolger schon Ende 1854
wieder aufgehoben wurde, so hatte Turgenjew doch die furcht=
bare Willkür des Zaren gespürt, die fast sämmtlichen Dich=
tern und Schriftstellern jener Zeit verhängnißvoll wurde.

Wie wenig er indessen gesonnen war, die Waffen, mit
denen er einen so rühmlichen Kampf geführt hatte, beiseite
zu legen, zeigte die Art, wie er seine unfreiwillige Muße
verwerthete. Wir verdanken derselben die rührende Erzählung
„Mumu"* ,1852', eine der abgerundetsten und originellsten
Novellen des Dichters. In ihr wird die Zeit der Leibeigen=
schaft nochmals in meisterhafter Weise geschildert. Das Talent,
welches unterdrückt werden sollte, schlug nur noch tiefere
Wurzeln, wie ein junger, vom Winde gebogener Stamm.
Aus dem Skizzenmaler wurde ein sorgfältig ausführender
Künstler, mit um so vollerem Talent und desto höheren Zielen.

„Mumu" erzählt von einem taubstummen Riesen Garassim,
der als Hausknecht in Moskau dient. Ein pflichttreuer, er=
gebener, unermüdlicher Arbeiter von ungeheurer Körperstärke,
ist er an das Landleben und seine Beschäftigungen gewöhnt
und weiß nun nicht, was in der Stadt mit ihm vorgeht:

---

*) M. D. A. Band IV.

„Er war traurig und verblüfft wie ein junger, kraftvoller Stier, der eben erst von der Weide, wo üppiges Gras ihm bis an die Knie ging, genommen, geradenwegs in einen Vieh= behälter der Eisenbahn geschafft und durch Rauch und Dampf und Funkenregen mit Geklapper und Pfeifen entführt wird, immer weiter — wohin — das weiß der Himmel!" Dieser Riese hat an einer schmucken Magd Wohlgefallen gefunden, die ihm aber durch eine niedere List entfremdet wird. Die gnädige Frau wünscht dieses Mädchen einem lüderlichen Trunkenbolde zur Frau zu geben, um ihn zu bessern. Um dies zu ermöglichen, muß sie sich vor dem Knechte betrunken stellen und dessen Widerwillen damit erregen. Bald darauf rettet Garassim einem Hündchen das Leben, das ihn hinfort bei allen Arbeiten begleitet und durch seine Liebkosungen er= freut. Aber das kleine Thier hat die launische, an Nerven leidende Herrin, als sie mit ihm spielen wollte, angeknurrt und sich daher ihre Mißgunst zugezogen, die so weit geht, daß sie die Beseitigung des Hündchens verlangt. Der Taub= stumme kommt dem Befehle selbst nach, indem er das Thier ertränkt. Nachdem er dies aber gethan, packt er seine ge= ringen Habseligkeiten zusammen und wandert, wie von einer unwiderstehlichen Kraft angezogen, in sein Heimatsdorf zurück. „Er schritt dahin mit weit geöffneter Brust", heißt es, „sein Blick war erwartungsvoll und starr in die Ferne gerichtet. Er eilte, als harre seiner daheim die alte Mutter, als rufe sie ihn, den lange in fremden Ländern, unter fremden Leuten Verschollenen, zu sich. . . . ." Wenn es eines Beweises be= dürfte, daß dem wahren Poeten die Gabe verliehen ist, auch das Kleinste und Unbedeutendste in das Gold der Dichtung zu verwandeln, so könnte ein solcher durch diese Novelle ge= liefert werden. Die Schilderung des von geistigen Zielen und Interessen gänzlich unberührt gebliebenen Menschen, der nur durch seinen Instinct in seinen Handlungen bestimmt wird, dem es versagt ist, seine Vorstellungen in Worte und die Worte in Vorstellungen umzusetzen, und welcher daher nur dem geheimnißvollen Rufe der Seele folgt, ist wahrhaft ergreifend. Je einfacher die Formen dieses Empfindungslebens sind, desto rascher und ursprünglicher quillt ihr Inhalt aus dem naiven Heimattriebe heraus. Man hat eine Inconsequenz darin zu erblicken gemeint, daß Garassim sein Liebstes, das Hündchen, das ihm seine Einsamkeit versüßt, opfert, während er gleich nachher entschlossen ist, das Herrenhaus zu verlassen. Als ob hierin nicht gerade einer der feinsten Züge der Dichtung enthalten wäre, in der alles, was Vernunft und Logik heißt, durch eine starre, dumpfe Nothwendigkeit, durch die Willkür bei der Herrin, durch den blinden Gehorsam des Knechtes erstickt wird. Ebenso wenig wie die gnädige Frau zu denken beliebt, wenn sie ihren dummen Nerven zu Liebe Anderen wehe thut, denkt auch Garassim darüber nach, ob die Verordnung gut oder schlecht sei, er gehorcht unwillkürlich wie er athmet, ohne an jede Athembewegung zu denken, er gehorcht, weil Vater und Mutter gehorcht haben und alle Umstehenden gleichfalls gehorchen und wenn er in sein Dorf zurückeilt, folgt er keiner bewußten Ueberlegung, sondern einem Naturtrieb, wie die Pflanze sich dem Lichte zuwendet oder der am Ufer hüpfende Frosch beim Herannahen menschlicher Tritte wieder in sein sumpfiges Element zurückspringt.

Aus demselben Jahre wie „Mumu", stammt auch das „Wirthshaus an der Heerstraße"*. Ein Bauer Akim, der sich auf seinem Stück Land ein Wirthshaus angelegt hat und sich ruhig davon ernährt, wird von einem berechnenden Schurken, der die Gutsherrin überredet, die ihr gar nicht gehörende Wirthschaft an ihn zu verkaufen, auf doppelte Weise, in seinem Familienleben und in seinem Besitz zu

---

* Erzählungen von Turgenjew. Deutsch von Bodenstedt. Erster Band.

Grunde gerichtet, da der Räuber ihn nicht nur aus seinem Hause jagt, sondern auch seine Frau verführt. Akim eilt zu seiner Gutsherrin und als er erfährt, daß Alles in Ordnung sei, steht er rechtlos und ohne das Gefühl der Möglichkeit eines Rechtsschutzes da. Er betrinkt sich, versucht sein Eigenthum anzuzünden, kommt dadurch in Gefahr, als Mordbrenner angeklagt zu werden, und versinkt schließlich in religiösen Tiefsinn, indem er zu den heiligen Stätten Rußlands wandert und seiner gnädigen Herrin von dort regelmäßig ein Amulet mitbringt. Der Mangel an jeglichem Verschulden bei dem so furchtbar Betroffenen, macht diese Novelle zu einer der trübsten und niederdrückendsten, die wir von dem Dichter besitzen.

Greifen wir der Zeit voraus und stellen wir in diese Gruppe wegen ihrer inneren Zugehörigkeit auch die Novelle „Punin und Baburin"* 1875), die nicht so aus einem Gusse geschaffen, sondern mehr aus verschiedenen Stücken allerdings vortrefflichster Beschaffenheit zusammengesetzt ist. Der Figur des wunderlichen halb komischen, halb rührenden Punin haben wir bereits gedacht, er steht zu Baburin etwa in demselben Verhältniß wie Nedopinskin zu Tschertapchanow; die treueste Anhänglichkeit hat auch jene beiden miteinander verbunden. Die Novelle umfaßt einen Zeitraum von 30 Jahren, von der drückendsten Herrschaft der Leibeigenschaft bis zu deren Aufhebung. Baburin erlebt sie beide und stirbt in freudiger Aufregung beim Eintreffen des kaiserlichen Manifestes, nachdem er als Verschwörer nach Sibirien gebracht worden war. Zwei Frauencharaktere fesseln uns hierbei namentlich, die alte despotische Großmutter, die ihre Leibeigenen in die Verbannung schickt, wenn es ihr gerade beliebt, und die irrlichtelirende, unruhige, launenhafte Musa, die einer

* Deutsch von Wilhelm Lange. Universalbibliothek Heft 672.

Studentenliebschaft das ernste und gefahrvolle Leben an der Seite des alten Baburin folgen läßt und diesen sogar in der Verbannung nicht verläßt. Da haben wir zum ersten mal die russische Frau, wie sie sich in den spätern Romanen Turgenjew's so oft in ihrer Entschlossenheit und geistigen Ausdauer zeigt. In Musa liegen diese Eigenschaften noch in der Knospe, völlig entfaltet werden wir sie kennen lernen, wenn es sich um die Widerspiegelung der socialpolitischen Strömungen der Neuzeit handelt, bei welchen den Frauen eine so große Rolle zuertheilt wird.

Alle drei Erzählungen münden in eine schwermüthige Ent= sagung, die kaum irgendwie aufgehellt wird. Den taubstummen Riesen in „Mumu" sehen wir der Stadt den Rücken kehren und in das Dorf, von wo er hergekommen ist, zurückwandern; Baburin muß seine Schwärmerei mit der Verbannung bezahlen, wo er auch), nachdem seine Strafe abgebüßt ist, verweilt, um Einfluß auf die Schulen und damit auf die nächste Generation zu gewinnen; der um Haus und Weib betrogene Akim endlich pilgert als Büßender ruhelos von Ort zu Ort. So irrte auch die getretene Menschenwürde in Rußland von Haus zu Haus, ohne daß ihr ein Obdach gewährt wurde. Aber eines Tages schlug auch ihr, der um ihr Heimatsrecht im Herzen denkender Wesen Betrogenen, die Stunde der Erlösung, sie durfte endlich am Herdfeuer bei freien Menschen Platz nehmen, die zur Theilnahme an der modernen Culturarbeit berufen sind. Unser Dichter, der den sehnlichst erwarteten Morgen heraufdämmern sah, durfte aber nicht ruhen; vielmehr stellten sich ihm Aufgaben, die sein Talent noch um ein Bedeutendes höher entwickelten und es zu einem maßgebenden Factor für die sociale Bewegung Rußlands und deren Kenntniß im Aus= lande machten.

IV.

Die Liebesnovellen.

Die Eigenschaften, die Turgenjew in seinen ersten erfolgreichen Schriften entwickelt, sind so merkwürdig und charakteristisch, daß wir um so mehr Veranlassung haben, bei ihnen
einen Augenblick zu verweilen, als das Talent des Dichters
durch dieselben ein für allemal ein festes Gepräge erhalten
hat. Wie sich seine Begabung in dem „Tagebuch eines
Jägers" zuerst deutlich zu erkennen gab, so ist sie auch in
der Folgezeit geblieben, mochte der Stoff, der sich der Behandlung darbot, auch mannichfach wechseln und die Kraft,
mit welcher das Einzelne lebensvoll ausgestaltet wurde, sich
noch erheblich steigern. Zunächst erscheint der Dichter als
der entschiedenste Gegensatz zur akademischen Richtung der
Poesie, die nach fertigen Schablonen arbeitet und in der bloßen
Formvirtuosität das Höchste der Kunst erblickt. Die Gering-
schätzung rein formeller Wirkungen geht bei Turgenjew so
weit, daß sie einen thatsächlichen Mangel in sich schließt.
Sind auch einzelne Novellen, wie z. B. „Faust", „Erste
Liebe", „Frühlingsfluten" u. a. durchaus sorgfältig componirt,
sodaß der psychologische Faden sich ohne verwirrendes Detail
entwickelt, so läßt sich doch dieses Lob keineswegs auf alle
andern Arbeiten ausdehnen. Unsere deutsche Aesthetik verlangt
von der Novelle eine dramatisch zugespitzte Handlung, die

sich dadurch ergibt, daß der Dichter eine doppelte Motivirung anwendet, eine zunächst mehr in die Augen fallende, welche die Fabel von ihrem eigentlichen Ziele abzulenken scheint, und eine tiefere, die zwar sorgfältig vorbereitet, aber durch jene erste verdeckt ist, bis sie schließlich hervortritt und eine ganz neue überraschende Wendung herbeiführt. In dieser dra= matischen Bewegung der Novelle hat Paul Heyse eine so un= gewöhnliche Fertigkeit erreicht, daß er alle Schwierigkeiten spielend besiegt. Aber vielleicht ist es gerade die technische Gewandtheit, diese Lust an der plötzlichen Umbiegung der Handlung, die ihn veranlaßt, selbst einfache Conflicte in eine überseine psychologische Spitze auslaufen zu lassen und das Ziel nicht direct, sondern auf einem Umwege zu erreichen. Es wäre eine lohnende Aufgabe, nachzuweisen, wie viel Künst= liches und geistreich Erzwungenes dieses Princip bei dem deutschen Novellisten mit sich gebracht, wie es ihn oft ver= anlaßt hat, in der bezaubernden Hülle seiner Sprache und Weltanschauung ein Farbenspiel der Seele anzubringen, welches die große und erhabene Meisterin Natur in ihrer Weisheit noch übertreffen will, und ihre einfachen Motive für die ästhetischen Feinschmecker aufkräuselt.

Turgenjew besitzt weder die Glätte des sprachlichen Aus= druckes noch die technische Gewandtheit, die Heyse eigenthümlich sind, aber er übertrifft ihn bei weitem an natürlichem, schlichtem Verstande, an Erfahrung und Beobachtung und, worauf hier am meisten ankommt, an charakteristischer Wahrheit. Der deutsche Autor steckt selbst in seinen besten Hervorbringungen in literarischen und ästhetischen Voraussetzungen, welche die unbefangene Anschauung der Dinge erschweren, während der russische Dichter immer von der Natur ausgeht und dieselbe niemals aus den Augen verliert. Entscheidend sind für seine Geistesrichtung die beiden Momente geworden, daß er stets ein moderner Mensch und ein Russe blieb. In jener Eigen=

schaft mußten ihm naturgemäß alle künstlichen, nur durch
Bildung und Wissen, nicht durch eigenes Erleben angeeigneten
Stoffe zuwider sein. Er mußte die Dinge mit seiner Herzens=
wärme, mit seinem persönlichsten Fühlen und Denken erfüllt
haben, wenn er sie darstellen sollte. Was ihm nicht auf den
Nägeln brannte, ist ihm daher stets unerreichbar gewesen.
Aber gerade das, was ihn gleichgültig erscheinen ließ gegen=
über dem nur in der Idee, nicht in der Wirklichkeit Existirenden,
machte ihn zum eifrigsten Erforscher und Beobachter seiner
Zeit und seiner Menschen. Er ging ihren Spuren nach bis
zu den geheimnißvollsten Regungen des Seelenlebens und ruhte
nicht eher, als bis sich ihm ihr Ursprung enthüllt hatte. Daß
er dabei den national=russischen Standpunkt innehielt und die
Menschen seines Vaterlandes bevorzugte, ist ein schöner Beweis
für die schon früher von uns erwähnte Thatsache, daß sich
Turgenjew nur auf Grund eines starken Heimatgefühls zu
der Höhe emporgeschwungen hat, die er in der Literatur der
Gegenwart einnimmt.

Es ist eine vielfach verbreitete, aber durchaus irrige
Ansicht, daß der Dichter einzelne seiner Werke in einer
andern als der russischen Sprache geschrieben haben soll.
Weil die meisten seiner Bücher gleichzeitig mit der Orginal=
ausgabe in französischer und deutscher Uebersetzung erschienen,
sind viele Leser der Meinung gewesen, daß sie auch in einer
derselben verfaßt worden seien. Thatsächlich hat der Autor
außer wenigen, dem Publikum kaum bekannt gewordenen
Gelegenheitsarbeiten, jenen zierlichen französischen Operetten=
texten, die Madame Viardot für die Uebungsaufführungen
ihrer Schüler und Schülerinnen componirte, niemals anders
als russisch geschrieben. Welche Bedeutung für ihn heimatliche
Sitte und Sprache haben, zeigte uns unter anderm eine Notiz
seiner bereits früher erwähnten Tagebuchaufzeichnungen „Senilia“
vom Juni 1882: „In den Tagen des Zweifels, in den Tagen

quälenden Sinnens über das Schicksal meiner Heimat bist du allein meine Stütze und mein Stab, o große, mächtige, wahrhaftige und freie russische Sprache! Wenn du nicht wärst, wie sollte man nicht verzweifeln beim Anblick dessen, was in der Heimat geschieht. Aber es ist undenkbar, daß eine solche Sprache nicht einem großen Volke gegeben sein sollte." Und wie der Dichter sich ausschließlich seiner Heimatsprache bediente, wenn er seine Beobachtungen niederschrieb, so ist er auch stets ein treuer Sohn seines Vaterlandes geblieben und von un= wandelbarer Liebe zu ihm erfüllt gewesen. Russisch sind nicht nur die Worte, durch welche er zu seinem Volke spricht, russisch ist auch der Mangel an strengem Formgefühl, welcher der Literatur des Landes eigenthümlich ist, die frische, sinnliche, zur Aufnahme des Gegenständlichen in Natur= und Menschen= leben ganz ungewöhnlich beanlagte Phantasie, die noch weich und empfänglich und nicht in Abstractionen verhärtet ist, endlich der Schleier stiller Entsagung und sanfter Wehmuth, der über die meisten seiner Werke ausgebreitet ist und ihre Lectüre eigenthümlich würzig macht. Der Zug zum Sanft= müthigen und Ergebenen steckt von Natur in der slawischen Bevölkerung; der Druck, der auf sie durch die Mongolenherr= schaft und die Gewaltthätigkeit des Zaren ausgeübt wurde, brachten ihn vollends zum Ausdruck, und so ist er denn ent= halten in den Molltönen der russischen Volkslieder wie in den Werken der Kunstpoesie, sofern sie aus wahrhaft nationalen Empfindungen erblühten.

Wenn ein eigenthümlich düsteres Colorit besonders den= jenigen Novellen anhaftet, welche der Dichter bald nach der von ihm in Paris erlebten Februarrevolution und nach seiner Rückkehr nach Rußland schrieb, so erklärt sich das nicht zum Mindesten aus der in seinem Vaterlande zum Durchbruch gekommenen Rückwärtsströmung. Mehr denn je hatte der Zar alle Freiheitsbestrebungen hassen gelernt, noch eifriger

als früher war er bemüht, die Quellen zu verstopfen, die ihnen
Nahrung zuführen könnten. So wurde denn auf die Be-
schränkung der klassischen Studien, aus denen man den Geist
der Republik als schreckliches Gespenst aufsteigen sah, hinge-
arbeitet und die Zahl der Studenten an den Hochschulen genau bestimmt. Wieder gähnte dem Dichter die Kluft zwischen
Dem, was er im Auslande gesehen und gelernt hatte und
dem Schnürsystem seiner Heimat in ihrer ganzen trostlosen
Breite entgegen.

Unter solchen Umständen begreifen wir die Entstehung
des „Tagebuchs eines überflüssigen Menschen" *) (1850), welches
die Leidensgeschichte eines armen lymphatischen, energielosen
Menschen erzählt, der zu Nichts kommt und in seiner traurigen
Situation zappelt, wie der für das Messer der Köchin bestimmte Fisch. „Es ist wieder Winter. Der Schnee fällt
in großen Flocken. Ueberflüssig, überflüssig . . . . ein ausge-
zeichnetes Wort, das ich da erfunden. Je tiefer ich in mich
selbst eindringe, je aufmerksamer ich mein ganzes vergangenes
Leben betrachte, um so mehr überzeuge ich mich von der voll-
ständigen Richtigkeit dieses Ausdrucks. Ueberflüssig, das ist's,
auf andere Leute läßt sich dieses Wort nicht anwenden. —
Die Menschen sind entweder gut oder böse, klug oder dumm,
angenehm oder unangenehm; aber überflüssig — nein. Das
heißt, versteht mich recht: auch dieser Leute könnte die ganze
Welt entrathen . . . . ganz gewiß, aber die Ueberflüssigkeit ist
nicht ihre Haupteigenschaft, nicht ihr unterscheidendes Merk-
mal, und wenn ihr von ihnen sprecht, kommt auch das Wort
„überflüssig" nicht zuerst auf die Zunge. Ich dagegen . . .
von mir kann man nur sagen, daß ich überflüssig sei — das
ist alles. — Ein überzähliger Mensch — weiter. nichts. Offenbar hatte die Natur auf mein Erscheinen nicht gerechnet und

---

*) Uebersetzt von Wilhelm Lange. Universalbibliothek Heft 1784.

so hat sie mich als einen unerwarteten, ungeladenen Gast behandelt".

Man kann sich kaum einen weniger dankbaren, eigentlich sogar gefährlicheren Stoff für einen jungen Schriftsteller denken, als den in dieser Novelle gewählten. Tschulkaturin ist in der That eine für sich und seine Umgebung gleich un= glückliche Erscheinung. Was er anfaßt, schlägt ihm verkehrt aus, er quält und langweilt Diejenigen, die er liebt, und ist sich und Andern eine Last. Eine solche Figur nicht nur erträglich, sondern sogar in jeder Faser interessant zu ge= stalten, ist nur dem in sich fertigen ausgereiften Künstler ge= geben. Das Einfachste wäre gewesen, sich entweder mit der Wehmuth dieses geplagten Menschen vollständiger zu identifi= ziren und die Sentimentalität syrupsartig in langen Fäden herabtropfen zu lassen, womit die empfindsamen Leser einver= standen gewesen wären, oder das Sujet einfach humoristisch zu behandeln und durch anekdotische Züge für die Unter= haltung zu sorgen. Turgenjew thut weder das Eine noch das Andere, er ist weder sentimental noch humoristisch, er hat dem Stoff ein tiefes und wahres Gefühl gegeben, ohne aber darin selbstgefällig zu schwelgen. Nachdem er ihn belebt und Alles für ihn gethan hat was seine künstlerische Pflicht und Schuldigkeit war, hat er die Hand davon wieder zurück= gezogen, als ob ihn die ganze Sache gar nichts anginge.

Erst durch diese Objectivität wird der armselige Bursche so rührend im besten Sinne des Wortes, erhält das Mitleid, das wir für ihn fühlen, eine so feste Grundlage. Wir möch= ten ihm helfen wie einem Krüppel, der sich mühsam an seinen Stöcken daherschleppt, während die anderen Alle fröhlich und geputzt ihrem Vergnügen nachgehen. Tschulkaturin sieht was ihm fehlt und kann sich doch nicht anders machen als er ist. Er leidet nicht nur an unglücklicher Liebe, er ist überhaupt außer Stande, ein Weib in sich verliebt zu machen, denn als

5*

sein Rivale, ein glänzender petersburger Offizier und Prinz, der in das Haus seiner Angebeteten hineingeschneit kommt, plötzlich wieder abreist, heirathet diese nicht ihn, sondern einen Anderen, der ihm als gänzlich ungefährlich er= schienen war. Während der Tod seine kalte Hand auf ihn legt, giebt er sich von seinen Gedanken und Thaten in dem Tagebuch noch Rechenschaft. Wie gesagt, ein solcher spröder Stoff kann nur durch echte Gefühlstöne und scharfe Beobach= tung des Einzelnen für die Poesie gerettet werden. Tschulka= turin's Ohnmacht der aufkeimenden Liebe Elisens gegenüber, die sich nach einer Vollnatur sehnt, sein kindischer Groll darüber, daß er überall zurückstehen muß, die verkehrten Maß= regeln, die er trifft, um seinen Gegner aus dem Felde zu schlagen, endlich die Einsicht von der völligen Nutzlosigkeit aller seiner Bemühungen haben etwas tief Ergreifendes. Dadurch, daß Turgenjew seinen Ueberflüssigen als einen feinen Beurtheiler menschlicher Handlungen hinstellt und ihm den Muth, dem Prinzen zum Duell zu fordern, zuerkennt, giebt er ihm inner= halb seiner Schwäche etwas Festes und Bestimmtes. Wir ahnen, daß diesem Menschen weder Geist noch Seele fehlen. Etwas mehr frisches Blut, gesundes sinnliches Leben und er hätte seinen Platz im Leben recht gut ausfüllen können.

In den „Drei Begegnungen" (1851)*) ist die Liebes= geschichte geistreich versteckt hinter einem zierlichen Flechtwerk von Jagd= und Waldpoesie, von geheimnißvollen Ahnungen und Stimmungen. Die Neugierde des Erzählers lugt in ein süßes Geheimniß hinein, dessen Spuren sich von Sorrent bis in das Innere Rußlands fortsetzen, und schließlich in Peters= burg wiedergefunden werden. Die Klänge eines italienischen Liedes werden dabei zum Verräther, ohne daß wir ganz klaren Aufschluß über das Räthsel erhalten. Wie eine sanfte

*) M. T. A. Band III.

Melodie klingt diese Erzählung zart und lieblich in unserem Ohr nach. Die zum Schluß aus Dur in Moll wechselnde Tonart läßt uns wieder fühlen, daß auch dieses Schöne vergänglich war und mit Schmerzen erkauft werden mußte. Drei Jahre darauf veröffentlichte Turgenjew eine andere Novelle „Der Antschar", in der deutschen Uebersetzung der Mitauer Ausgabe „Stillleben" genannt*). Die Erzählung entnimmt ihr Motiv einem bekannten Gedichte von Alexander Puschkin, das folgendermaßen lautet:

Im heißen, dürren Wüstenraum,
Vereinsamt auf der weiten Erde
Steht der Antschar, der Todesbaum,
Ein Wächter finster von Geberde.

In ihrem Zorn ließ die Natur
Der Wüste den Antschar entsprießen,
Und tödtlich-gift'ge Säfte nur
Durch seine Adern sich ergießen.

Aus der verglühten Rinde träuft
Das Gift hervor, bis es erkaltet
Am Abend, tropfenweis gehäuft,
Durchsichtig sich zu Harz gestaltet.

Der Vogel scheut dem Baum zu nahn,
Der Tiger selbst, der Wüstenstreiter;
Der Samum nur auf stürm'scher Bahn
Berührt ihn — stürmt verpestet weiter.

Und wenn ihn eine Wolke näßt,
Die sich verirrt im Wüstenlande,
Vergiftet schnell von dem Geäst,
Verliert das Wasser sich im Sande.

Der Mensch jedoch mit Herrschersinn
Schickt andre Menschen zum Antschare,
Macht sich zu schreklichem Gewinn
Des Baumes Gift, das harzig klare.

Der Sklav bringt auf des Herrn Geheiß
Das Harz mit den verdorrten Zweigen,
Und einen eisig kalten Schweiß
Fühlt er aus seinem Antlitz steigen.

Die Kraft versagt ihm, er erblaßt,
Und sterbend brechen seine Glieder
Im Zelte auf dem Weidenbast
Zu des Gebieters Füßen nieder.

Der Häuptling taucht in dieses Gift
Den Pfeil, und trägt damit Verderben
In fremde Stämme; wen er trifft
Muß martervollen Todes sterben.

Das Gedicht hat für die Novelle eine doppelte Bedeutung,
eine reale und eine symbolische. Ein tüchtiges, junges Mädchen, Maria Paulowna, empfängt, als sie diese Verse vernimmt, zum ersten Male einen tieferen Eindruck von der
Poesie, die ihr bisher als etwas Unwahres und Süßliches
zuwider war. Nun erfüllt sie sich ganz und gar mit der
düsteren Vorstellung des Giftbaums, ohne zu ahnen, daß auch
sie von seinen Früchten pflücken werde, wenn sie ein allmäch-
tiger Gebieter, die Liebe, zu der Unglücksstätte entsenden
sollte. Ihre Neigung gehört einem mannigfach begabten,
aber moralisch verkommenen Menschen Weretjew, dessen Treu-
losigkeit sie sich so zu Herzen nimmt, daß sie im Wasser den
Tod sucht und findet. Diese an sich unbedeutende Fabel bildet indessen nur den Anhaltspunkt für eine, im Landschaftlichen
und Individuellen auf das Glücklichste ausgeführte Schilderung. Der Wohnsitz Ipatows mit den beiden schmucken
Häuschen, dem großen Teich, den Silberpappeln auf dem
Damm, den alten Linden, Fichten und Eichen im Garten,
dem von den unzähligen Blüthen in heller Mondnacht aus-
strömenden Dufte, wie steht er mit seinen Insassen leibhaftig
vor uns, wie sie aus der Großstadt oder aus entfernten

Gegenden kommen, oder am Orte selbst in spießbürgerlichen
Gewohnheiten untergehen! Es ist eine Malerei in matten
grauen Silberfarben. Wie ein Idyll voll heitersten Friedens
beginnt die Novelle, wie eine Tragödie hört sie auf. Das
nächtliche Bild der am Teiche mit Stangen und Böten han-
tirenden Menschen, welche das unglückliche Mädchen aus dem
Wasser ziehen wollen, ist von einem schauerlich stimmungsvollen Reiz. Von den Charakterfiguren, die in der Novelle
zerstreut sind, heben wir Maria's Bräutigam Weretjew hervor,
einen Menschen, aus dem Nichts wird, obwohl er zahlreiche
Talente besitzt. Um eines derselben auszubilden und im
Dienste der Gesellschaft zu verwerthen, fehlt es ihm jedoch
an sittlichem Fundament. Am verhängnißvollsten ist ihm die
schauspielerische Begabung, sein Talent für drollige Kopien
geworden. Er ist bei dem Vergnügen, welches Andere und
er selbst an dieser Selbstentäußerung gefunden haben, vollständig um das Gefühl der Persönlichkeit gekommen, die ewige
Komödie, in die er seine Existenz verwandelt, hat ein Ende
mit Schrecken genommen. Nachdem die Lichter herunterge-
brannt sind, die Schauspieler ihre Perrücken abgelegt und sich
abgeschminkt haben, nachdem das fröhliche, von allgemeinem
Gelächter wiederhallende Haus sich geleert und einen weiten,
kahlen, dunkeln Raum übrig gelassen hat, steht Weretjew
auf der Straße mit ergrautem Haar als unnützer Mensch,
dem die Anderen aus dem Wege gehen.

Immer wieder krystallisirt sich in diesen Erzählungen
jene Schopenhauer'sche Weltanschauung, die Turgenjew als der
„Weisheit letzten Schluß" in dem letzten Briefe der Novelle
„Faust" folgendermaßen ausgedrückt hat: „Das Leben ist kein
Scherz und kein Spiel, das Leben ist auch kein Genuß . . . .
das Leben ist eine schwere Arbeit. Entsagung, beständige
Entsagung — das ist sein geheimer Sinn, das ist sein Räthsel-
wort. Nicht auf Verwirklichung seiner Lieblingsgedanken und

Ideale, und wären sie noch so erhaben, sondern nur auf Er=
füllung seiner Pflicht soll der Mensch bedacht sein." Auf
pessimistischer Grundlage ruhen in der That alle Novellen
Turgenjew's, die sich mit dem Problem der Liebe und Ehe
beschäftigen. Sie erzählen nicht von erreichten Zielen, sondern
nur von zerstörten Hoffnungen. Jene Liebe, die zur Heirath,
zur Begründung einer Familie führt, hat in den Werken des
Dichters keinen, oder doch nur einen gelegentlichen Ausdruck
gefunden. Immer erscheint das Verhältniß der beiden Ge=
schlechter zueinander als ein Problem, an dessen Lösung sich
die Betheiligten vergebens abmühen. Bald ist es eigene
Schuld, bald ein tragisches Schicksal, was den geschlossenen
Bund wieder löst.

So erscheint die Liebe bei Turgenjew als etwas Elemen=
tares, das jeden Widerstand bricht. Sie ist ihm keineswegs
jene beseligende Macht, welche die Lyriker besingen, nicht jene
Himmelsgabe, welche die Götter den Menschen verliehen haben,
um sie ein reines, ungetrübtes Glück wenigstens ahnen zu
lassen. Die Liebe bildet für ihn eine ungeheure dämonische
Macht, die, wo sie auftritt, alle Schranken des conventionellen
Lebens einreißt, die Gesetze der Vernunft und Moral mit
Füßen tritt und wie ein echter Tyrann nur auf Sieg und
Eroberung bedacht ist, gleichgültig mit welchen Mitteln diese
erreicht werden. Fast sämmtlichen Liebesnovellen des Dichters
könnte man folgende Stelle aus der Novelle „Ein Brief=
wechsel"*) (1854) als Motto vorsetzen:

„Erinnern Sie sich, wie wir mündlich und schriftlich das
Wesen der Liebe erörtert haben und wie spitzfindig wir über
das Thema gewesen sind. In der Praxis aber ergiebt es sich,
daß die wahre Liebe ein Gefühl ist, das durchaus nicht dem
Bilde gleicht, welches wir uns von ihr ausmalten. Die Liebe

ist sogar überhaupt kein Gefühl, sie ist eine Krankheit, ein eigenthümlicher Zustand des Körpers und der Seele, sie entwickelt sich nicht allmählich, sie ist da! man kann an ihrem Dasein nicht zweifeln und vermag nicht mit ihr Versteckens zu spielen, obgleich sie nicht immer in gleicher Form auftritt; gewöhnlich bemächtigt sie sich des Menschen ungebeten, plötzlich, gegen seinen Willen auf Leben oder Sterben, wie die Cholera oder das Fieber.... Sie packt ihr Opfer, wie der Geier das Küchlein und trägt es fort, wohin sie will, wie sehr es sich auch dagegen sträube.... In der Liebe giebt es keine Gleichheit, keine sogenannte freie Vereinigung der Seelen und der übrigen, von deutschen Professoren in ihren Mußestunden erdachten Abstraktionen.... Nein, in der Liebe ist die eine Person Sklave, die andere Herr, und nicht umsonst singen die Dichter von den Fesseln der Liebe. Ja, die Liebe ist eine Fessel und dazu die allerschwerste. Wenigstens bin ich zu dieser Ueberzeugung gelangt und zwar auf dem Wege der Erfahrung; ich habe diese Ueberzeugung mit dem Preise meines Lebens erkauft, da ich als ihr Sklave sterbe."

In dieser Novelle beichtet ein junger Mann aus der guten Gesellschaft seiner Cousine seine Ansichten über Welt und Leben. Aus dem Austausch der Meinungen scheint sich Etwas zu gestalten, das der Liebe nicht unähnlich sieht. Plötzlich erblicken wir ihn aber völlig untergehen in einer unwürdigen Liebelei mit einer ganz unbedeutenden albernen Tänzerin, der er überall nachläuft und die ihn mit unwiderstehlicher Gewalt in ihre niedrige Sphäre hineindrängt. Die Unterdrückung und Vernichtung einer zu allem Guten und Würdigen beanlagten Natur bildet auch das Motiv in der Novelle „Der Brigardier", in welcher ein Offizier Suworoff's das Opfer einer hochmüthigen und herzlosen Baronin Agrippina wird, die ihn körperlich und geistig ruinirt und ihn in seinem

Stumpfsinn zu einer Fratze seiner selbst macht. Die Zerstörung einer ursprünglich gesunden Menschennatur durch eine unselige Liebesleidenschaft nimmt in diesem Falle schließlich die Gestalt einer religiösen Hallucination an.

Wiederholt knüpft die Erinnerung, welche einem verlorenen Liebesglück gilt, an die Empfindung des zur Einsamkeit ver- urtheilten Junggesellen an, der die Tage im nutzlosen Einerlei vorüberziehen und das Alter als drohendes, freudescheuchendes Gespenst an sich heranschleichen sieht. Am stärksten ist diese Stimmung in „Assia" und „Frühlingsfluten" betont; in bei- den ist der Mann keine Vollnatur, sondern ein gallertartig durch Reflexion und äußere Einflüsse bestimmbares Individuum ohne Rückgrat und Festigkeit der Meinung und des Entschlusses. Die trübe Charaktermischung, die sich aus ruhelos durchein- anderwogenden Gedanken und Empfindungen ergibt, bildet die Grundphysiognomie der Männer, die bei allen persönlichen Zügen doch hierin etwas Gemeinsames haben. Das Schlotte- rige und Schwankende der Männercharaktere, die sich durch irgendwelche Vorzüge über ihre Umgebung erhoben haben, ohne zu wissen, was sie nun eigentlich beginnen sollen, ist in der russischen Literatur unzähligemal geschildert worden. Sie sind aus dem Paradiese jenes unbewußten Zustandes vertrie- ben, in welchem man über die Berechtigung der Dinge nicht grübelt und das Vorhandene ruhig genießt, und leben dahin ohne Ziel und Richtung, ohne Entschiedenheit und Kraft, um sich im Schweiße des Angesichts das Glück in dem Bewußt- sein eines arbeitsamen, erfolgreichen Strebens wiederzugewinnen. In der Theorie Welteroberer, fassen sie in der Praxis alles halb an, grübeln über das unvollkommen Vollbrachte, lassen den Muth sinken, raffen sich endlich zu etwas anderm auf, um zu keinem bessern Resultat zu kommen. In der Novelle „Ein Briefwechsel" findet sich dieser Zustand als Selbst- charakteristik des Helden mit unheimlicher Wahrheit wieder-

gegeben: „In der ersten Jugend wollte ich durchaus den
Himmel erstürmen; dann ließ ich mir's einfallen, für das
Wohl der Menschheit, der Heimat zu schwärmen; auch dies
währte seine Zeit; endlich dachte ich daran, mir ein häusliches
Glück zu gründen, stolperte über einen Ameisenhaufen und
stürzte zur Erde, ja ins Grab.... Wie verstehen wir Russen
es doch so meisterhaft, so zu enden. Zu früh schon erwacht
in uns das Selbstbewußtsein; zu früh schon fangen wir an,
uns selbst zu beobachten.... Wir Russen haben keine andere
Lebensaufgabe als die, unsere eigene Persönlichkeit immer auf's
neue durchzuarbeiten, und kaum haben wir die Kinderschuhe
ausgetreten, so beginnen wir schon damit. Keine bestimmte
Richtung wird uns von außen her gegeben; nichts achten, an
nichts glauben wir wahrhaft, und so haben wir freie Bahn,
aus uns zu machen, was uns irgend beliebt. Nun aber ist
nicht von jedem zu verlangen, daß er sofort die Unfrucht-
barkeit des in gegenstandsloser Selbstbewegung verpuffenden
Geistes einsah, und was dabei herauskommt, ist daher nichts
anderes als wiederum eine jener geistigen Mißgeburten, eine
jener nichtigen Existenzen, in denen selbst der angeborene
Trieb nach Wahrheit durch die überwuchernde Eigenliebe in
sein Gegentheil verkehrt wird, in denen lächerliche Einfalt mit
verächtlicher Verschmitztheit sich paart nur die, in einer mächtigen Unruhe des Denkens sich verzehrend, niemals, weder
die Befriedigung einer ernsten Thätigkeit, noch den Schmerz
eines wahren Leidens, noch auch den Triumph einer siegenden
Ueberzeugungstreue kennen lernen. Indem wir in uns die
Fehler aller Altersstufen vereinigen, nehmen wir zugleich einem
jeden dieser Fehler seine gute, versöhnende Seite; wir sind
dumm wie die Kinder, aber wir sind nicht aufrichtig wie sie;
wir sind kaltblütig wie die Greise, aber ihre Besonnenheit
fehlt uns.... Die Hauptsache aber ist, daß wir nie jung
sind, selbst nicht in der Jugend."

Dieser letzte Satz erfaßt die Natur solcher Charaktere im innersten Kern. Sie kennen nicht das frische Roth der Wangen, nicht die hoffende und vertrauende Zuversicht, welche wirkliche Jugend kennzeichnet und Geist und Seele im Gleich= gewicht hält. Müde und matt sehen sie zu einem bleiernen Himmel empor, und doch haben sie weder große Thaten noch entnervende Genüsse hinter sich, nur ihre Psyche befindet sich in einem kranken Zustande. So träumerisch=unfertig erscheint der Mann schon in dem Jugendgedicht Turgenjew's „Pa= rascha", so wandert er durch die Liebesnovellen des Dichters, so erfaßt er die socialen Aufgaben seiner Zeit. Er greift nach allem und erlangt nichts, weder sein eigenes Wohlergehen, noch das der Gesammtheit.

In dieser Beziehung haben Puschkin und Lermontow die für die Literatur des Landes maßgebenden und beständig fort= klingenden Töne zuerst angeschlagen. Sie schufen den Typus des edlen, aber blasirten, weltmüden Lebemannes, welcher Ein= sicht genug hat, um die Mängel der bestehenden Ordnung in Staat und Gesellschaft zu erkennen, aber doch nicht Kraft und sittlichen Ernst besitzt, um in der Erfüllung bestimmter Pflichten das Glück und die Ehre des Mannes zu finden. Die Passi= vität dieses Typus wird noch verstärkt durch eine getäuschte, unglückliche oder frivole Liebe, die seine Thatkraft völlig unter= gräbt und ihn zu einem willenlosen Spielzeug des Zufalls, zum Opfer seines verblasenen, dunstigen Wesens macht. Wir sehen ihn zuerst vor uns als den idealistischen Held Tschatzki in Gribojedows Komödie „Verstand bringt Leiden" (gore ot uma', der sich in langen moralisirenden Reden über die Ver= kommenheit seiner Umgebung ergeht und ihr endlich wie Mo= lière's Misanthrope, den Rücken zuwendet. Wir lernen ihn nochmals als Eugen Onägin in Puschkins gleichnamiger Er= zählung kennen, den vornehmen Mann, der, getäuscht, energie= los, angeekelt vom Leben schließlich innerlich vollständig aus=

brennt und verkohlt. Wir begegnen ihm wiederum als Hauptfigur in Lermontow's „Held unserer Zeit", Petschorin, der in ziel= und zwecklosen Eingebungen der Laune das Leben verschleudert und nicht minder als Beltow in Herzens Roman „Wer ist schuld?", jenen Mann, der in demokratischer Begeisterung eine social=politische Umgestaltung Rußlands vornehmen will, aber im Müßiggang und Spiel der Leidenschaften sein Dasein verbringt. Diese Figuren entlehnen gewiß dem Goethe'schen Faust, dem Byron'schen Don Juan einige Züge, zugleich sind sie aber auch scharf gezeichnete Repräsentanten der dreißigjährigen Periode des Kaisers Nikolaus und seines Regierungssystems, das die Selbständigkeit des Individuums gänzlich unterdrücken und es zu einem mechanischen Produkte des Beamtenstaates machen wollte. Diese dichterischen Gestalten sind aus dem innigsten Mitgefühl ihrer Erzeuger mit der Bildungsminorität Rußlands hervorgegangen. Aber sie spiegeln auch jene Stimmung getreu wieder, in der man unfähig ist, den Druck durch Gegendruck zu erwidern, nicht nur zu klagen und zu verzagen, sondern anzugreifen und zu fordern.

Das Interessante dieser Beobachtung liegt weiter darin, daß sich die russische Frau ebenso sehr dem männlichen Charakter, wie der russische Mann dem weiblichen nähert. Die Frau der Gesellschaft erscheint immer geistig gestählt; bei ihr wirkt die Verstandesthätigkeit nicht zersetzend, sondern gestaltend; sie zersplittert nicht in ohnmächtiger Reflexion, sondern sammelt sich zur Klarheit der Ueberzeugung, die den Entschluß, die That zur Folge haben. Sie besitzt die Fähigkeit, ein Prinzip anzuerkennen und ohne Rücksicht auf ihre Subjectivität auszuführen. Deshalb genügt ihr die Welt innerhalb der vier Wände nur in den seltensten Fällen, und ihr Wunsch besteht darin, sich von der geistigen Strömung ihrer Zeit tragen zu lassen. Geht man die russische Literatur darauf hin durch, so kommt man zu der Einsicht, daß die beiden Geschlechter ihre Charaktereigenschaften ausgetauscht haben. Der Mann hat dem Weibe den Verstand und die Energie des Willens, das Weib dem Manne das feine Nervenleben, die durch das Gefühl bedingte Unselbstständigkeit gegeben. In voller Deutlichkeit kommt dieser merkwürdige Tausch erst in den Zeitromanen Turgenjew's zum Ausdruck, aber auch die Liebesnovellen enthalten bemerkenswerthe Ansätze dazu. Immer bleibt der Mann an Thatkraft und Entschlossenheit hinter dem Weibe zurück. In „Asja" (1857) und „Erste Liebe" (1860) ist es das Springende und Launenhafte des Mädchencharakters, das uns zugleich fesselt und befremdet, bis wir die Ursache kennen lernen. Das Krause und Grillenhafte in „Asja" *) erklärt sich daraus, daß sie ein uneheliches Kind, die Frucht eines Liebesverhältnisses ihres Vaters mit einem Stubenmädchen ist und eine überwiegend männliche Erziehung genossen hat. Verstandesschärfe, Kenntniß des Lebens, Eigenwille haben sich frühzeitig bei ihr ausgebildet, sie will ihre ganze Umgebung zur Anerkennung ihrer Geburt, ihrer Launen zwingen. Bei einer Reise durch Deutschland — die Rheinlandschaft tritt uns in der Novelle in einer Fülle reizender Bilder entgegen — lernt sie einen jungen Mann kennen und lieben, der das gerade Gegentheil ihrer Natur ist, und der seine Unentschlossenheit und Unfähigkeit, den Besitz eines solchen Herzens nach Verdienst zu schätzen, mit dem Verlust desselben büßen muß. Asja ist wie eine auf dem Felde aufgewachsene Blume, die sich nach der Hand des Gärtners sehnt und von diesem am Wege wohl gesehen, aber nicht nach Verdienst geschätzt wird.

Düsterer ist der Hintergrund, von dem sich das Bild der jungen Sinaide in „Erste Liebe" ** abhebt; es steigt in

*) M. D. A. Band II.
** Erzählungen von Turgenjew. Deutsch von Bodenstedt. Band II.

seinen unruhig schillernden Farben aus vollkommen zer=
rütteten socialen Zuständen herauf. Die zerlumpte lächer=
liche Adelswirthschaft im Hause der Fürstin Sassekin, die
in Staub und Moder verkommene Aristokratie rückt wieder die
Beobachtungsgabe Turgenjew's in das hellste Licht. Sinaide's
Schönheit, ihr übermüthiges Spiel mit der sie umgebenden
Schar von Liebhabern fesseln einen jungen Menschen, dem
zum ersten Mal der Zauber der Weiblichkeit offenbar wird.
Das zärtliche Verlangen des Jünglings, seine unbeholfene
Schüchternheit, die plötzlich in ihm erwachende Eifersucht
sind mit tiefster Nachempfindung ähnlicher Zustände geschil=
dert worden. Es ist eine vollständige Verwandlung von
Fleisch und Blut in Gemüth und Seele. Der Abschluß der
Novelle ist bei aller Ueberraschung, die sie hervorruft, wohl
motivirt. Sinaide ist, während sie auf die Schwärmerei des
jungen Menschen eingeht, doch die Maitresse von dessen Vater;
die unreine Leidenschaft ihres Herzens sucht sich nur zu säu=
bern im Genuß einer unentweihten, sich ihr ganz zu eigen
gebenden Seele. In der tollen Ausgelassenheit ihres Wesens
sucht Sinaide nur ihr Gewissen zu betäuben, dessen Mah=
nungen ihr das Verzweifelte ihrer Existenz immer wieder
vorführen. Schwerlich kann man sich einen peinlichern Stoff
als diesen denken; er wirkt weit weniger auf unser ästhetisches
Gefühl als auf unsere moralische Ueberzeugung, denn er bringt
unsere heiligsten Empfindungen in Unordnung. Aber der Dichter
besitzt eine souveräne Gewalt über den Leser; es ist unmög=
lich ihm zu widerstehen, wenn er ein bestimmtes Gefühl in
uns erwecken will. In diesem Falle sollen wir nicht mora=
lisiren und über das Zertrümmern conventioneller Schranken
klagen, sondern uns dem Erstaunen über die geheimnißvolle
Macht der Liebe hingeben. Sie kommt mit der Allgewalt
einer Naturerscheinung, wir müssen ihr gehorchen, ob sie zur
Seligkeit oder ins Verderben führt. Sinaide kennt nichts

anderes als ihre Liebe. Als der Vater des Knaben sie ein
Mal mit der Reitpeitsche zornig auf den entblößten Arm
schlägt, küßt sie die roth angelaufene Schramme auf dem=
selben. Dieser Ausbruch von Leidenschaft berührt den Leser
wie ein greller am Horizont aufleuchtender Feuerschein. Tur=
genjew's Mädchengestalten haben einen Duft und eine Frische,
daß die Phantasie nur einzelne Andeutungen braucht, um die
Figur auszugestalten. Wenn die französischen Naturalisten
immer auf das Erschöpfende der jedesmaligen Schilderung
dringen, und oft langweilig werden, weil sie eben alles sagen
wollen, ist Turgenjew das beste Beispiel dafür, daß eine ein=
zige im richtigen Moment vorgeführte Situation viel anschau=
licher malt, als es die breiteste Darstellung vermöchte. Wenn
uns von Sinaide erzählt wird, wie sie ihren jungen Freund
das Garn abwickeln läßt, oder beim Pfänderspiel, als ihr die
Aufgabe gestellt wurde, als „Statue" zu erscheinen, einen
ihrer Anbeter als Postament gebraucht, muß jeder phantasie=
volle Leser diese Genrebilder in allen Einzelheiten vor sich
sehen. Der Autor trifft einzelne Stellen in unserer Einbil=
dungskraft so stark, daß aus ihr das Uebrige hervorwächst
wie der Halm aus dem in die Erde gesenkten Samenkorn.

Als man den Dichter einmal fragte, welches seiner Werke
er am meisten liebe, antwortete er: „Genau auf diese Frage
zu antworten, ist nicht leicht. In der That lese ich e i n e
von meinen Erzählungen mit besonderer Befriedigung, wenn
ich meine Arbeiten behufs einer neuen Auflage durchgehe. Es
ist die Erzählung „Erste Liebe". — Ich dichte nur wenig
und befleißige mich auf dem Boden der Wirklichkeit zu bleiben.
In der Novelle „Erste Liebe" erzähle ich ein wirkliches Er=
eigniß, ohne irgend eine Verschönerung, und beim Lesen der=
selben stehen die handelnden Personen lebhaft vor mir."

Diese Novelle hat übrigens zu einem drolligen Mißver=
ständniß Anlaß gegeben. Als sie nämlich Louis Viardot in

einer französischen Uebersetzung erscheinen ließ, fügte er ihr
einen höchst seltsamen Schluß in Form eines Gesprächs an,
bei dem sich ein paar Herren über persönliche Schuld und
Nationalschuld allerhand schöne Sachen erzählen und schließ=
lich zu dem Resultate kommen, daß eine solche Novelle nur in
Rußland möglich sei. Dieses sehr thörichte Anhängsel, das
nur des lieben moralischen Eindrucks halber vorhanden, ist nun
leider auch in die deutschen Ausgaben der „Ersten Liebe"
übergegangen, obwol sich Turgenjew nach Kräften dagegen ge=
wehrt hat und deutsche Kritiker sind nicht müde geworden,
auf diesen Anhang als auf etwas ganz Besonderes und Ori=
ginelles, das uns den Sinn der Erzählung erst klar mache,
hinzuweisen. Das Goethe'sche Wort vom Aus= und Unter=
legen ist dadurch in sehr belustigender Weise bestätigt
worden.

Turgenjew hat uns in zwei Novellen verrathen, welches
die Vorbilder waren, unter deren Einfluß seine künstlerischen
Ueberzeugungen ausgereift sind. Seine Ideale sind die Höhen=
punkte der germanischen Poesie, Shakspeare und Goethe, deren
Dichtungen ihm als das klare Spiegelbild der modernen Welt,
als untrüglicher Maßstab für das innerste Wesen seiner Kunst
gelten. Er findet die Tiefe und Wahrheit in den Gestalten
dieser Dichter wesentlich darin, daß sie uns immer wieder
neu und unerschöpflich vorkommen, er hält ihre Motive für
ewig und allgemein menschlich, sodaß sie sich unter den ver=
schiedensten socialen Bedingungen wie nach einem Urgesetz der
Menschheit wiederholen. Gottfried Keller hat in seiner No=
velle „Romeo und Julia auf dem Dorfe" das Motiv der
Kinder, die durch ihre Liebe den Haß der Aeltern überwinden,
auf die Verhältnisse des Landlebens übertragen und damit ein
unvergleichliches Meisterwerk geliefert. Genau so macht es
Turgenjew mit dem Shakspeare'schen Thema von Kindes=
undank in seiner erschütternden Novelle „Ein König Lear des

Dorfes" (1871)*). Vergleicht man die Novelle des Russen nur oberflächlich mit der Tragödie des Briten, so kann man vielleicht auf den Gedanken kommen, daß die erstere der letztern in einzelnen Situationen zu absichtlich nachgedichtet sei. Der alte Gutsbesitzer Charlow vertheilt seine Besitzungen gerade so unter seine Töchter wie der Held des Shakespeare'schen Dramas; er wird gerade so wie dieser von herzlosen Töchtern und Schwiegersöhnen umgeben, seiner Dienerschaft beraubt, von einer Art Narr, seinem eigenen Schwager, wegen seiner Gutmüthigkeit gehänselt, endlich auch wie Lear aus dem Hause verstoßen. Diese Analogie kann aber nur für den auffallend sein, der nicht sehen will, wie sie sich aus der Natur des Stoffes nothwendig ergibt. Es sind vollständig verschiedene Menschen und Zustände; nur die Art der Seelenschwingung ist dieselbe; im übrigen handeln sie ganz aus eigenen Motiven: der alte Mann, der trotz seiner riesenstarken Natur von Todesahnungen erfüllt ist und die wenigen, noch zu erwartenden Jahre seines Lebens in Ruhe genießen will, und die saubern Töchter, die froh sind den blinden Gehorsam, den sie so lange ihrem Vater zollen mußten, nunmehr von ihrer Umgebung erzwingen zu können. Wie individuell russisch die Entfaltung der Charaktere vor sich geht, wäre im einzelnen leicht nachzuweisen; am prächtigsten macht sich die vor ihrem Erlöschen noch einmal hell aufflackernde Herculeskraft Charlow's, der eine Zeit lang wie blödsinnig mit zerrissener Angelschnur am Teiche sitzt, und dann in toller Wuth das Haus, aus dem man ihn vertrieben hat, abzubrechen beginnt, während seine Angehörigen die Bauern des Dorfes vergeblich gegen ihn aufbieten. Der Tod des Mannes unter den herabstürzenden Trümmern des Hauses ist von wirklich tragischer Größe. Die mit bewunderungswürdiger Kraft und Klarheit

---

erzählte Novelle verräth die ruhig schaffende Hand des Meisters, der die Charakteristik nach allen Seiten breit ausströmen läßt und dabei eine so sichere Herrschaft über seinen Stoff ge= wonnen hat, daß er ihm ohne Affekt gegenübersteht.

Eine directe Huldigung, allerdings vornehmster Art, bringt Turgenjew dem Genius Goethe's in seiner Novelle „Faust" *) (1855) dar, indem er die Einwirkung dieser Dichtung auf eine junge Frau schildert, deren Erziehung so eigenthüm= lich beschaffen war, daß jede Erweckung ihres Seelenlebens ausgeschlossen blieb. Aus dem Schutz einer strengen, dem Romantischen feindlich gesinnten Mutter, welche alle schöne Literatur aus ihrer Umgebung entfernte, ist sie in die Hände eines nüchternen Mannes gekommen, an dessen Seite ihre Empfindung gleichfalls latent blieb. Diese vollständig jung= fräuliche, noch nie auf die Probe gestellte Seele wird nun ganz plötzlich von den beiden Factoren Poesie und Liebe, die ihr bis dahin unbekannt geblieben sind und daher mit um so größerer Unmittelbarkeit auf sie einstürmen, bis zur Vernich= tung erschüttert, indem ein früherer Verehrer durch die Vor= lesung des Goethe'schen „Faust" das Gefühl der jungen Frau in Aufruhr versetzt. In vollen Zügen trinkt sie nach der langen ermüdenden Wanderung durch ein von keinem Strahl der Schönheit und des Gefühls erhelltes Dasein die Labung, und mit jedem neuen Trunk strebt ihre Empfindung immer verlangender dem zu, der ihr den Quell erschlossen hat. Die Sehnsucht der Frau erreicht aber nicht ihr Ziel; auf dem Wege dahin wird sie durch das Bild ihrer verstorbenen Mutter aufgehalten, das mit seinen strengen Zügen in ihrer Phantasie auftaucht und sie im tödtlichen Fieberwahnsinn Stellen aus „Faust" citiren läßt. Keine Schilderung kann eine Vorstellung der gesunden Lebenswärme erwecken, welche die im Grunde

---

*) A. a. O. Band XI.

so einfache Fabel erfüllt; die höchste Kunst ist hier wieder
zur schlichten Natur geworden; man denkt gar nicht mehr
daran, daß diese Dinge nicht an sich, sondern nur im Kopfe
des Dichters existiren, der sie uns zeigt. Zu der Frische, der
gedrungenen, wie unbewußt arbeitenden Kraft, die in der Erzählung steckt, paßt die Briefform ganz vortrefflich; sie gibt
der Novelle die Stimmung des Mannes, der durch sein Da-
zwischentreten und das Herbeirufen höherer Mächte diesen
Sturm hervorgerufen hat.

Aber auch sonst ist die Novelle für Turgenjew und
seine Kunst sehr bezeichnend. Zunächst ist die Composition
ausnahmsweise von höchster Glätte und Knappheit, nirgends
legen sich Episoden in die Handlung ein, die sich eigentlich
nur zwischen Wera, ihrem Manne und dem früheren Verehrer abspielt. Für die andern Personen bleiben nur ein
paar Zeilen, auch für den originellen Kanz Schimmel, einen
„alten Deutschen mit treuherzigem Lächeln und zahnlosem
Munde", eine jener barocken Erscheinungen, die der Autor
als halb komische, halb rührende Verkrustungen der Gesellschaft durch die meisten seiner Erzählungen wandern läßt.
In ihnen steht die Charakteristik auf der Spitze, und doch
sind sie gewöhnlich von so greifbarer Lebenswahrheit, daß
man ihnen schon irgendwo begegnet zu sein meint. Das
Exemplar, das wir in „Faust" kennen lernen, ist ebenfalls
überaus scharf und keineswegs schmeichelhaft gezeichnet. „Dieser
wackere Deutsche," heißt es, „verbreitete einen starken Cicho-
riengeruch um sich, den unvermeidlichen Geruch aller alten
Deutschen." Es gibt Kritiker, die in diesem Satze eine Berechtigung finden, den Dichter einer deutschfeindlichen Gesinnung
anzuklagen. Selbst Honegger fragt in seinem Buche „Russische
Literatur und Cultur", woher der Autor dieses Charakteristi-
kum für unsere Nation genommen hat, und vergißt dabei nur,
daß es sich ja gar nicht um Turgenjew's, sondern um die

Meinung der Person handelt, deren Briefe den Inhalt der
Novelle bilden. Der Dichter ist ein objectiver Sittenmaler,
der seinen Personen ihr individuelles Recht nicht verkürzt,
und auch in diesem Falle eine einfache Thatsache, die geringe
Beliebtheit der Deutschen in gewissen russischen Kreisen, kurz
registrirt. Ueber seine persönliche Meinung sollte doch der
schon früher erwähnte Ausspruch, daß Deutschland sein „zweites Vaterland" ist, genügenden Aufschluß geben. Aber selbst
wenn wir alles zusammenfassen, was wir in seinen Schriften
an Andeutungen und Urtheilen über unser Volk finden, haben
wir keinen Grund uns irgendwie zu beklagen. Oder wollen
wir ihn deshalb in den Anklagezustand versetzen, weil er in
den „Frühlingsfluten" über das deutsche Mittagessen und die
Theater in den kleinen Residenzen scherzt und seine Maria
Nikolajewna sagen läßt: „Der schlechteste französische Schauspieler in der kleinsten Provinzialstadt spielt besser und natür-
licher als die erste deutsche Berühmtheit"? In den „Frühlingsfluthen" kommen die Deutschen allerdings nicht sonderlich
gut weg. Sie sind entweder komisch wie der Commis aus
dem Modemagazin, der seine Braut zu vertheidigen zu feige
ist, oder frech wie die betrunkenen Offiziere im Restaurant,
oder endlich zudringlich und unausstehlich wie der Literat im
Wiesbadener Hoftheater. Auch daß der widerwärtige Ratsch
in der Novelle „Die Unglückliche" und der berauschte Offizier
in „Helene" Deutsche sind, enthält gerade kein Compliment
für uns. Diesen unerfreulichen Erscheinungen brauchen wir
aber nur die edle, rührende Gestalt des Musikers Lemm in dem
Roman „Das adelige Nest" gegenüberzustellen, das Genie,
dem das Schicksal und die Welt die verdiente Anerkennung
verweigern, um zu zeigen, wie tief der Dichter in das Verständniß deutschen Gemüthslebens eingedrungen ist.

Wie sollte es auch anders möglich sein, da er mit einer
Reihe der ausgezeichnetsten Deutschen, mit Künstlern wie

Adolf Menzel, Reinhold Begas und Gustav Richter, mit
Schriftstellern und Journalisten wie Ernst Dohm, Julian
Schmidt, Ludwig Pietsch, durch innige Freundschaft verbunden
war. In den Briefen Turgenjew's an Pietsch finden sich
zahllose Belege dafür, daß der Dichter an allen Vorgängen
in unserem Vaterlande aufrichtigen Antheil nahm. Daß er
nach dem Conflikte in Ems mit Begeisterung für die gerechte
Sache Deutschlands eintrat und die Strafe für freventlichen
Uebermuth, die Frankreich betroffen hat, nicht nur voraus=
sah, sondern auch sehnlichst herbeiwünschte, ist eine Thatsache,
zu deren Bestätigung wir uns nur auf die klassische Zeugen=
schaft Julian Schmidt's berufen dürfen. Wenn nach Tur=
genjew's Tode einzelne Pariser Hetzblätter, die in Herrn
Deroulède ihren Messias erblicken, geschmacklos genug waren,
die Aussprüche der Helden des Dichters, sobald sie ihnen in
den Kram paßten, als dessen eigene Meinung aufzufassen und
sogar den im „Väter und Söhne" dem Studenten Bazaroff
in den Mund gelegten Satz „Was mich anbelangt, ich gestehe
in Demuth, daß ich die Herrn Deutschen nicht sehr liebe",
als Beweis für den Deutschenhaß Turgenjew's anzuführen, so
ist das eine einfache Kinderei, auf die man nur durch
Schweigen antworten kann.

In keiner seiner Novellen hat der Dichter nach unserer
Meinung vollere Gefühlstöne angeschlagen als in den „Früh=
lingsfluten" 1872 *). Die reine jungfräuliche Liebe, die sich
von holden Ahnungen wiegen läßt und nur glücklich sein will,
indem sie glücklich macht, steht hier der dämonischen Leiden=
schaft gegenüber, die im Sinnenrausch zerstörend wirkt. So
greifen himmlische und höllische Mächte in das Seelenleben
des Menschen in jenen Jahren ein, in welchen das Gefühl
sich noch nicht nach dem Verstande richtet und jede Saat im

*) M. D. A. Band VI.

Guten wie im Bösen schnell aufgeht. Schon die Einkleidung
der Erzählung als Rückblick eines Mannes, der von Lebens=
müdigkeit erfüllt ist und sich in die Zeit flüchtiger Glückselig=
keit zurückträumt, ist ein Meisterstück. Es trifft uns eiskalte
Luft, wenn wir in dieses leere, ausgebrannte Dasein blicken,
welches die Sonne des Lebens längst untergehen sah und in
dem Abglanz der Erinnerung einen Trost in kummervollen
Nächten erblicken muß. Denkt man an das bloß Stoffliche,
so wird man über mancherlei Aufwallungen der Moral nicht
hinwegkommen; aber das Sujet hat eine solche Fülle von
Leben und Poesie aufgesogen, daß das Gefühl in die stärkste
Mitleidenschaft gezogen wird. Aus drei Nationen hat der
Autor dabei seine Figuren genommen: der unglückliche Lieb=
haber Ssanin und die Frau, welcher er mit seinem Glück zum
Opfer fällt, sind Russen, seine betrogene Braut Gemma und
deren Familie sind Italiener, während in einzelnen, zum Theil
köstlichen Episoden die Gesellschaft und die Umgebung Frank=
furts, wo die Erzählung spielt, in die Handlung hineingezogen
werden. In der italienischen Conditorsfamilie Roselli hat
Turgenjew ein modernes Idyll geschaffen, wie es selbst ihm
nicht wieder gelungen ist. Diesmal besteht die Gruppe, die
wir kennen lernen, aus lauter guten Menschen, aus gesunden,
innerlich festen Naturen, die auf das feinste voneinander unter=
schieden sind. Der kleine Conditorladen mit dem grauen,
schnurrenden Kater und dem kraushaarigen Pudel baut sich
vor uns auf, als ob wir in ihn hineinträten; der Geruch von
Kaffee und altem Kuchen dringt uns in die Nase, das Ge=
klapper von Tassen, Tellern und Löffeln tönt uns ins Ohr.
Gemma ist als Charakter von größter Einfachheit, weil sich
Anlagen, Empfindungen, Wünsche natürlich entwickelt haben.
Sie braucht nur der Stimme ihres Herzens zu folgen, das
sie von selbst auf das Angemessene weist. Dabei liegen ihre
seelischen und geistigen Eigenschaften nicht trocken nebeneinander,

sondern ein naiver Humor läßt liebenswürdige Beziehungen zwischen ihnen entstehen und bringt ihr südliches Naturell zum Ausdruck. So quellfrisch und gesund wie das Mädchen ist auch ihre Umgebung, die Mutter Leonora, der das Geschäft Sorge zu machen anfängt, und der Bruder Emilio, ein idea= listisch angelegter Jüngling im Sinne einzelner Jean Paul'= icher Figuren, dessen Sensibilität durch ein Herzleiden gestei= gert ist und dessen Vertrauen zu Sanin so schlecht belohnt wird. Der kleine alte krummbeinige italienische Sänger Pan= taleone kommt als drolliges Anhängsel der Familie hinzu, um diesen Kreis behaglicher braver Menschen abzuschließen. In den altmodischen Kostümen, die er zu tragen pflegt, in dem Gebahren des alten Komödianten, der auch im Leben Rollen spielen muß, steht er als köstliche Episode vor uns. Fast unwillkürlich verbinden wir mit ihm die Vorstellung von einem Lila=Frack und Nanking=Beinkleidern, in denen wir ihn zuerst erblicken. Sanin wird durch einen Zufall in den Mittelpunkt dieses Kreises geführt; er verliebt sich in Gemma, die im Gefühl der Dankbarkeit an ihm hängt; ein Duell und ein Absagebrief Gemma's an ihren Bräutigam ermöglichen die Annäherung der jungen Leute so weit, daß sie sich miteinander verloben. Da schnellt plötzlich das Glücksrad, während Sanin seine Güter in Rußland verkaufen will, zurück; er glaubt in der Frau eines frühern Studienfreundes Polosow, den er zufällig in Frankfurt trifft, eine Käuferin gefunden zu haben; aber diese, eine herzlose und zugleich verführerische Kokette, weiß ihn mit einem so feingesponnenen Netz der Sinnlichkeit zu umstricken, daß der Arme nicht eher zum Bewußtsein kommt, als bis er das Opfer ihrer berechnenden Laune geworden ist und seine Braut schändlich verlassen und betrogen hat. Doch nicht nur dieses Gewitter wird uns geschildert, auch sein Abziehen und der Uebergang in die kühle und beruhigende Abenddämmerung erscheinen in dem Nachspiel, in welchem wir Gemma als die

Gattin eines tüchtigen Mannes wiederfinden, während Sjanin
in dem Verfolgen ihrer Spuren und der empfangenen Versicherung, daß sie ihm nach schweren Kämpfen vergeben habe
und nun vollkommen zufrieden sei, das verlorene Glück noch
einmal auftauchen sieht. Die Charakteristik der Hauptpersonen
und der Episoden ist, obwol sie sich nirgends prahlerisch vor-
drängt, doch so reich, daß es Mühe kostet, auch nur im Allgemeinen mit ihr fertig zu werden. Eine feine und geistreiche
Contrastwirkung drängt sich an die andere, die originellsten
Gegensätze der Nationalität und der Persönlichkeit werden
bloßgestellt.

Niemals wieder hat Turgenjew so feine und originelle
Farbenoppositionen anzubringen verstanden, wie in den „Frühlingsfluthen". Es ist das Gesetz des Contrastes, welches ohne
jeden Schein von Absichtlichkeit in dieser Novelle meisterhaft
durchgeführt worden ist. Nicht allein durch Dasjenige, was
die Figuren an und für sich bedeuten, sondern wesentlich auch
durch den Reflex der Anderen wirken sie so plastisch und
eigenthümlich. Sie heben sich auf das Schärfste von einander
ab und manciren dabei Licht und Schatten bis zur greif-
barsten Wirklichkeit. Dabei sind die einzelnen Gegensätze über-
einander aufgebaut worden, so daß man den höchsten erst dann
wahrnimmt, wenn man das ganze Bild in sich aufgenommen
hat und zu seiner allgemeinen Würdigung ein paar Schritte
zurücktritt. Ueber der ganzen Novelle wölbt sich der Gegensatz von Reichthum und Armuth, von Genuß und Arbeit,
von weltmännisch vornehmer Lebensweise und schlicht bürger-
licher Einfachheit, von ungezügeltem Sinnenleben und harmo-
nischer seelischer Entfaltung. Auf Gemma's Antlitz ruht ein
Abglanz von Raphaels Heiligenbildern, der Ausdruck naiver
weiblicher Hoheit, während Maria Nikolajewna durchzogen ist
von dem feinsten Pariser Cocottenparfum; der Conditorladen
empfängt durch einen gewissen ästhetischen Idealismus seinen

eigenthümlichen Anstrich, den seinerseits Polosow durch den Mechanismus im Essen, Trinken und Schlafen, durch das Juchtenleder und den Cigarrettenqualm erhält. Gemma hat von ihrem Vater den Geist des italienischen Republikanismus ererbt, der Russe könnte seine Untergebenen nach dem Brauch der Väter mit der Knute bearbeiten lassen. Dort schimmert die Orange durch, hier schmeckt es nach Kaviar und Schnaps. Innerhalb dieser beiden Gruppen wiederholen sich ähnliche Gegensätze. Wie stehen die sorgfältig geglättete Würde und Verbindlichkeit, die weißgewaichene Wohlanständigkeit, der gesteifte gute Ton von prima Qualität bei Gemma's Bräutigam Klüber, dem Commis eines Frankfurter Modegeschäftes und die herzerfreuende Natürlichkeit in der Conditorsfamilie einander gegenüber! Dort ist alles Geschäftsdressur, ein Uhrwerk, dessen Pendel zwischen Gehorchen und Befehlen, zwischen Arbeit und Lohn, zwischen Geschäft und Vergnügen, in regelmäßigen Schlägen hin= und herschwankt, hier die Einfachheit des bürgerlichen Lebens, bei der niemand für die Außenwelt etwas anderes sein will, als er ist, und die Charaktere sich wie duftige Waldblumen entwickeln. Auch hier wieder dieselbe Gegensätzlichkeit zwischen Alter und Jugend, Ernst und Scherz bei Frau Leonora und Pantaleone einerseits, Gemma und Emilio andrerseits. Auch im Fortgang der Novelle ruht dieses eigenthümliche Spiel nicht; wir erinnern nur an die Scene in der Restauration, wo Klüber seiner Wuth über die Ungezogenheit der betrunkenen Offiziere in stillen Flüchen Luft macht, während Sanin unbemerkt von den Störenfrieden Rechenschaft fordert, oder an die Charakteristik von Polosow und seiner Frau, von denen jener nichts anderes als ein Klumpen Fleisch ist, während diese in dem tollsten Wirbel der Gesellschaft auf Abenteuer und Triumphe ausgeht. Der Ritt ins Gebirge, den die Frau mit Sanin unternimmt, bringt die sommerliche Schwüle der Waldeinsamkeit und das darauffolgende Gewitter in prächtigen Zusammenhang mit der Stimmung des von Leidenschaft erfüllten Paares und ihrem Eintreffen in der entlegenen Hütte. Eine prickelnde, die Sinne stachelnde Atmosphäre scheint bei dieser Schilderung aus den Zeilen aufzusteigen. Die Glut des Sommers, die Schwüle des Gewittertages, der wilde Ritt, die schnaubenden Pferde, der betäubende Harz- und Kräutergeruch in der Waldesschlucht, das Auftauchen des geheimnißvollen Liebesasyls im Grün der Tannen: das alles bildet die Begleitung und Verstärkung des unheilvollen Zaubers, der aus den Augen der verführerischen Frau auf Sanin überströmt. Es ist warmes, rothes Lebensblut in diese Schilderung gemischt, nicht weniger auch in das all-mähliche Verklingen und Verwehen dessen, was das Herz des schwergeprüften Mannes so heftig bewegt hat.

Die „Frühlingsfluten" sind auch deßhalb so interessant, weil sich Turgenjew bei ihrer Abfassung ersichtliche und er-folgreiche Mühe gegeben hat, eine fast dramatische Spannung hervorzubringen, auf die er sonst gar keinen Werth zu legen pflegt. Er erreicht das durch leicht hingestreute Winke und Beziehungen, welche durch die späteren Ereignisse ihre Erklä-rung finden. Ein Mal dreht sich das Gespräch zwischen Sanin und Gemma um die Novellen von E. T. A. Hoff-mann. Es stellt sich dabei heraus, daß das Mädchen keine Verehrerin der phantastischen Welt sei, die der Verfasser des „Kater Murr" aufzubauen pflegt. Nur eine Novelle hatte auf sie einen Eindruck gemacht, in der ein junger Mann in einem Conditorladen eine junge Dame mit einem seltsamen Alten trifft, sich sofort in erstere verliebt, ihnen folgt, aber ihre Spuren verliert. „Die Schöne ist ihm für immer ent-schwunden", läßt Turgenjew die Heldin seiner Erzählung aus der Erinnerung sich zurückrufen, „und er ist nicht im Stande, ihren flehenden Blick zu vergessen und wird von dem Gedanken verfolgt, daß er vielleicht sein Lebensglück aus den Händen gleiten ließ." Es kann sich hier nur um eine der letzten und schwächsten Erzählungen Hoffmann's, „Die Irrungen" handeln, die sich im elften Bande der Reimer'schen Ausgabe findet. Der Inhalt der Novelle ist so wenig ausgetragen und ein= leuchtend, daß sie unmöglich auf eine so gesunde Natur wie Gemma einen tieferen Eindruck gemacht haben kann. Doch darauf kommt es hier auch gar nicht an, sondern nur auf die Bedeutung, welche das Citat für die später so jäh abgebro= chene Liebesgeschichte der jungen Leute hat. Derselbe Effekt wiederholt sich später, wenn die üppige Maria Nikolajewna Sianin fragt, ob er Latein verstehe, und ihn auf die Scene zwischen Dido und Aeneas in dem Gedichte Vergils aufmerk= sam macht. Mit dem Namen des Trverhelden begrüßt ihn das verführerische Weib, als sie nach heißem Ritte die Schlucht im Walde aufsuchen. Es kommt durch solche Hinweisungen ein Schimmer des Mystischen in die Erzählung hinein, wir glauben die Wolken des Schicksals, die über Sianin aufge= thürmt sind, von ihrer ersten Entstehung aus einzelnen vom Sturme heraufgetriebenen Nebelhaufen zu bemerken.

Ganz dem Lessing'schen Princip entsprechend, daß die trockene Anführung von charakteristischen Zügen noch kein Bild gebe, daß sie vielmehr in die Handlung verflochten werden und aus ihr organisch herauswachsen müssen, sehen wir auch die Charakteristik Gemmas ganz allmählich aus den Situationen, in welche sie gebracht wird, entstehen. Zu Anfang begnügt sich Turgenjew mit einigen wirkungsvollen Pinselstrichen: „Ihre Nase war zwar etwas groß, aber edel gebogen, die Oberlippe wurde von einem kaum merklichen Pflaume be= schattet; die gleichmäßig matte Gesichtsfarbe war ganz wie Elfenbein oder milchiger Bernstein, der wellige Glanz der Haare wie bei der Judith von Allori im Palazzo Pitti, aber besonders die Augen, dunkelgrau, mit einem schwarzen Rande um den Augapfel, waren prächtige triumphirende Augen."

Erst später und ganz allmählich erfahren wir von ihrem
feinen schlanken Wuchs, von der außerordentlichen Schönheit
der Hände, von dem reizenden Humor, mit dem sie Typen
des Frankfurter Volkslebens wiederzugeben weiß, und Aehn=
liches mehr. So vertieft sich das Bild immer mehr, um in
unserer Phantasie unauslöschlich fortzuleben. Gemma's Grund=
charakter ist die Gesundheit des Leibes und der Seele, die
von einem kräftigen Vater und einer braven Mutter ererbte
Mischung des Blutes, in der es keinen unreinen und unge=
funden Tropfen giebt. Bei den zahlreichen verrenkten und
schief angelegten Geschöpfen, die Turgenjew in die Welt ge=
setzt hat, muß auf eine solche harmonische Erscheinung wie
Gemma ganz besonders hingewiesen werden. Sie ist ganz
Liebe, eine segenbringende Göttin, während Maria Nikolajewna
den feinsten Auszug egoistischer weiblicher Begehrlichkeit dar=
stellt, die ihr Opfer unwiderstehlich an sich zu locken und lang=
sam aber sicher in ihr unheilvolles Element herabzuziehen
weiß. Diesen Triumph der Sinnlichkeit schildert Turgenjew
in folgender Weise: „Sanin stand verwirrt und verloren
in seinem Zimmer vor ihr. . . Wohin reisest Du? fragte
sie ihn. Nach Paris oder nach Frankfurt? — Ich reise
dahin, wo Du bist und bleibe bei Dir — bis Du mich
wegtreibst, — rief er verzweifelt und küßte seiner Ge=
bieterin die Hände. Sie befreite dieselben, legte sie ihm
auf den Kopf — und griff mit allen zehn Fingern in seine
Haare. Sie spielte mit ihnen und kräuselte langsam diese
nachgiebigen Haare. Sie hatte sich hoch aufgerichtet, um ihre
Lippen schlängelte sich ein triumphirendes Lächeln, und ihre
Augen — weit geöffnet und weißlich hell — drückten nur die
unbarmherzige Stumpfheit und Sättigung des Sieges aus. Der
Habicht, wenn er einen gefangenen Vogel in seinen Krallen
hält, hat solche Augen."
   Rein poetisch betrachtet hat Turgenjew in diesen Novellen

das Höchste geleistet. Sie sind troß gewisser immer wieder=
kehrender Mängel der Composition unübertroffen durch das
feine Seelenleben und die reiche Charakteristik, die sie in sich
bergen. Es kommt uns weniger darauf an, sie alle im Ein=
zelnen durchzugehen, als die Richtung, in der sich seine Be=
gabung ausgibt, in den Hauptströmungen zu verfolgen. So
ausgeglichen und mild wie in den „Frühlingsfluthen" ist er
nicht immer; oft treibt er das Schroffe seines Stoffes bis
zum Grausamen und Quälerischen, so besonders in „Eine Un=
glückliche" *) (1868), die einen schlimmen Angriff auf unsere
Nerven bildet. Wir glauben nasse, dumpfe Kerkerluft zu
athmen, wenn wir dem Seelenleben dieser Susanna Iwanowna
näher treten, die immer auf der Schattenseite des Lebens zu
stehen verurtheilt ist. Tochter einer von einem gefallsüchtigen
Edelmann verführten Jüdin, ist sie nach dem Tode ihres Vaters
in die Hände von dessen Bruder gerathen, der sie, nach einem
mißglückten Versuch, seine sinnliche Begierde an ihr zu be=
friedigen, einem tückischen Verwalter Ratsch überläßt, der mit
ihr wie ein ungezogener Knabe mit einer Fliege verfährt
und sie in den Tod hinein quält. Zwei Mal scheint ihr
das Schicksal einen Lichtstrahl in die trostlose Einsamkeit zu
senden, die ihr nachher um so verzweifelter erscheinen mußte.
Aber das eine Mal wird ihre Liebe schändlich verrathen und
der Gegenstand derselben eine Beute des Todes, das andere
Mal ist ihr Verehrer ein Waschlappen von Mann, der das
Weite sucht, als er die erste niedere Verläumdung über das
Mädchen vernimmt. Letzteres schlägt dann die Thür zu seinem
Kerker ein, indem es Hand an sich legt. Als ob des Schauer=
lichen noch nicht genug wäre, hat Turgenjew hieran noch eine
widerwärtige Begräbnißscene geschlossen, bei der die Leid=
tragenden sich nicht nur betrinken, sondern auch unter all=

gemeinem Brüllen die Dickschädel gehörig verarbeiten. Nie=
mals hat Turgenjew so unersättlich in der Malerei des
Häßlichen geschwelgt, wie in dieser Novelle. Es ist eine
gräßliche Höllenbreughelei, die den Leser wie mit Zangen zwickt,
sich ihm auf die Brust legt und die Kehle zuschnürt.

„Das Abenteuer des Lieutenant Jergunow" *) (1867) ist
mehr skizzenhaft und anekdotisch gehalten. Die Rolle, die ein
leichtfertiges aber gutmüthiges Mädchen in einer Verbrecher=
gesellschaft spielt, die Reue, die dasselbe später empfindet,
lassen die Charakteristik in allgemeinen Umrissen deutlich er=
kennen. Die Schilderung, wie Jergunow von der sauberen
Sippschaft betrunken gemacht, ausgeplündert und schändlich
überfallen wird, ist in allen Einzelheiten von sprechender
Wahrheit.

„Jakob Passinkow" **) enthält dagegen wieder eine Ge=
fühlsromantik liebenswürdigster Art in der Person eines
Mannes, der als „Schlemihl" durchs Leben wandert und trotz
aller seiner Vorzüge vom Glück unbeachtet bleibt. Er gehört zu
den Menschen, die sich der Ueberfülle der Seele schämen und
sie daher meist verschlossen halten. So trägt er seine Liebe
zu einem Mädchen jahrelang mit sich herum, um erst auf
seinem Sterbebette ein Wort davon verlauten zu lassen. Es
ist ein bemerkenswerther Zug bei Turgenjew, daß er zwar
die ganze Weichheit des Gefühls in dieser Figur aufdeckt, sie
aber in humoristische Beziehungen bringt, welche die Senti=
mentalität im Keim ersticken. Er weiß es, daß ein solcher
Zusammenstoß von Idealismus und Realismus, falls er sich
nicht tragisch vertieft, für die Welt immer seine komischen
Momente hat. Die Romantik ist nothwendig, wenn wir nicht
zur Nüchternheit der Chinesen herabsinken wollen; aber sie

---

*) M. D. A. Band II.
**) Erzählungen von Turgenjew. Deutsch von Bodenstedt. Band II.

muß das Leben durchdringen, es im Kern erfassen und nicht nur als Nebel dasselbe umschweben wollen. Mit dieser An= schauung befreit sich der Dichter wieder von dem Motiv der unglücklichen, zur Entsagung führenden Liebe, dem er eine Reihe vollendeter Schöpfungen zu verdanken hat. Zu oft ist es ihm Gegenstand der Darstellung gewesen, eine zu große Lebenswärme strömt von ihm aus, als daß man in seiner Wiederholung einen bloßen Zufall sehen dürfte: Turgenjew ist der Dichter des Selbsterlebten, ihm ist das Sujet nur dann etwas werth, wenn er es nachhaltig bebrüten, ihm sein eigenes Empfinden verleihen konnte. So sitzt ihm auch dieses dichterische Motiv tief im Blut als theuer erkaufte Frucht vielseitiger und schmerzlicher Lebenserfahrungen, die das Gefühl in ihm auf das feinste auflockerten und zu ebenso vielen Quellen dichterischen Schaffens wurden.

Endlich müssen wir hier als Abschluß der von dem Dichter in Baden=Baden verlebten Periode der tiefergreifenden Schilderung der „Letzten Nacht Traupmanns"*) gedenken, die uns nicht nur den psychologischen Scharfblick Turgenjew's schätzen, sondern auch sein edles menschlich fühlendes Herz lieb= gewinnen läßt. Der ganze Vorgang, von dem Besuch in der Zelle des Raubmörders bis zu seiner Hinrichtung, ein Thema, das sonst nur von Feuilletonisten oder Sensationsschriftstellern behandelt zu werden pflegt, nimmt unter der Feder eines so bedeutenden Menschenkenners, Dichters und Erzählers wie Turgenjew, eine ganz eigenartige Färbung an. Aus der Schilderung treten für uns zwei springende Punkte hervor, ein psychologischer und ein moralischer. So sagt Turgenjew von dem Mörder: „Man hat bemerkt, daß die zum Tode Ver= urtheilten, sobald ihnen das Urtheil verkündigt wird, ent= weder in vollständige Gefühllosigkeit verfallen und gewisser=

---

*) 1870 im „Salon" Band VI, Heft X.

maßen schon vorher sterben und sich auflösen, oder sie spielen
den Tapfern, oder sie geben sich endlich der Verzweiflung
hin, wimmern, zittern, flehen um Gnade.... Traupmann
gehörte zu keinem von diesen drei Kategorien und war des=
halb sogar für Herrn C. (den Chef der Sicherheitspolizei)
ein Räthsel. Ich will zugleich sagen, daß, wenn Traupmann
geseufzt und geweint hätte, meine Nerven das nicht ausge=
halten haben würden und ich geflohen wäre. Aber bei dem
Anblick dieser Ruhe, dieser Einfachheit und gewissermaßen
Bescheidenheit erloschen alle Gefühle in mir — das Gefühl
des Abscheus vor dem unmenschlichen Mörder, vor dem Aus=
wurfe, welcher die Kehlen der Kinder durchschnitten hatte,
während sie „Maman, Maman" riefen! — das Gefühl des
Mitleids endlich gegen einen Menschen, den der Tod schon
zu verschlingen bereit war, und ging in eins auf: in das
Gefühl der Bewunderung. Was hielt Traupmann aufrecht?
Das vielleicht, daß, wenn er auch nicht den Braven spielte,
er doch vor den Zuschauern „figurirte" und seine letzte Vor=
stellung gab; oder angeborene Furchtlosigkeit, Selbstliebe, an=
geregt durch die Worte des Herrn C....; der Stolz des
Kampfes, welchen er bis zu Ende tragen mußte, oder ein
anderes noch nicht enträthseltes Gefühl: das ist ein Geheim=
niß, welches er mit ins Grab nahm." Das andere, ethische
Moment besteht darin, daß sich Turgenjew mit seinem ganzen
sittlichen Menschen gegen die Art des Strafverfahrens auf=
lehnt und empört in die Worte ausbricht: „Keiner von uns,
entschieden Keiner, sah aus, wie ein Mensch, der sich bewußt
ist, dem Vollzuge eines Aktes der gesellschaftlichen Gerechtig=
keit beigewohnt zu haben". Der Aufsatz gipfelt in der
dringenden Forderung, wenn nicht die Todesstrafe als solche,
so doch ihre Oeffentlichkeit abzuschaffen.

V.

Freundschaft mit Pauline Viardot, Turgenjew's Beziehung zur Musik.

Für die Periode, in welche die Zeitromane des Autors fallen, ist die Freundschaft, welche ihn seit vier Jahrzehnten an das Haus einer der größten Künstlerinnen und geistreichsten Frauen unserer Zeit fesselte, von maßgebender Bedeutung geworden. Pauline Garcia, Tochter des berühmten Tenoristen und tüchtigen Komponisten Manuel Garcia und Schwester von Marie Malibran, war, nachdem sie sich 1840 mit dem französischen Kunstschriftsteller Viardot verheirathet hatte, auf ihren verschiedenen Kunstreisen durch Spanien, Deutschland, Italien und Rußland auch nach Petersburg gekommen, wo Turgenjew ihre Bekanntschaft machte. An die Berühmtheit der Sängerin reichte diejenige des Dichters damals noch nicht entfernt heran, aber was für das Entstehen und den Bestand dieser Freundschaft entschied, war die Macht einer großen und ursprünglichen Persönlichkeit, die Beiden im höchsten Maße eigenthümlich war. Ueber diese Sängerin durfte Franz Liszt in seinen „Dramaturgischen Blättern" vom Jahre 1859 in Ausdrücken höchster begeisterter Anerkennung sprechen, die trotz ihres anscheinend überschwänglichen Charakters doch den Thatsachen durchaus gemäß sind und deren prächtiger Schwung jeden Leser entzücken muß. Wir setzen sie hierher, weil sie das Bild einer Frau in allgemeinen Zügen trefflich malen, der es nicht genügte, unter den Ersten ihres Geschlechts sich eines internationalen Ruhmes zu erfreuen, sondern die auch noch recht eigentlich der Schutzgeist eines der genialsten Dichter der Gegenwart werden sollte. „Seit dem Beginn ihrer Lauf= bahn", sagt Liszt*) „hat Pauline Viardot ihren Namen in die Reihe jener Kunstdichtenden erhoben, die nicht allmählig einen zeitweisen, den Geschmack des Augenblicks charakterisi= renden Ruhm dem Publikum abgewinnen, sondern ihn durch reife, vollendete Gebilde, durch Früchte einer tiefen Innerlich= keit im Verein mit glücklichster Entwicklung sogleich zum ent= schiedenen dauernden Ereigniß machen. Mit ihrem ersten Auftreten gehörte sie zu den glänzendsten dramatischen Er= scheinungen unserer Zeit, und wird für immer zu den ehren= vollsten Berühmtheiten dieser Epoche zählen. Sie wird für alle Zukunft eine der Ersten in der vornehmen Gruppe der Pasta, Malibran, Schröder=Devrient, Ristori, Rachel, See= bach und anderer bleiben und dabei noch immer durch die Mannigfaltigkeit von Begabungen, mit denen sie die Vorzüge der italienischen, französischen und deutschen Kunst verbindet, durch hervorragende geistige Bildung, durch die bevorzugte Anlage ihrer Persönlichkeit, durch Noblesse des Charakters, durch die edle Haltung in ihrem Privatleben eine besondere Stellung einnehmen. Sie gehört weder zu den Künstlern, die, ohne nach der umgebenden Außenwelt zu fragen, ohne eine Ahnung von anderen gleich hohen Sphären zu besitzen, in ihrer Kunst wie in einem Feenschloß hausen, noch zu denen, welche einzig die praktischen Lebenszwecke im Auge behalten, den möglichsten Nutzen und Gewinn aus ihrem Talente zu ziehen trachten und sich die Formen der großen Welt beson=

*) Gesammelte Schriften, III. Band, I. Abtheilung, S. 121 fg.

7*

ders darum anzueignen suchen, um geschmückt mit ihrem Fir=
niß in die Salons der vornehmen Gesellschaftskreise vorzu=
dringen und hier den oft schwieriger als den Applaus des
Parterres zu erringenden Beifall zu genießen, ohne sich an
die Hohlheit des Lobes und der Schmeicheleien zu stoßen,
wie sie in den Kreisen, die bei aller Vornehmheit egoistisch
und geizig sind, gespendet werden.... Mit Weihe ihrem
Berufe hingegeben, ernsten Blickes am Ideal hängend, von der
Andacht für das Schöne mit einer jugendlichen Begeisterung
erfüllt — einer Begeisterung, welche ihre große Freundin
zu einer ihrer schönsten Schöpfungen der „Consuelo" hinriß —
gewährt Pauline Garcia in unserer Zeit im Schooße desselben
Paris, in welchem man ein gänzliches Verzichten auf das
Schutz= und Trutzbündniß der Clique und Claque unter die
Unmöglichkeiten rechnen zu müssen glaubt, das schöne Bild
eines Künstlerlebens von solcher Reinheit, daß nie eine Ver=
läumdung, nach welcher Richtung es auch immer sei, nie eine
Verdächtigung des Neides oder der Böswilligkeit an sie, die gegen
jede Feindseligkeit wie von einem Schilde der allgemeinsten
Anerkennung geschützt ist, hat rühren dürfen. Ihr Glück in
einer Häuslichkeit, deren Stolz und Zierde sie bildet, ihre Um=
gebung von Freunden, die sich ihres Wohlwollens rühmen,
der Wetteifer, mit dem die vornehmsten Kreise der Haupt=
städte Europas ihr entgegenkommen, ihre Erscheinung, in wel=
cher die Schönheit der Seele, die immer dem Aeußeren den
Reiz geistigen Adels mittheilt, widerglänzt, die Bewunderung
aller Lande, die unbestrittenen Erfolge auf allen Bühnen
— das Alles sind reichhaltige Züge für den späteren Bio=
graphen, welcher das Portrait einer ebenso anziehenden Per=
sönlichkeit als hochstrebenden Künstlerin der Nachwelt·über=
liefern wird."

In ihrer breitesten und glänzendsten Schöpfung „Consuelo"
ist George Sand bei der Verherrlichung des Künstleridealismus,

des Priesterthums des Schönen, das sich durch den Hauch
des Ewigen über die Gefahren und Verführungen der Welt
wie auf Engelsfittigen hinwegtragen läßt, von den Charakter-
zügen der erlauchten Freundin Turgenjew's ausgegangen. Wie
diese Frau sich in den Besitz der höchsten und idealsten Vorstellungen gesetzt hatte, ohne sich eines Vorzugs weiblicher
Anmuth und Holdseligkeit zu begeben, so war in ihm die Voll-
kraft des Mannes, die sich äußerlich in seiner hohen, mächtigen
Erscheinung ausdrückte, nur die Hülle für ein Gemüthsleben
von ungewöhnlich feiner Organisation und zarter Empfäng-
lichkeit. In den Tagen der Jugend und unendlicher Hoffnungen
war dies Band geknüpft worden, aber die Tage des Mannes-
und Greisenalters haben es nur festigen können. In Baden-
Baden in den Jahren 1863—70, wo Turgenjew die von der
Künstlerin componirten Libretti schrieb, später in London und
endlich in Paris ist der Dichter ein treuer Genosse und eine
vielbeneidete Zierde des Viardot'schen Hauses gewesen, dessen
Herrin sich mit dem Ruhme, in ihrer Kunst die erste Stufe
erreicht zu haben, nicht begnügte, sondern bald eine Schar
begeisterter Schülerinnen aus aller Herren Länder um sich
versammelte.

Der Einfluß dieses Hauses, das wie Prospero's Zauber-
insel „voll Kläng' und süßer Töne" war, mußte fruchtbringend
auf den Dichter zurückwirken und sein natürliches musikalisches
Gefühl zum feinen Kunstverständniß erheben. Zeugniß legen
davon die zahlreichen Schilderungen und Bemerkungen ab,
welche in seinen Werken dieser Kunst gewidmet sind und den
Autor zwar als bloßen Gefühlsästhetiker verrathen, aber
trotzdem von mehr als oberflächlicher Sachkenntniß zeugen
und, wie das nicht anders zu erwarten ist, hinreißend geschrieben sind. Auf die Beschreibung des Volksgesanges der
Russen in der Skizze „Die Sänger" haben wir bereits bei
der Besprechung des „Tagebuch eines Jägers" hingewiesen.

Aber auch als Unterhaltungsmittel des Dilettantismus spielt die Musik in seinen Büchern eine bedeutende Rolle. Fast in jeder seiner Novellen ist wiederholt von Tonwerken die Rede; beim Gesang oder beim Klavierspiel begegnen sich meistens die Liebenden, sie künden es durch den Ton an, was der Mund noch nicht zu sagen wagt, und erkennen das Gleichgestimmte ihrer Seelen an dem übereinstimmenden Urtheil über ein Tonwerk. Es sind fast regelmäßig die deutschen Romantiker Schubert, Weber, Schumann, welche die Brücken bauen. Sie macht der Dichter zu Interpreten verhaltener Gefühle, jener Herzen, die sonst im Leben un= verstanden bleiben würden, weil sie ihre Seele nicht auf die Zunge zu legen wissen. Wie charakteristisch ist es für die Generale in „Rauch“ in jener köstlichen Scene vor dem alten Schloß, wenn einer derselben immer nur die ersten Verse des Liedes „Deux gendarmes un beau dimanche“ zu trällern weiß, „natürlich falsch“, fügt der Dichter hinzu, „denn ein nicht falsch singender russischer Edelmann ist uns bisher nicht vorgekommen“. Wie bezeichnend erscheint es für den blasirten Studenten der Medicin Bazaroff in dem Roman „Väter und Söhne“, daß er in ein ironisches Gelächter ausbricht, als er den Vater seines Freundes Kirsanoff, bei dem er wohnt, einen Mann von 44 Jahren, Violoncell spielen hört. In der Novelle „Eine Unglückliche“ läßt der Dichter den schwäch= lichen, dürren Liebhaber Justow, der bei dem ersten Versuch einer Verleumdung seine Braut im Stiche läßt, Zither spielen, während der Stiefvater dieses Mädchens, der gewaltthätige, rohe Verwalter Ratsch, auf dem Fagott bläst. Die Schil= derung dieses Concertes ist ein Prachtstück origineller fesseln= der Charakteristik: „Ich habe schon bemerkt, daß Justow ausgezeichnet auf der Zither spielte, doch verursachte dieses Instrument mir jedesmal einen peinlichen Eindruck. Es kam mir stets so vor — und auch jetzt kann ich mich dieses Ge=

fühls nicht erwehren — als sei in der Zither die Seele eines
jüdischen Wucherers eingeschlossen, die nun näselnd singen muß
und dabei über den unbarmherzigen Virtuosen klagt und stöhnt,
dem sie doch den Gehorsam nicht aufsagen kann. Die Art,
wie Herr Ratsch sein Instrument handhabte, sagte mir auch
nicht zu; zudem hatte sein plötzlich geröthetes Gesicht mit den
weißlichen, heimtückisch blinzelnden Augen einen drohenden
Ausdruck angenommen: man konnte meinen, er wolle Jemand
mit seinem Fagott niederschlagen und drohe und höhne zum
Voraus, so unheimlich klangen die heiseren, gequetschten
schwerfälligen Töne?" Hierher gehört auch die närrische
Figur des alten italienischen Sängers Pantaleone Cippatola
in den „Frühlingsfluten", dem zu Ehren man im Theater
einige weiße Tauben hat fliegen lassen, der noch die Blüte=
zeit des italienischen Gesanges erlebt hat, sogar mit Manuel
Garcia aufgetreten ist und nun immer davon spricht, daß
man „un certo estro d'ispirazione" für die Kunst besitzen
müsse.

Aber nicht nur als Naturgesang und als Dilettantismus,
sondern auch als ernste Kunst kommt die Musik bei Turgenjew
in Betracht. In der Novelle „Helene" hat er auf der Folie
einer zauberischen Schilderung von Venedig eine Aufführung
von Verdi's „Traviata" in das Psychologische eines Liebes=
verhältnisses verflochten, das eine thatkräftige, willensstarke
Frau mit einem schwächlichen, frühzeitig dem Tode geweihten
Manne zusammengeführt hat. Der Vorgang auf der Bühne,
der Schmerz der sterbenden Violetta über die vergeudete
Jugend, das letzte Aufflackern ihrer Liebe zu Alfredo werfen
düstere Schatten von Todesahnung in die Seelen des un=
glücklichen Paares. Die nicht neue Idee, daß sich ein Bühnen=
vorgang zum Spiegelbild der Empfindungen gestaltet, die
augenblicklich das Gemüth erfüllen, ist hier mit eigenthümlich
zarter und beziehungsreicher Betonung des Musikalischen durch=

geführt. Unter den Figuren, die sich Turgenjew aus seiner musikalischen Anschauung gebildet hat, steht aber der deutsche Musiker Lemm im „Adeligen Nest" obenan. In ihm hat er die Schicksale eines armen sächsischen Musikantensohnes, der lange Zeit ein Wanderleben auf Jahrmärkten und Tanzböden führte, bis er sich für eine Privatkapelle nach Petersburg engagiren ließ, mit prächtiger Wärme geschildert. Während ihn sein Schicksal immer tiefer nach Rußland treibt, verblutet sein Herz vor Sehnsucht nach dem verlorenen Vaterlande. Obwol er eine tief angelegte originelle Künstlernatur ist, macht die gemeine Sorge jeden Aufschwung derselben unmöglich, und da die Welt ihn nicht versteht, wendet er sich gänzlich von ihr ab, nur im geheimen die Flamme des Genius nährend, wenn er in nächtlicher Stunde seine Melodien wie Geisterstimmen am Klavier ertönen läßt und das Licht des Mondes geheim- nisvoll im Zimmer zittert.

So sehr indessen Turgenjew's musikalisches Urtheil war, so vielseitig er sich auf diesem Gebiete unterrichtet und an- geregt fühlte, so entschieden war auch seine Abneigung gegen die neudeutsche Richtung in der Musik, speciell gegen die Wagner'schen Schöpfungen. Die Ueberlegung, ob es nicht unbeschadet der Verehrung der Klassiker ein unsterbliches Ver- dienst sei, wenn ein Künstler die Grenzen seiner Kunst er- weitere und sich auf Grund neuer Principien neuen Zielen nähere, scheint sich ihm selbst einem so originellen und geist- reichen Werke gegenüber, wie den „Meistersingern", die er 1870 in Weimar hörte, nicht aufgedrängt zu haben. Wenn er in „Klara Militsch" schildert, wie sein Held Aratow die Flucht ergriff, als auf einer langweiligen Soirée ein Klaviervirtuose eine Phantasie von Liszt nach Wagner'schen Motiven zu spielen begann, so ist es nicht schwer, hierin einen persönlichen Widerwillen des Autors zu erkennen.

Immer war es die absolute Musik, die nicht den Sinn

der Worte deuten, sondern einem eigenen inneren Gesetze fol=
gend, sich selbst genug sein will, was der Dichter im Hause
seiner Freundin zu hören bekam. In seiner warmen, anschau=
lichen, der Sache auf den Grund gehenden Weise hat Ludwig
Pietsch *) das Leben und Treiben dieser Künstlercolonie folgen=
dermaßen geschildert:

„Die Villa Viardot war während aller jener Jahre eine
wahre Hochschule des echten Kunstgesanges. Ein Kreis von
stimm= und talentbegabten jungen Damen aus allen Cultur=
nationen empfing dort von der großen Meisterin den Unter=
richt darin. In zwei, damals noch halb kindlichen, reizenden
Töchtern schien das mütterliche Gesangstalent sich zu neuer
prächtiger Blüthe zu entfalten; wie die allgemeine musikalische
Begabung nicht minder auch in einem Knaben, dem jüngsten
Sohn des Hauses. Um diesen Schülerinnenkreis auch in den
Anfangsgründen des Spiels und des dramatischen Bühnen=
gesanges praktisch zu üben, componirte die Meisterin jene Opern,
deren Chor= und Solostimmen, mit Ausnahme einer Männer=
und einer Knabenrolle, ausschließlich als weibliche, als Soprane
und Alte, gedacht waren. Ich glaube, es war die einzige Art
von dichterischer Arbeit, welche Turgenjew mit wahrem Ver=
gnügen und Behagen ausführte, diese Libretti zu verfassen.
Und doch waren darin jene nicht eben leichten Bedingungen
zu erfüllen. Es sind „Le dernier des sorciers", „Trop de
femmes" und „l'Ogre". Der liebende Prinz in diesen Ope=
retten wurde bei den Aufführungen zumeist von Frau Viardot
selbst übernommen, welche auch diese Partien noch immer mit
dem unverminderten heiteren Glanz ihres Genies und ähn=
licher Wirkung durchzuführen wußte, wie die, welche wir sie
zwanzig und zehn Jahre früher von der lyrischen Bühne herab

*) A. a. O.

ausüben sahen und hörten. Die Baßpartie des alten Zauberers,
Paschas oder Menschenfressers übernahm dann wol ein gesangs-
kundiger, bärtiger, in Baden anwesender Freund des Hauses.
Wenn ein so Begabter in dem großen Kreise interessanter und
hervorragender Männer aus allen Nationen, der sich hier
zusammenfand und durch die gleiche künstlerische und menschliche,
innige Verehrung und treue Anhänglichkeit verbunden wurde,
aber einmal gerade mangelte, so verschmähte es auch wol Turgenjew selbst nicht, dafür einzutreten und sich willig von den
hübschen jungen Elfen, Harems-Schönen oder Gefangenen über-
listen, necken und peinigen zu lassen zum großen Ergötzen eines
Publikums, welches nicht selten mit vollem Recht, buchstäblich
zutreffend, ein „Parquet von Königen" und Königinnen, Fürsten und Fürstinnen genannt werden konnte, die einfach als
Freunde des Hauses „mit abgelegter Strahlenkrone" der Maje-
stät und Hoheit in der Künstlervilla des Thiergartenthales,
dieser greatest attraction des damaligen Baden-Baden für
alle edleren, erlesenere Gäste des „Wiesen- und Waldpara-
dieses an der Oos", verkehrten und aufgenommen waren. Bis
zum Jahre 1869 war die Scene dieser Uebungsaufführungen
der Parterresalon in Turgenjew's Schlößchen; später die Bühne
eines kleinen Theaters, welches im Garten der Villa Viardot
errichtet wurde. Vergebens würde ich versuchen den Zauber
dieser Sommerabende und der ihnen folgenden Nächte zu schildern, während welcher diese jungen, kunstgeschulten Mädchen-
stimmen den Wiederhall in den nahen, dunklen Tannenwänden
der umgebenden Waldberge erweckten. Und wenn dann die
ganze Schaar in ihren phantastischen Trachten, so manche mit
wahrhaft märchenhafter Anmuth geschmückt, auf den mond-
beglänzten Gartenwegen, über die thauschimmernden Wiesen
und durch den nachtdunklen Park dahinzog zur Villa Viardot,
wo das Beisammensein nach dem heitersten Singen erst spät
nach Mitternacht sein Ende fand! Und dann der langsame

Heimgang an Turgenjew's Seite durch die, dem tiefsten Schwei=
gen und Schlummer zurückgegebene Thaleinsamkeit, dem Schlosse
zu, an dessen Thür ihn der, nicht ganz mit Unrecht als der
nächste und geliebteste Freund seines Herzens bezeichnete, große,
prachtvolle, langhaarige Hühnerhund Pegase sehnlichst er=
harrte... Wie oft, jeder seine Kerze in der Hand, im Be=
griff, uns in unsere verschiedenen Schlafzimmer zu begeben,
blieb man dann wol noch im Flur stehen, durch irgend ein
Gespräch, d. h. eine Schilderung, eine Erzählung von ihm,
gebannt; nicht selten eine solche, welche sich später zum viel=
bewunderten Kunstwerk krystallisirt oder ausgebildet hat...
Und wie oft dort drüben über dem Wald kündete der Morgen
sich an, ehe man sich losriß aus dem wunderbaren Bann
dieses Dichterworts und =Geistes, um noch eine kurze Ruhe
zu suchen."

Wie diese Abende dem feinsten künstlerischen Cultus ge=
widmet waren und die erlesenste Gesellschaft vereinigten, so
hatten sie auch ein eigenthümliches kosmopolitisches Gepräge.
Wenn der König und die Königin von Preußen, die in
ihrem Lieblingsaufenthalt Baden=Baden Frau Viardot ihrer
besonderen Huld würdigten, mit den ersten Vertretern der
aristokratischen Gesellschaft, wie den beiden Töchtern Bettina's
von Arnim, der Frau Gräfin Flemming und der Palastdame
Gräfin Oriola, der Fürstin Karolath, den Grafen Flemming
und Schleinitz, dem Geheimrath Abeken das deutsche Element
vertraten, war der Gatte der von einer spanischen Familie
abstammenden Hausfrau Franzose von Geblüt, während Tur=
genjew auf seinem Lieblingsplatz hinter dem Clavier, das
Frau Viardot zur Begleitung der Aufführungen spielte, das
russische Element vertrat. So waltete hier die Kunst ihres
schönen Amtes, den goldenen Schleier ihrer Gebilde über die
beschränkte und vergängliche Wirklichkeit auszubreiten, bis der
Sommer 1870 mit dem Klang der jenseits und diesseits des

Rheins ergriffenen Waffen alle Träume von arkadischem Glück und Frieden zerstörte.

Der Sinn dieser Freundschaft erschöpft sich indessen nicht darin, daß sie zwei geniale Naturen zu innigstem und idealstem Verständniß ihrer selbst nahe gebracht hat. Sie hat auch noch eine andere Bedeutung, die sich unmittelbar auf Turgenjew's productive Kraft bezieht. Vergessen wir nicht, daß dem dichterischen Schaffen dieses Mannes zwei den Fleiß anspornende Elemente, der literarische Ehrgeiz und die Sorge um den Besitz, durchaus fehlten. Wol war es ihm in Folge dessen vergönnt seine Muse frei zu halten von gewöhnlicher Handwerksarbeit, und unbeeinflußt von niederen Rücksichten, nur nach dem lautersten und reinsten Ausdruck seiner Ideen zu suchen. Allein dieser Vorzug schloß eine eigenthümliche Bequemlichkeit von Turgenjew's innerem Menschen als nicht zu unterschätzende Gefahr in sich. Gewiß war die Trägheit, die der Autor bei seinen Jagdausflügen, bei der rein passiven Thätigkeit des Genießens und Beobachtens zur Schau trug, nichts weniger als äußere Maske. Liegt sie doch zu einem nicht geringen Grade in dem Breiten und schwer Beweglichen der russischen Natur, die nur zu oft in sich zusammenzusinken droht. Ein neuerer russischer Schriftsteller, Gontscharow, hat diesen Zustand in einem höchst originellen Roman „Oblomow" geschildert und darin die Trägheit der Russen im Gegensatz zur pflichtstrengen Arbeitsamkeit der Teutschen anziehend und mit großer psychologischer Kenntnis ausgemalt. Wir glauben nicht fehl zu greifen, wenn wir annehmen, daß bei der auch in Turgenjew vorhandenen „Oblomowerei" seine Freundschaft mit der geistig unermüdlich thätigen Frau Viardot das wirksamste Gegenmittel gewesen sei, daß sie manchen Gebilden, die sonst in des Dichters Phantasie zu Grabe getragen worden wären, zum Dasein verholfen und den Autor, der viel reicher war als er es in den Augen der Welt sein wollte, mit den Goethe'schen Worten:

„Was hilft es viel von Stimmung reden?
Dem Zaudernden erscheint sie nie.
Gebt ihr euch einmal für Poeten,
So commandirt die Poesie."

von seiner allzu reichlichen Muße hinweg an den Arbeitstisch
gelockt habe.

Auch dem Leben des Dichters in Baden=Baden in jener
Periode, als mehrere seiner vollendetsten Arbeiten, wie „Rauch"
und „Ein König Lear des Dorfes", verfaßt wurden und die
ungefähr vom Erscheinen der „Visionen" (1863) bis zu der
merkwürdigen Schilderung der „Letzten Nacht Traupmann's"
im Rodenberg'schen „Salon" 1870 reicht, hat Ludwig Pietsch
a. a. O. eine höchst interessante, an geistreichen Details reiche
Studie gewidmet, die das Treiben der russischen Colonie aus
seiner Beobachtung schildert und auf die Persönlichkeit des
Autors voll Liebe und Bewunderung eingeht. Ueber seine
Arbeitsmethode finden wir hier folgende beachtenswerthe Be=
merkung: „Es gehört zum höchsten Glück und zu den reinsten
Genüssen meines Lebens, gewissermaßen, soweit das bei einer
dichterischen Arbeit eben möglich ist, dem künstlerischen Schaffen
und Bilden dieses außerordentlichen Genius zugesehen zu
haben. Wenn Turgenjew schrieb, geschah es jederzeit nur
unter dem Zwange einer ihn beherrschenden und treibenden
unerklärlichen Macht. Er sah ein bestimmtes Bild, eine Einzel=
gestalt oder Gruppe. In einer gewissen Beleuchtung und
Farbenstimmung trat sie vor sein inneres Auge, zuweilen
eine solche, die er einmal in der Wirklichkeit gesehen hatte;
ebenso oft aber auch, ohne daß er wußte, woher sie kam.
Die Erscheinung belästigte ihn, peinigte ihn selbst, wochen=,
monatelang; kehrte unablässig immer wieder, als ob sie von
ihm ihre objective Gestaltung in einem Kunstwerk gebieterisch
verlangte. Wie gern hätte er sich derselben entzogen; auf die
Länge konnte er es nicht. Dann fühlte er sich wie von einem

Nebelgewölk umgeben. Immer deutlicher gestaltet, treten aus denselben einzelne, meist russische Figuren, Männer und Weiber von verschiedenstem Alter, Beruf, Aussehen, Sprache, Beneh= men, zuletzt in leibhaftigster Klarheit heraus, die in irgend= einer, dem Dichter selbst noch unbekannten Beziehung zu jener Hauptgruppe oder Hauptfigur standen. Er hört sie mit sinn= licher Deutlichkeit sprechen. Sie erzählen ihm ihre Lebens= geschichte, ihre Absichten. Er kann es nicht mehr vermeiden, ein Actenstück anzulegen, in welchem er, unter dem Namen jedes einzelnen von ihnen, ihre Mittheilungen, die sich zuweilen wol bis zur Geschichte ihrer Großeltern zurückerstrecken, nieder= schreibt. Dann wird er sich wol bewußt, daß er den Kreis verengern muß. Er schneidet eine größere oder geringere An= zahl von Personen aus, den Rest läßt er aufeinander wirken. Wille und Schicksal, Freiheit und Naturbedingtheit durch Ver= erbung und natürlichen Volks= und Heimatsboden wirken zu= sammen, um Lebensgang und Handlungsweise zu bestimmen, die Katastrophen und die Lösungen herbeizuführen. Aus dieser Art des Schaffens erwächst seinen Dichtungen jenes Gepräge der über jede Willkür erhabenen, aber somit freilich auch die eigentliche, mit bewußter klarer Absicht durchgeführte, ästhe= tische Composition ausschließende Naturnothwendigkeit des Ver= laufs. Wie oft habe ich während unsers sommerlichen Zu= sammenlebens Turgenjew unter dem innerlichen Zwange dieses „Schreibenmüssens" leiden sehen und ihn buchstäblich stöhnen gehört, wenn er es schlechterdings nicht mehr hinausschieben konnte, demselben Folge zu leisten; wenn das einsame Schach= oder Billardspielen mit sich selbst und die Hühnerjagd nicht länger mehr ausreichten, um ihn dieser Nöthigung zu ent= ziehen und dieselbe vor sich selbst vergessen zu machen. „Ich muß heute schreiben", war dann wol mit einer Art komischer Verzweiflung ausgestoßener Schmerzensschrei am Morgen eines solchen Arbeitstages. War aber das Werk in der sorgfältigsten

Ausbildung zum Abschluß gebracht, so interessirte ihn das fernere Schicksal desselben kaum im geringsten mehr. Nie habe ich einen Schriftsteller oder Künstler von einer so absoluten aufrichtigen Gleichgültigkeit gegen Erfolg oder Nichterfolg seiner Werke, gegen die Meinung der Welt und der literarischen Kritik über dieselben gefunden wie ihn."

VI.

Die Culturromane.

Es gehört zu den tragischen Wendungen im Leben des Dichters, daß es ihm nicht vergönnt war, dauernd inmitten des Volkes zu leben, dessen Figuren er zu künstlerischen Leistungen ersten Ranges ausgeprägt hatte und an dem sein Herz hing, auch wenn er ihm als Zuchtmeister strafend gegenüberstand. Zwischen dem, was er als Ideal erstrebte, und den Anschauungen der Majorität seiner Nation bestand eine Kluft, die sich täglich erweiterte. Er stand zu hoch, als daß er sich zu ihren Vorurtheilen noch länger bekennen konnte. Er hatte es versucht, mit den Errungenschaften der westeuropäischen Bildung nach Rußland zurückzukehren und dem Lande seine Kräfte zu weihen, aber es war unmöglich gewesen, in Verhältnissen zu leben, deren Hinfälligkeit er täglich immer mehr einsehen lernte. Die Leibeigenschaft und die socialen Zustände nach Aufhebung derselben wurden ihm zu Gegenständen der Beobachtung. Aber wenn er, wie er es als Künstler mußte, über ihnen stehen wollte, bedurfte er eines Stützpunktes außerhalb derselben, und diesen fand er in der Gastfreundschaft der modernen Culturnationen Deutschland, England und Frankreich, mit deren geistiger Arbeit er sich Eins wußte und deren beste Köpfe seinen Bestrebungen Beifall zollten.

Schon vom Standpunkte der persönlichen Freiheit konnte er nicht daran denken anders als nur vorübergehend in seinem Vaterlande zu leben. Wollte er in Rußland bleiben, so hatte er nur die Wahl, entweder in das chauvinistische Geschrei der Herren Katkow und Aksakow einzustimmen oder wie ein umstelltes Wild von den Dienern der Regierung behandelt zu werden. Der Druck des Nikolaischen Despotismus hatte die Fürsprache des Großfürsten Thronfolger für ihn zu einem milden und vorübergehenden gemacht, aber der Frühling, der mit der Thronbesteigung Alexander II. in das Land zu ziehen schien, war nur von kurzer Dauer, seine Blüthen fielen ab und ließen kümmerlich sprießende Aeste erblicken. Man hatte mit dem Bekenntnisse begonnen, daß es mit dem alten System nicht länger gehe und schloß eines Tages mit dem Eingeständniß, daß auch das neue Nichts tauge. Als Turgenjew im März 1879 bei einem Aufenthalte in Rußland die Ovationen und Adressen der russischen Jugend und Gelehrtenwelt empfing, erlaubte er sich unter Andern zu sagen: „Alles deutet darauf hin, daß wir uns am Vorabend einer, wenn auch gesetzmäßig regelrechten, so doch bedeutungsvollen Umgestaltung unseres öffentlichen Lebens befinden." Das war demselben Manne, der den Dichter einstmals vor einer harten und ungerechten Strafe bei seinem kaiserlichen Vater geschützt hatte, schon zuviel. „C'est ma bête noire" äußerte er sich über Turgenjew, der darauf von Spionen umstellt wurde und schließlich froh sein mußte, ungehindert sein Vaterland verlassen zu können. Wenige Wochen darauf feuerte Solowiew fünf Schüsse auf den lustwandelnden Kaiser ab, denen dieser nur durch einen geschickten Zickzacklauf entging. Turgenjew konnte den Dingen von Paris aus ruhig zusehen und brauchte nicht zu warten, bis sich die Behauptung von Alexander Herzen, daß die Geschichte der russischen Literatur ein Verzeichniß von Märtyrern und Sträflingen sei, auch an ihm bewahrheiten würde. Aber er wußte es, daß fast alle Schriftsteller seines Vaterlandes entweder unaufhörliche Verfolgungen oder einen unnatürlichen und frühzeitigen Tod zu erdulden hatten, daß Puschkin und Lermontow im Duell fielen, daß von den beiden großen Lustspieldichtern Gribojedow, dem Autor von „Kummer aus Verstand" und Gogol, dem Verfasser des „Revisor", der Eine verbannt wurde und bei einem Volksaufstande in Persien umkam, der Andere in geistiger Umnachtung verhungerte, daß Kolzow, der russische Robert Burns, an den unerträglichen Folgen seiner Lebensstellung zu Grunde ging, daß Bestjuschew (Marlinski), ein einst hochgefeierter Autor, zuerst zum Tode verurtheilt, dann verbannt wurde und endlich im Kaukasischen Kriege fiel, daß Dostojewski, der Verfasser des „Raskolnikow", eines der psychologisch merkwürdigsten Romane unserer Tage, in den sibirischen Gefängnissen schmachten mußte und wegen eines geringen Disciplinarvergehens gepeitscht wurde. Turgenjew wußte, daß eins von diesen Schicksalen auch ihm nicht erspart bleiben würde, wenn er im Lande leben und damit den Verdächtigungen der nationalen Heißsporne fortwährende Nahrung, den Schereien und Plackereien der Regierung eine bequeme Handhabe bieten wollte. Wie fremd und verhaßt der Dichter den leitenden Kreisen seines Vaterlandes war, hat sein Begräbniß gezeigt, an dem nicht ein einziger russischer Staatsbeamter, sei es Offizier, Minister oder Hofmann theilgenommen hat.

Turgenjew konnte die Thatsache, daß er sich der Masse seines Volkes entfremdet hatte, indem er ihr geistig unendlich überlegen war, nicht beklagen, und doch erzeugte dieses Bewußtsein ein Gefühl der Wehmuth, das unaufhörlich in ihm nachzitterte. Man scheidet nicht von Vaterland und Freunden, namentlich wenn man so tief im innersten Herzen die Liebe zu jenen nährt und diese als treu und zuverlässig erprobt hat, ohne die schmerzhaften Folgen dieses Mißverhältnisses

in seinem Seelenleben zu spüren. Gewiß wäre der Dichter
kaum über ein mittleres Niveau hinausgedrungen, wenn
er sein heimatliches Leben nicht abgemessen hätte an west-
europäischer Art und Sitte. Aber der Stachel machte sich in
seinem Innern bemerkbar, daß er russische Luft nicht in so
vollen ununterbrochenen Zügen einathmen konnte, wie er es
gewollt hätte. Mochte der Verstand ihm noch so oft sagen,
daß er auf dem richtigen Wege sei, das Herz spielte ganz
andere Melodien und ließ in ihm Empfindungen entstehen,
denen er einmal in „Assja", als ihm der wohlbekannte, in
Deutschland dagegen seltene Geruch eines Hanffeldes ent-
gegenströmte, folgenden Ausdruck verliehen hat: „Dieser Geruch versetzte mich plötzlich nach Rußland und erregte in
meiner Seele ein leidenschaftliches Streben nach dem Vaterlande. Es drängte mich, einmal wieder Heimathsluft zu
athmen und unter meinen Füßen den russischen Boden zu
fühlen. Was thue ich hier? rief ich aus, im fremden Lande,
wo die Menschen mir nichts sind? Und eine gewisse Bitter-
keit stahl sich in mein Gemüth."

Von dieser Stimmung des in seinen theuersten Empfindungen getroffenen Patrioten ist viel auf die Novelle „Das
adelige Nest" (1858) übergegangen, eine Liebesgeschichte mit
dem gewöhnlichen traurigen Ausgange, in der ein Gutsbesitzer
Lawretzky, nachdem er die Nachricht von dem Tode seiner leicht-
fertigen Frau erhalten hat, sich in ein junges Mädchen Lisa
verliebt und ihr seine Liebe in demselben Augenblick erklärt, als
jene todtgesagte Frau wieder vor ihm erscheint und alle seine
Pläne kreuzt. Die Erzählung ist in ihrer Haltung schroff und
unerbittlich, man meint eine blühende Landschaft infolge eines
Erdrutsches verschüttet zu sehen, wenn man erfährt, daß das
Mädchen ins Kloster geht und die Unheilstifterin wieder zu
ihrem frühern Leben zurückkehrt, während der unglückliche
Mann in der Ausübung seiner Berufsthätigkeit, in der Sorge

für seine Bauern, den Schmerz zu überwinden sucht. Lisa bildet unter den Frauengestalten Turgenjew's eine ganz besondere Erscheinung. Sie stellt das liebende Weib in der Umbildung zur religiösen Idealität dar. Ihr ist der Cultus der Heiligen tiefster Ernst, sie betet für den Geliebten und empfindet den furchtbaren Schicksalsschlag als Strafe des Himmels für eine von ihm nicht gebilligte Neigung. Lawretzky gehört jener Klasse im Auslande gebildeter Russen an, deren Vaterlandsliebe im Anblick alles dessen, was unhaltbar oder unfertig ist, auf eine harte Probe gestellt wird und die sich zur Einsamkeit verurtheilt sehen, weil sie weder mit dem Bestehenden sympathisiren, noch ihre höhern Anschauungen zur Anerkennung bringen können. Ein ähnliches Gefühl der Vereinsamung hat sich auch bei unserm Dichter oft genug eingestellt und ihm schwere Stunden bereitet, die unerträglich geworden wären, wenn ihm nicht die Kunst und damit die Gabe „zu sagen, was er leide" verliehen gewesen wäre.

Turgenjew empfand die Vaterlandsliebe nicht wie jene lärmenden Knaben, die etwas Erprießliches geleistet zu haben glauben, wenn sie die Errungenschaften ihrer Nation lächerlich übertreiben und auf die Bildung des Westens hochmüthig herabsehen, sondern als geistig hochstehendes Individuum, für welches eine segensreiche Entwickelung des Russenthums nicht im leeren Prahlen mit dem Vorhandenen, sondern nur im Anschluß an die Jahrtausende hindurch vorbereitete und geschichtlich bedingte Culturarbeit unserer Zeit denkbar ist. Was ihr widersprach, mußte nach seiner Meinung auch dem Heil des Vaterlandes entgegengesetzt sein; was sie förderte, mußte auch Rußland zugute kommen. Die Leibeigenschaft, dieser Hemmschuh der culturellen Entwickelung war beseitigt worden; aber schon machten sich neue schwere Mängel bemerkbar, die aus einem inhaltslosen Freiheitsbedürfniß entsprangen und das Staatsleben auf das heftigste erschütterten. Damals lag die

Gefahr einer allgemeinen Versumpfung vor; jetzt schien man einem jähen Abgrund entgegenzutaumeln, an dessen Felsenzacken alles zerschmettert worden wäre, wenn nicht die Intelligenz einer Minderzahl den wilden Leidenschaften den Zügel angelegt hätte. Der alte hülflos zur Erde gestreckte Feind hatte zwei nicht weniger gefährliche Nachkommen hinterlassen: den Panslawismus und den Nihilismus, und die von ihnen ausgehenden Ideen wurden in einer Weise ausgebeutet, die eine Gefahr für Rußland, ja für ganz Europa in sich schloß. Das russische Volk erscheint minder furchtbar durch seine Massenhaftigkeit als durch die blinde Hingabe an gewisse Vorstellungen, die aus seinem nationalen und religiösen Leben hervorgehen. Diese Vorstellungen in gewisse Bahnen zu lenken, welche nicht die Wege der modernen Civilisation sind, ist seit etwa vierzig Jahren die Aufgabe der moskauer altrussischen Partei. Nach ihrer Ansicht hat der Strom der Cultur, wie er sich in seinem breiten Bett vom Alterthum bis in die Neuzeit entwickelt hat, auf Rußland keine befruchtende Wirkung ausgeübt, sondern nur einen Bildungsfirnis erzeugt und den Abstand zwischen den höhern Klassen und dem Volke in bedenklichem Maße erweitert. Die Vertreter dieser Ansicht fordern daher, daß sich Rußland der ausländischen Bildung gegenüber abweichend verhalten, sich an das althistorische eigene Leben anklammern und es durch Pflege von slawischen Ideen und Gewohnheiten kräftigen und organisch fortsetzen soll. Unter diesen Männern finden wir Namen wie die beiden Aksakow, Katkow, Koschelew, die für das russische Parteileben eine große Bedeutung erlangt haben und über deren Anschauung wir durch die von Friedrich Bodenstedt herausgegebenen „Russischen Fragmente"*) unterrichtet sind. Die Ausschließung des Fremdländischen, auch wenn

---

*) Zwei Bände. Leipzig, F. A. Brockhaus, 1862.

es von vorbildlicher Bedeutung ist, führt dabei von selbst
zum Haß gegen die andern Völker und zu einem Chauvinismus,
der Rußland gern an die Spitze Europas stellen und ihm
alle andern Völker unterthan machen möchte. Diese krankhafte,
aus ungesunden Zuständen hervorgegangene Ideenverbindung
gleicht einem Feuer, das bald zu heller Flamme aufschlägt,
bald zusammensinkt und unter der Asche weiter brennt, bald
wieder emporzüngelt und daher ununterbrochen beobachtet
sein will. Ein Journalist wie Katkow, ein General wie Sto-
belew, von kleineren Leuten ganz zu schweigen, sind nur aus
diesem Geiste übertriebener nationaler Empfindlichkeit zu erklären. Der Wunsch dieser Fanatiker, die überlegene westeuropäische Cultur abzuschütteln und auf deren Trümmern ein
slawisches Reich zu erbauen, hat wiederholt einen literarischen
Ausdruck gefunden. So vergleicht schon Gogol am Schluß
seines Romans „Todte Seelen" das russische Leben mit einem
flinken, unerreichbaren Dreigespann, indem er sich in eine förm-
liche Verzückung hineinredet: „Es dampft der Weg hinter dir,
es krachen die Brücken, alles bleibt hinter dir zurück. Es
bleibt der Zuschauer vor diesem göttlichen Wunder überrascht
stehen: Ist es ein vom Himmel gefallener Blitz? Was bedeutet diese Wunder erregende Bewegung? Was für eine
geheime Kraft ist diesen ungesehenen Rossen gegeben? Ha,
was sind das für Rosse! Habt ihr Wirbelwind in euern
Mähnen. . . . Rußland, wohin jagst du, gib Antwort! Es
antwortet nichts. Man hört das Glöckchen wunderbar er-
klingen, es ächzt die Luft und wird zum Sturm; und das
Reußenland fliegt an der Erde vorbei und die andern Völker
und Reiche weichen ihm aus und hemmen nicht seinen Lauf."
Den „holden Wahnsinn" des Dichters mag man sich gefallen
lassen, er gehört zu den charakteristischen Eigenthümlichkeiten
einer Ausnahmenatur; aber bei der großen Masse erscheint
er nicht nur in hohem Grade unhold, sondern geradezu ge-

fährlich; denn eine Nation wird niemals durch die bloße Er=
höhung ihres Selbstgefühls groß und selbständig, sondern
immer nur durch ernste Arbeit und sittliche Einkehr. Zum
mindesten fordert ein solcher Versuch, sich selbst Weihrauch
zu streuen, immer zur Ironie heraus, die z. B. auch bei
Grillparzer*) bei den Worten: „allein nicht hoch, noch tief",
durchklingt, wenn er seine Libussa bei der Verkündigung eines
slawischen Weltalters sagen läßt:

> Die lang' gedient, sie werden endlich herrschen,
> Zwar breit und weit, allein nicht hoch noch tief;
> Die Kraft, entfernt von ihrem ersten Ursprung,
> Wird schwächer, ist nur noch erborgte Kraft.
> Doch werdet herrschen ihr und eure Namen
> Als Siegel drücken auf der künft'gen Zeit.

Die phantastische Vorwegnahme der Größe und Bedeutung
Rußlands hat kaum jemand liebenswürdiger verspottet als
Graf Sollohub in seiner Erzählung „Tarantas", von der
uns Lippert eine gute Uebersetzung geboten hat.**) In dem
Buche werden zwei russische Gutsbesitzer einander gegenüber=
gestellt, die zugleich die beiden auseinandergehenden Parteien
der altrussisch=conservativen und der westländischen Neuerer
vertreten und das innere Land bereisen, um zu studiren und
zu beobachten. Die Erzählung, zumeist ein Dialog zwischen
den beiden Reisenden, nimmt einen ruhigen Verlauf, nur in
dem letzten Kapitel: „Ein Traum", geht es phantastisch=ori=
ginell zu. Einer der Gutsbesitzer träumt sich nämlich in die
zukünftige Gestaltung Rußlands hinein, bei der überall Re=
formen durchgeführt sind, das Leben auf dem Lande und in
den Städten glücklich und harmonisch verläuft und der Unter=
schied der Stände aufgehoben ist. Aber während sich ein lieb=

---

*) Sämmtliche Werke. Sechster Band, S. 264.
**) Leipzig, J. J. Weber, 1847.

liches Familienbild vor uns aufthun will, wirft der Wagen plötzlich um und schleudert die Insassen mit dem Heft ihrer Reiseeindrücke in den Schlamm. Die in diesem Bilde ent= haltene Wahrheit, daß den Anmaßungen eines krankhaften Ehrgeizes nur eine desto herbere Berührung mit der Wirk= lichkeit folgen muß, während der wahre Fortschritt allein durch nachhaltige Bildungsarbeit und moralische Stählung erfolgen kann, ist genau dieselbe, wie sie Turgenjew in seinen Büchern vertritt, nur daß letzterer viel schärfer sein Ziel ins Auge faßt und eine ganz andere Gestaltungskraft entwickelt. Mit der größten äußern Ruhe verbindet er eine Furchtlosigkeit und Ueberlegenheit, die geradezu vernichtend wirken müßten, wenn seine Gegner nur Vernunftgründe und nicht zugleich auch ihren hartstirnigen Eigensinn geltend machen wollten.

Neben dem Panslawismus läuft aber ein anderer Feind der modernen Gesittung, der Nihilismus, einher, der sich aus unscheinbaren Anfängen zu furchtbarer Bedeutung empor= geschwungen und in beispielloser Weise Verbrechen auf Ver= brechen gethürmt hat. Auch diesen Gegner hat unser Dichter nicht nur schnell erkannt, sondern auch so genial geschildert, daß wir ihn von seinem ersten ohnmächtigen, fast lächerlichen Gebaren bis zu seinem unheimlichen Rütteln an unserer politischen und gesellschaftlichen Ordnung verstehen können. Wiederum hat sich der Poet zu dieser Aufgabe nicht gedrängt, sondern sie hat sich unmittelbar seiner bemächtigt bei dem, was er erlebte und was um ihn vorging. Er ist auf diesem Wege zu einem Seher und zu einem Richter seiner Zeit ge= worden, wie es ihrer im Reiche der Poesie nur wenige gibt.

Nur darf man aber nicht vergessen, daß es sich in diesen Romanen ebenso wenig um eine Tendenz im gewöhnlichen Sinn des Wortes handelt wie in dem „Tagebuch eines Jägers". Turgenjew bleibt stets der reife Künstler, der seine Gedanken sich in der Phantasie verleiblichen läßt und kein anderes Mittel

als die Anschauung braucht, um auf seine Leier zu wirken.
Objectiv steht er den Dingen immer gegenüber, mögen sie uns
empören oder entzücken, und seine Sonne scheint in gleicher
Weise auf Gerechte und Ungerechte herab. Er kritisirt, indem
er einfach schildert: er bewegt die Welt, indem er sie blos
verstehen will, denn mit jedem neuen Bilde, das er uns sehen
läßt, bestimmt er unser Urtheil. Zu untersuchen, wie es der
Dichter angestellt hat, daß seine Werke neben den rein künst=
lerischen Wirkungen noch ganz andere hervorgerufen haben,
ist eine schwierige Aufgabe. Wir begnügen uns, die Thatsache
auszusprechen, daß, wenn der Autor seine Zeit in ihren feinen
geistigen Regungen belauscht und verstanden hat, die Zeit
ihm diese Aufmerksamkeit zurückgegeben, auf seine Meinung
gehört und in ihr eine Norm des Urtheilens und praktischen
Verhaltens erblickt hat. „Der hat es als Poet nicht hoch
hinausgetrieben, in dessen Liedern mehr nicht steht, als er
hineingeschrieben", sagt Emanuel Geibel, und dieses Wort
findet in den Büchern des russischen Autors, die, von der
socialpolitischen Strömung unserer Zeit getragen, sich weit
über blos literarische Leistungen erhoben, eine überraschende
Bestätigung.

Indem Turgenjew die Krankheiten, welche seine Nation
erfaßt hatten und ihre besten Kräfte im Volk und in der
Jugend aufsogen, als Dichter beobachtete, setzte er das Werk
der großen russischen Schriftsteller in organischer Weise fort.
Der Unterschied liegt nur darin, daß sich im Laufe der Jahr=
zehnte die Gefahr außerordentlich vergrößert hatte und daher
auch eine andere Behandlung der öffentlichen Zustände be=
dingte. Während Puschkin nur ohnmächtig klagte, wenn er
an das Schicksal seines Vaterlandes dachte, während Gogol
seinen Haß in wilden Tiraden voll Kraft und Feuer auf=
schäumen ließ, galt es nun, die merkwürdige Bewegung in
ihren Ursachen zu verstehen und dem Feinde so nahe zu rücken,

daß es möglich war, das Maß seiner Kräfte, seine Angriffs=
waffen, seine Wege und Ziele genau zu erkennen.

Turgenjew hat den theoretischen und praktischen Nihilis=
mus in „Väter und Söhne“ und „Neuland“, dazwischen den
nationalen Chauvinismus in „Rauch“ zum Gegenstande seiner
Darstellung gemacht. Diese drei Bücher sind drei gewonnenen
Schlachten zu vergleichen, denen kleinere Gefechte vorausgingen.
Zu den letztern rechnen wir die Erzählungen „Rudin“ (1855)
und „Helene“ (1859). Jene* führt uns in dem Titelhelden
ein Opfer der Phrase, der koketten Selbstbespiegelung vor, die
den Menschen allmählich so weit aushöhlt, daß er weder im
Vaterlande noch in der Liebe und Freundschaft festen Fuß
fassen kann. Weil sich an Rudin's glänzenden Worten andere
berauschten, hat er sich selbst daran berauscht und in ein leeres
Spiel mit Formen verrannt; anstatt sich einen Kreis für
eine geordnete Thätigkeit abzugrenzen und sie mit ernster
Arbeit auszufüllen, ist er immer nur im knabenhaften Ueber=
muth hinter den Seifenblasen seiner unsteten Phantasie her=
gelaufen, bis er sich mit grauen Haaren um jeden soliden
Lebensinhalt betrogen sieht und nichts Besseres weiß, als auf
den Pariser Barrikaden zu sterben.

Bei der Charakterisirung seines Helden ist Turgenjew von
der Figur des jugendlichen Michael Bakunin, des bekannten
anarchistischen Agitators ausgegangen, der später zwei Mal
zum Tode verurtheilt wurde, in russischen Gefängnissen
schmachtete, von Sibirien über Japan und Nordamerika nach
Europa floh und sein Leben lang bei zahllosen Verschwörungen
die Hand mit im Spiele hatte. Es sind zunächst Aeußerlich=
keiten, an denen man erkennt, wer zu Rudin Modell gesessen
hat: das ewige Rauchen und Räsonniren, das unbekümmerte
Schuldenmachen, die Unruhe, mit der er bald Dieses, bald

---

*) M. D. A. Band III.

Jenes angreift, ohne Etwas auszuführen, sind Beiden, dem Original und seiner dichterischen Nachbildung, eigenthümlich. Noch wichtiger sind jedoch die Aehnlichkeiten des inneren Menschen, die hier in Frage kommen. Rudin und Bakunin entzücken beide in jungen Jahren durch das Feuer ihrer Begeisterung und Beredtsamkeit, durch eine Fülle von Ideen, die alle gleich interessant und fesselnd sind. Jedermann erwartet von ihnen Bedeutendes und nimmt das glänzende Wort als Vorboten einer noch glänzenderen That. Aber diese That bleibt aus oder wird durch eine Reihe unerfreulicher Halbheiten ersetzt, es ist ein starkes Qualmen, ohne daß die Flamme endlich ausbricht, ein ungeheurer Anlauf, der zu keinem Sprunge führt. Hören wir wie Alexander Herzen über Bakunin urtheilte, als er ihn 1862 in London zum Mitredakteur seines „Kolokol" machte: „Im Kreise seiner aus Polen aller möglichen Parteien, aus Bulgaren, Franzosen und Russen, aus alten Soldaten, Aristokraten, Katholiken u. s. w. zusammengesetzten Umgebung schrie, stritt, organisirte und konspirirte er von früh bis spät. Blieb ihm ein freier Augenblick übrig, so setzte er sich an seinen mit Tabaksresten übersäeten Schreibtisch, um zehn oder fünfzehn Briefe nach Semipalatinsk in Sibirien, nach Arad, Belgrad, Konstantinopel, in die Moldau oder in die Bukowina zu schreiben." Genau so ist das Irrlichteliren Rudin's, der aus seinen Studentenillusionen nicht herauskommt, in allen Lebenslagen die Bedingungen der Wirklichkeit verkennt und daher fortwährend zu Fall kommt.

Es ist ein interessantes psychologisches Problem, einen gutmüthigen und begabten Menschen zu schildern, der aber deshalb zu Nichts kommt, weil er nicht älter zu werden vermag und der Schwung, die leidenschaftliche Begeisterung keinen nach Bethätigung ringenden Inhalt umschließen, sondern Selbstzweck geworden sind. Wir können aber nicht behaupten, daß die Lösung dieser Aufgabe Turgenjew in allen Einzelheiten gelungen sei. Als er seinen „Rudin" schrieb, war er sich über die Bedeutung einer solchen Natur wohl noch nicht ganz klar. Wenigstens schwankt das Urtheil der den Titelhelden umgebenden Personen beständig hin und her. Wir erleben und hören von ihm Dinge, die ihn einfach zum Feigling stempeln und ihm jede Achtung entziehen müssen, und dann sollen wir doch wieder seine Fähigkeit, sich in unserer nüchternen Zeit zu begeistern, anerkennen und den Mann deßhalb liebgewinnen. Es kann keine Frage sein, daß dem Dichter, wenn er sich mit Rudin's Charakter doch wieder zum Schluß versöhnt, durch die Erinnerung an die schwärmerischen, hoffensfrohen, mit Bakunin verlebten Studentenjahre, der Blick etwas getrübt worden ist. Zu mächtig lebte der Eindruck des jungen, scheinbar zu den glänzendsten Zielen bestimmten Mannes in ihm, als daß er sich von ihm mit vollständiger Objektivität zu befreien vermochte. Jene unerbittliche Lebenswahrheit, welche in den späteren Culturromanen enthalten ist, finden wir in „Rudin" noch nicht als Gesetz anerkannt und durchgeführt. „Es ist Rudin's Unglück", sagt eine der Personen des Romans, „daß er Rußland nicht kennt, und in der That ist dies ein großes Unglück. Das Vaterland kann einen Jeden von uns entbehren, aber Keiner von uns das Vaterland. Wehe dem, der da meint, daß er's könne: doppelt Wehe über den, der es in der That entbehrt! Kosmopolitismus — ist ein Unding, der Kosmopolit — eine Null, ärger als eine Null; außerhalb der Nationalität giebt es weder Kunst, noch Wahrheit, noch Leben, giebt es Nichts." Gegenüber diesem Vorwurf und dem schmählichen Verhalten in einer Situation, in der er sich als Mann hätte zeigen müssen, wollen die guten Seiten Rudin's nicht viel bedeuten. Im Grunde genommen zeigt es sich doch, daß seine Worte nur gemalte Flammen sind und hinter ihnen kein fühlendes Herz schlägt. Das sieht

man, als ein junges Mädchen, Natalie, welches das längst er=
sehnte Ideal von Heldenthum in dem jungen Manne gefunden
zu haben glaubt, sich in ihn verliebt und ihm ein Stelldichein
gewährt. Nataliens Mutter kommt aber hinter das Geheimniß
und als Rudin's Situation einen Entschluß, eine Erklärung
dringend fordert, weiß er seiner Braut nichts Anderes zu sagen,
als daß man die ganze Sache werde aufgeben müssen. Er ver=
liert ein ideales, hochstrebendes Weib und muß mit Hohn und
Spott das Haus, in dem er einst vergöttert wurde, verlassen.
So spielt er, ohne es zu wollen, eine bloße Rolle, er ist eben
so wenig Das, was er nach seinen Worten und seinem Auftreten
zu sein scheint, wie der Schauspieler, der auf den Brettern einen
Fürsten darzustellen hat. So viele derbe Lehren er von der
Wirklichkeit, die er nicht kennt, auch erhält, immer bleibt er der
Phrasenheld, der leeres Schwärmen für eine Mannesthat, das
Hängen an bloßen Illusionen für Charakter, die schillernde
Form für den Inhalt hält und überall, wo er auch auftreten
mag, Verwirrung und Unheil hervorruft.

In „Helene" („Am Vorabend")*) (1859) ist es weniger
der Mann als das Weib, welches unser Interesse und Mit=
gefühl erregt. Jener ist ein junger Bulgare, Inßarow, dessen
Leben sich aus einer Anzahl Anläufe und Versuche ohne
Nutzen und Ertrag zusammensetzt und der von einer tödtlichen
Krankheit erfaßt wird, als er zum Schutze seines Vaterlandes
in den Krieg gegen die Türken ziehen will. Sein Idealismus
ist groß und schön, aber der mächtige Geist lebt in einer zer=
brechlichen Hülle und kommt nicht dazu, seine Pläne zu ver=
wirklichen. Inßarow verhält sich zu Rudin wie Helene zu
Natalie. Wenn letztere einen Helden sucht und sich enttäuscht
von der Carikatur eines solchen abwendet, findet Helene, wo=
nach ihr Herz sich sehnt, den Mann mit großen Ideen

---

*) M. D. A. Band V.

im Kopfe und unerschütterlichem Muth im Herzen. Sie empfängt den ersten tiefen Eindruck von ihm durch einen Akt,
der von Kraft und Entschlossenheit zeugt, indem Inßarow
einen frechen betrunkenen Menschen zur Abkühlung in's Wasser
wirft. Sie ist ganz auf sich allein gestellt, ohne Liebe zu
ihren Eltern, ohne Freundinnen, ohne Empfindung für die
Worte ihrer Courmacher. Dafür will sie sich Dem ganz
schenken, der durch sein Denken und Handeln dem Schwung
ihrer Seele Befriedigung gewährt. Sie hält so lange ihre
Empfindungen verborgen, bis der ersehnte Mann erscheint.
So geht eine fromme Seele in banger und doch beglückender
Hoffnung ihrem himmlischen Bräutigam entgegen. Ihre Tagebuchaufzeichnungen mit den ersten schüchternen Bekenntnissen
ihrer Liebe, ihre Verzweiflung bei Inßarow's schwerer Er-
krankung malen ihre nervöse Natur in mannigfacher Weise aus.

Helene ist eine der herrlichsten Frauengestalten, die Turgenjew geschaffen hat, eine Vereinigung der schönsten Eigenschaften, die das Weib besitzen kann. Tief und lang schlum-
mert das Gefühl in ihr, um endlich wie der Gießbach aus
der Felsenschlucht hervorzubrechen. Ihre Liebe ist naiv, rücksichtslos, unendlich, sie nimmt den Kampf mit allen Wider-
wärtigkeiten des Lebens willig auf; ihre Angehörigen, die
Gesellschaft, das Vaterland sind ihr nichts mehr im Verhältniß zum Geliebten. Es ist bezeichnend, daß Helene ihre Empfindung selbst aussprechen muß, da Inßarow sie nicht bemerkt; jede Fiber in ihr erzittert in dem einen Gefühl, das
Leben des Mannes zu theilen, dem sie angehört. Diese Liebe
macht sie willensstark, klug, trotzig, listig, übermüthig und
schlingt um ihr Haupt einen Glorienschein wie um das einer
Märtyrerin. Das Weib hat dem Manne seine besten Eigenschaften entzogen und sie in ihren eigenen Charakter hinein-
gearbeitet. Wie diese beiden großen, herben Seelen in dem
Momente weich und schmiegsam werden, als sie das Verlangen

für das ganze Leben zu einander zu gehören, ausſprechen, ſchildert Turgenjew in ganz einziger Weiſe:

„Helene bedeckte ihr Geſicht. — Sie wollen mich zwingen, Ihnen zu ſagen, daß ich Sie liebe, flüſterte ſie; — jetzt ... habe ich es ausgeſprochen.

— Helene! rief Inßarow.

Sie nahm ihre Hände vom Geſicht, warf einen Blick auf ihn und fiel an ſeine Bruſt.

Er hielt ſie feſt umſchlungen und ſchwieg. Er brauchte ihr nicht zu ſagen, daß er ſie liebe. Aus ſeinem Ausrufe allein, aus der plötzlichen Umwandlung ſeines ganzen Weſens, aus der Bewegung der auf= und niederwogenden Bruſt, an welche ſie ſich ſo vertrauensvoll ſchmiegte, aus der Art, wie ſeine Finger ihr Haar berührten, konnte Helene verſtehen, daß ſie geliebt wurde. Er ſchwieg und ſie forderte keine Worte. — Er iſt da, er liebt ..., was brauche ich mehr? Die Stille des Glücks, die Stille des ungetrübten Hoffens, des erreichten Zieles, jene himmliſche Stille, die dem Tode ſelbſt Sinn und Schönheit verleiht, erfüllte ſie ganz mit ihrem überirdiſchen Frieden. Sie wünſchte Nichts, weil ſie Alles beſaß. — O mein Bruder, mein Freund, mein Geliebter! .. flüſterten ihre Lippen; ſie wußte ſelbſt nicht, wem das Herz gehöre, ob es das ſeine, ob es das ihre war, das in ihrer Bruſt ſo beglückend ſchlug und zerfloß.

Er aber ſtand regungslos, mit kräftiger Umarmung hielt er dieſes junge Leben, das ſich ihm hingegeben hatte, er fühlte dieſe neue, unendlich koſtbare Laſt an ſeiner Bruſt; Rührung, unſägliche Dankbarkeit hatten ſeine harte Seele gebrochen und nie geahnte Thränen traten ihm in die Augen ....

Sie aber weinte nicht; ſie ſagte immer nur: — O mein Freund! o mein Bruder!

— Und gehſt Du mit mir überall hin? fragte er eine

Viertelstunde später, sie immer noch in seinen Armen haltend und stützend.

— Ueberall hin, bis ans Ende der Welt. Wo Du bist, bin auch ich.

— Und Du täuschest Dich nicht, Du weißt, daß Deine Eltern niemals in unsere Heirath willigen werden?

— Ich täusche mich nicht; ich weiß es.

-- Du weißt, daß ich arm, fast ein Bettler bin?

— Ich weiß es.

— Daß ich nicht Russe bin, daß mir vom Schicksal nicht bestimmt ist, in Rußland zu leben, daß Du alle Deine Verbindungen mit dem Vaterlande, den Verwandten wirst abbrechen müssen?

— Ich weiß es, ich weiß es.

— Du weißt auch, daß ich mich einer schwierigen, un= dankbaren Sache geweiht habe, daß ich . . ., daß wir uns nicht allein Gefahren, sondern auch Entbehrungen, vielleicht der Erniedrigung werden aussetzen müssen?

— Ich weiß, ich weiß Alles . . . Ich liebe Dich.

— Daß Du alle Deine Gewohnheiten wirst lassen müssen, daß Du dort allein, unter Fremden vielleicht, ge= zwungen sein wirst, zu arbeiten . . . .

Sie legte ihre Hand auf seine Lippen. — Ich liebe Dich, mein Geliebter.

Er küßte feurig ihre schmale, zarte Hand. Helene zog sie nicht von seinen Lippen zurück und sah ihn mit einer Art kindlicher Freude und heiterer Neugier zu, wie er bald ihre Hand, bald ihre Finger mit Küssen bedeckte. . . .

Plötzlich wurde sie roth und verbarg ihr Gesichte an seiner Brust.

Er hob freundlich ihren Kopf etwas in die Höhe und blickte ihr fest in die Augen.

So sei Du mir gegrüßt, sagte er — Du meine Gattin vor den Menschen und vor Gott!" Auch im Episodischen ist „Helene" eines der am Feinsten ausgeführten Werke Turgenjew's. Die Schilderung des Stachow'schen Hauses ist von höchst pikantem Beigeschmack und Helenen's Anbeter, der idealistische Berenzew, der zu blutarm, zu wenig Natur ist, um auf Frauen einen Eindruck zu machen und der in der wissenschaftlichen Beschäftigung sein Genügen findet, und der humoristische Bildhauer Schubin, der Verächter des Akademischen, der es wieder wegen seiner cynischen Offenheit mit Helene verdirbt, sind vorzüglich ausgeführte Nebenfiguren. Den letzteren läßt der Autor wie später Potugin in „Rauch", Paklin in „Neuland" den Gedanken des Romans in folgende Kernsätze zusammenfassen: „Wir haben noch Niemand, wir haben keine Männer, wohin wir nur blicken, Alles ist entweder schoseliges Pack, kleine Hamlets, Selbstverzehrer, oder dunkle Nacht, unterirdisches Dunkel der Unwissenheit oder Pflastertreter, Strohdrescher und Trommelschläger. Dann giebt es auch noch solche Leute, die sich selbst bis auf ihre geringsten Niederträchtigkeiten studirt haben, jeder ihrer Regungen den Puls fühlen und sich selbst den Bericht erstatten: das hier sind meine Gefühle, das hier sind meine Gedanken. Eine nützliche, kluge Beschäftigung! Nein, wenn es unter uns gescheidte Leute gäbe, wäre dieses Mädchen (Helene) nicht von uns gegangen, diese empfängliche Seele wäre nicht wie ein Fisch im Wasser entschlüpft. Wann wird die Reihe an uns kommen? Wann werden bei uns die rechten Männer erscheinen?"

Im Verhältniß zu dem kummervoll entsagenden Lawretzky, dem an der Phrase untergehenden Rubin bilden Helene und Inßarow immerhin einen Fortschritt in der Richtung des thatkräftigen, zielbewußten Handelns. Der Dichter hatte daher ein Recht, ihnen das schöne Requiem zu widmen, mit welchem der Roman in der Schilderung Venedigs und seiner Frühlingssprache, seiner Museen, Theater und Lagunen in reicher, poetischer Instrumentation abschließt.

Der Roman „Väter und Söhne"* (1861) schildert die russische Gesellschaft in ihrem Verhalten zu dem zu Grabe getragenen Nikolai'schen Regiment, auf dessen Sargdeckel die Schollen dumpf herniederfielen. Befreiung von den als unhaltbar erkannten Zuständen des öffentlichen Lebens war der allgemeine Ruf; man hatte das Gefühl, daß es schlimmer gar nicht kommen könne und war daher viel eifriger darauf bedacht den Schutt wegzuräumen, als den Neubau zu beginnen. So sehr die Meinungen in positiven Dingen auseinander gingen, in der Negation war man einig und man stürzte sich daher auf die Kritik des Bestehenden wie der hungernde Sträfling auf den Bissen Brod. Das Mißvergnügen an dem Veralteten hatte bald eine dämonische Lust am Zerstören zur Folge. Nun fingen die Träger einer traurigen Halbbildung an die Früchte ihrer hastigen und unverdauten Lectüre auszukramen und mit bloßen Redensarten die höchsten Probleme lösen zu wollen. Weil sie unter dem Druck falscher und feiler Autoritäten, namentlich unter einer verkommenen Bureaukratie, standen, glaubten sie die Autorität als solche verachten zu dürfen. Eine materialistische und demokratische Fluth ergoß sich über das Land, um die letzten Spuren der Romantik hinwegzuschwemmen. Früher glaubte man an Goethe, Hegel und Schelling, jetzt traten Büchner, Vogt und Darwin an ihre Stelle. Im Vordergrund standen die naturwissenschaftlichen Studien, die das Lieblingsthema der Literaten und Studenten bildeten. Wenn Bazaroff in „Väter und Söhne" Frösche secirt, so übte er damit nur eine Gewohnheit, die unter den Studirenden aller Facultäten sehr verbreitet war.

*) M. D. A. Band I.

Aus solchen Anschauungen heraus erwuchs der Nihilismus, die erste und noch ganz ungefährliche Strömung in der revolutionären Entwicklung Rußlands. Deßhalb ungefährlich, weil die Jugend ihren ganzen freiheitlichen Enthusiasmus in die literarische Kritik ergossen hatte. Mochten die Einzelnen noch so sehr gegen den Despotismus sich auflehnen und für die Republik schwärmen, Niemand dachte an Gewaltmittel, Niemand wollte eine Partei gründen, die dem Staate verderblich werden konnte. Im Grunde verfolgten die Nihilisten sehr unschuldige, rein persönliche Ideale, sie wollten sich eine freie, bürgerliche Existenz gründen, ein sittenreines Leben führen und sich von jeglicher Korruption frei halten. Der Nihilist der sechziger Jahre unterscheidet sich von den Socialisten und Terroristen der siebziger und achtziger Jahre wie sich Voltaire und Rousseau von Robespierre und Danton unterscheiden, wobei wir natürlich nicht die Bedeutung dieser Männer, sondern nur ihr Verhalten dem praktischen Leben gegenüber in Betracht ziehen. Bazaroff spricht und denkt für sich, Neshdanow, der Held des „Neuland" lebt und arbeitet für Andere. Jener will sich selbst, dieser sein Volk glücklich machen.

Psychologisch interessant werden die Nihilisten dadurch, daß sie alles, was in das Gebiet des Gefühls und der Phantasie fällt, verachten und nur an das Positive und Praktische glauben. In dem Roman „Väter und Söhne" findet sich ein Gespräch zwischen Arkad Kirjanoff, seinem Vater und seinem Onkel, das uns in die Theorie des Nihilismus einführt: „Was ist denn eigentlich Herr Bazaroff, fragt Paul. — Was er ist? Arkad lachte. Soll ich Ihnen, lieber Onkel, sagen was er eigentlich ist? — Thu mir diesen Gefallen, mein theurer Neffe. — Er ist ein Nihilist. — Wie? fragte der Vater. Paul aber erhob sein Messer, dessen Spitze ein Stückchen Butter trug und blieb unbeweglich. — Ja, er ist ein Nihilist, wiederholte Arkad. — Ein Nihilist, sagte Kirja-

9*

noff. Das Wort muß aus dem Lateinischen nihil kommen, soweit ich es beurtheilen kann, und bedeutet mithin einen Menschen, der nichts anerkennen will. — Oder vielmehr, der nichts respektirt, sagte Paul, der wieder sein Butterbrod zu streichen fortfuhr. — Ein Mensch, der alle Dinge vom Ge= sichtspunkte der Kritik aus ansieht, erwiederte Arkad. — Kommt das nicht auf dasselbe heraus? fragte der Onkel. — Nein, durchaus nicht; ein Nihilist ist ein Mensch, der sich vor keiner Autorität beugt, der ohne vorgängige Prüfung kein Prinzip annimmt, und wenn es auch noch so sehr im Ansehen steht."

Oder nehmen wir folgendes Gespräch zwischen Paul und Bazaroff. Jener sagt: „Ja, die Deutschen sind nicht mein Geschmack. Vormals waren sie noch erträglich, sie hatten bekannte Namen: Schiller, Goethe zum Beispiel. Mein Bruder hat für diese Schriftsteller eine ganz besondere Ver= ehrung, jetzt aber gewahre ich unter ihnen nur Chemiker und Materialisten. — Ein guter Chemiker ist zwanzigmal nützlicher als der beste Poet, sagte Bazaroff. — Wirklich? erwiederte Paul und erhob die Augenbrauen, wie wenn er soeben erwachte; die Kunst scheint also für Sie eine gänzlich werthlose Sache. — Die Kunst Geld zu gewinnen und die Hühneraugen gründ= lich zu vertreiben, rief Bazaroff mit verächtlichem Lächeln. — Vortrefflich! Wie Sie zu scherzen belieben. Das kommt auf eine vollständige Negation heraus. Gut! Immerhin. Sie glauben also nicht an die Wissenschaft? — Ich habe schon die Ehre gehabt, Ihnen zu sagen, daß ich an gar nichts glaube. Was verstehen Sie unter dem Worte Wissenschaft im genrellen Sinne? Es giebt Wissenschaften, wie es Handwerke und Pro= fessionen giebt. Eine Wissenschaft in dem Sinne, den Sie dem Worte beilegen, giebt es nicht." Ein anderes Mal nimmt das Gespräch folgende Wendung: „Ich habe Ihnen schon ge= sagt, lieber Onkel, fiel Arkad ein, daß wir keine Autorität anerkennen. — Für unser Handeln bestimmt nur die Rücksicht auf das Nützliche; was wir für nützlich anerkennen, fügte Bazaroff hinzu: heut zu Tage scheint es uns nützlich, zu ver= neinen, und wir verneinen. — Alles? — Durchaus Alles. — — Wie? nicht nur die Kunst, die Poesie, sondern auch — ich nehme Anstand es zu sagen ... — Alles wiederholte Bazaroff mit unaussprechlicher Ruhe. — Paul sah ihm fest ins Auge. Diese Antwort hatte er nicht erwartet. Arkad wurde roth vor Freude. — Erlaubt, erlaubt, sagt Kirsanoff, ihr verneint Alles, oder um mich genauer auszudrücken, ihr reißt Alles ein; aber man muß auch wieder aufbauen. — Das geht uns Nichts an ... vor allen Dingen muß der Platz abgeräumt werden." Ein weiterer kostbarer Ausspruch Bazaroff's lautet, als von den großen Malern Italiens die Rede ist: „Ich meinestheils gebe nicht einen Groschen für Raphael, und ich denke, die Anderen sind nicht mehr werth als er."

Auf einer Eisenbahnfahrt zwischen Petersburg und Mos= kau, in einem Waggon 2. Klasse, stieß Turgenjew auf einen Kreisarzt, Namens Dmitrijew, der ihm gegenüber saß und der ihm sonst gänzlich unbekannt war. Sie sprachen nicht viel mit einander, meist von wenig bedeutsamen Gegenständen. Für Literatur schien er sich nicht im Geringsten zu inter= essiren, sprach aber ein Langes und Breites über die sibirische Pest. „Mich frappirte an ihm die Bazaroff'sche Manier" — erzählt Turgenjew — „und ich begann nun diesen heran= reifenden Typus überall zu studiren. Bald darauf erfuhr ich, daß Dmitrijew gestorben sei."

So ist der Mediciner Bazaroff entstanden der eben erst die Universität verlassen hat; er ist das Ideal dieser vor= lauten, mit Allem fertigen Jugend. Turgenjew weilt bei seiner Charakteristik mit humoristischem Behagen und setzt darin eine feine Ironie, daß Bazaroff, der es unbegreiflich findet wie ein Mann in die Schlingen einer Frau gerathen kann, der das Gefühl in sich zum Schweigen gebracht zu haben glaubt, von diesem letzteren doch überwältigt wird. Die Romantik, die er lächerlich gemacht hat, bringt auf ihn mit unwiderstehlicher Gewalt ein, indem sie ihn in ein Weib verliebt macht, die sich nur aus Neugierde und Eitelkeit mit dem unbehobelten jungen Mann einläßt. Frau Odinzoff hat die Liebe nie kennen gelernt, sie sehnt sich nach einem Triumph und ist angesichts Bazaroff's ihres Sieges sicher. Allein das plötzlich anschwallende Gefühl, das die starren Empfindungen des Letzteren zum Schmelzen bringt wie die Frühlingssonne die feste Eisdecke, zeigt ihn so wenig liebenswürdig, so ungezähmt wild, daß die um ihre Ruhe und Bequemlichkeit besorgte Frau die bereits dargebotene Hand wieder zurückzieht. Bei ihm sitzt die Neigung jedoch so tief, daß er, als er sich eine Blutvergiftung bei der Section einer Leiche zugezogen hat und auf den Tod wartet, sie noch herbeiwünscht und von ihr den Scheidekuß empfängt. So hat die Romantik doch recht behalten und der nüchterne Verstand den Kürzeren gezogen. Ja, wenn man recht zusieht, hat der ganze Roman gar keinen anderen Zweck, als die sich aufblähende Vernunft, die das Leben für ein Rechenexempel ansieht und den Idealismus leugnet, mit Glanz ad absurdum zu führen. Das Unbeholfene, Unglückliche, Armselige einer rein abstrakten Natur oder vielmehr einer solchen, die sich dafür ausgeben will, während doch gesunde, tüchtige Keime in ihr schlummern, ist kaum jemals prächtiger als von Turgenjew in dieser Figur geschildert worden. Sie ist aus dem vollen Menschenleben herausgegriffen und ohne Nebenabsichten aus der objectivsten Beobachtung entstanden. Aus Briefen, welche die „Russkaja Starina" im Oktoberheft 1883 veröffentlichte, ersehen wir, wie ernst es Turgenjew mit dieser Sittenstudie gewesen ist. So schreibt er einer Dame, welche die russische Jugend gegen den Dichter in Schutz zu nehmen versuchte: „Sie sagen, daß

ich in Bazaroff die Jugend cariciren wollte! Sie wieder=
holen diesen ... verzeihen Sie den unceremoniösen Aus=
druck — unsinnigen Vorwurf! Wie, Bazaroff, mein liebstes
Geisteskind, · um das ich mich mit Katkow verfeindet, für
welches ich alle Farben aufgewandt, die mir zur Verfügung
standen, Bazaroff, dieser gescheidte Mensch — dieser Held —
eine Caricatur?!? Aber wie es scheint, ist hierbei nichts
zu machen! Wie man Louis Blanc trotz aller Proteste seiner=
seits bis jetzt noch stets dessen anklagt, daß er die Volks=
werkstätten (ateliers nationaux) eingeführt, so wird auch
mir die Absicht aufgedrungen, die Jugend durch eine Caricatur
zu verletzen! Ich begegne dieser Verleumdung schon längst
mit Verachtung; ich hatte aber nicht erwartet, daß sich dieses
Gefühl anläßlich eines Briefes von Ihnen in mir erneuen
wird!"

Bazaroff ist im Grunde ein guter braver Mensch, der
das Beste will, aber man beachte, wie unausstehlich ihn
dieses fortwährende Trumpfen auf seine Gescheidtheit macht,
die er alle Augenblicke hervorkehrt, um nach ihr wie nach einer
Taschenuhr zu sehen. Wenn er, von dem Schatten des Todes
bereits umnachtet, doch noch ein Verlangen nach Liebe empfindet
und das graue Gespinnst der Reflexion, mit dem er sich so
lange umgeben hat, wegwirft, so schließt er sich dem Sieges=
zuge an, der das geistig verfeinerte Gemüthsleben, das Ver=
langen nach Glück und Liebe in diesem Roman hält. Die
Liebe leuchtet von Bazaroff's Sterbebette, die Liebe führt dem
jungen Kirsanoff in Frau Odinzoff's Schwester Katja eine
tüchtige Frau zu, die Liebe ist es, die in tausend kleinen Sorgen,
in geheimen Aengsten, in freudigen Erwartungen die greisen
Eltern Bazaroff's erfüllt und sie auf seinem Grab inbrünstige
Gebete sprechen läßt.

In diesen beiden Alten hat Turgenjew ein Idyll geschaffen,
so gemüthvoll, so herzinnig=weich=natürlich, daß wir seine Schil=

derung wie den Händedruck eines treuen Freundes empfinden: „In einem der fernsten Winkel Rußlands liegt ein kleiner Kirchhof. Wie beinahe alle Kirchhöfe unseres Landes bietet er einen höchst traurigen Anblick dar; die Gräben, welche ihn einhegen, sind seit lange von Unkraut überwuchert und aus= gefüllt, die hölzernen Kreuze liegen auf der Erde oder halten sich kaum noch, geneigt unter den einst bemalt gewesenen kleinen Dächern, welche über ihnen angebracht sind; die Leichensteine sind von der Stelle gerückt, als ob sie Jemand von unten weggestoßen hätte; zwei oder drei fast blätterlose Bäume geben kaum ein wenig Schatten; Schafe weiden zwischen den Grab= hügeln. Einer jedoch ist da, den die Hand des Menschen verschont und die Thiere nicht mit Füßen treten; die Vögel allein kommen und setzen sich auf ihn nieder und singen da jeden Morgen beim ersten Tageslicht. Ein Eisengitter umgiebt ihn und an den Enden stehen zwei junge Tannen. Es ist das Grab Eugen Bazaroff's. Zwei Leute, ein Mann und seine Frau, gebeugt von der Last der Jahre, kommen oft dahin zu Besuch aus einem Dörfchen der Nachbarschaft; eins auf's andere gestützt, nähern sie sich langsamen Schrittes dem Gitter, sinken auf die Kniee und weinen lange und bitterlich, die Augen auf den stummen Stein geheftet, der ihren Sohn deckt; sie wechseln einige Worte, wischen den Staub ab, der auf der Platte liegt, richten einen Tannenzweig auf, fangen wieder an zu beten, und können sich nicht entschließen, diesen Ort zu verlassen, wo sie ihrem Sohne, wo sie seinem Andenken näher zu sein glauben. Ist es möglich, daß ihre Gebete, ihre Thränen vergeblich wären? Ist's möglich, daß reine, hingebende Liebe nicht allmächtig sei? O, nein! Wie leidenschaftlich, wie re= bellisch das Herz auch war, das in einem Grabe ruht, die Blumen, die darauf erblühen, sehen uns freundlich mit ihren unschuldigen Augen an; sie erzählen uns nicht allein von der ewigen Ruhe, von der Ruhe der gleichgiltigen Natur, sie erzählen uns auch von der ewigen Versöhnung und von einem Leben, das kein Ende haben soll."

So versagt Bazaroff's materialistischer Verstand, der sich über alles · Kleinliche und Romantische erhaben dünkt, aufs Gründlichste, sobald es sich nicht nur um wohlfeile Ideen, sondern um das wirkliche Leben handelt. Wie rührend ist es, wenn der alte Kirsanoff im Gefühl des Schmerzes über die Kluft, die ihn von den jungen Leuten trennt, in seinen Garten tritt und es unbegreiflich findet, daß man die Poesie verachten, für die Kunst, die Natur nichts fühlen könne. Sein Sohn Arkad hat ihm eines Tages, wie einem Kinde, Puschkin's „Zigeuner", die er gerade las, aus der Hand genommen und dafür Büchners „Kraft und Stoff" zu lesen gegeben, und der Zufall ließ ihn zuhören, wie Bazaroff zu seinem Sohne sagt: „Dein Vater ist ein guter Kerl, allein er ist reif für die Rumpelkammer, er hat abgedankt, sein Lied ist zu Ende." Nicht weniger rücksichtslos springt Bazaroff mit Arkad's Onkel, Paul, um, dem vornehmen alten Junggesellen, der sich nach englischer Lebensweise richtet und seine Kavaliersehre in allen Situationen zu wahren weiß. Das Duell, das er mit Bazaroff besteht, zeigt sie Beide als im Grunde vortreffliche Menschen und makellose Charaktere.

Wenn Bazaroff den Nihilismus in seiner männlichen Erscheinung darstellt, so vertritt ihn in seiner weiblichen Eudoxia Nikitischna Kukschin in ihrer echt moskowitischen Behausung, in der die halb angerauchten Cigarrenenden überall umhergeworfen werden und auf den staubigen Tischen Revuen, Papiere und Briefe umherliegen. Sie hält George Sand für eine hinter ihrer Zeit zurückgebliebene Frau und rühmt sich, einen neuen Kitt für Puppenköpfe erfunden zu haben. Das Champagner-frühstück, das die jungen Leute bei ihr einnehmen und das damit endigt, daß die Frau mit einem ihrer Freunde verrückte Liebeslieder singt, bildet den würdigen Abschluß des

Kapitels. Die Socialistin Marianne in „Neuland“ wird uns eine ganz andere Physiognomie zeigen.

In „Väter und Söhne“ wechselt die Scene zwischen drei Gutshöfen, den Besitzungen von Arkad's Vater, von Frau Odinzoff und von Bazaroff's Eltern. Zwischen diesen drei Ortschaften schwebt die Handlung hin und her, indem sie uns zuerst die Männer debattirend vorführt, dann das weibliche Element die Scene betreten läßt und mit dem Schlußbild der beiden auf Bazaroff's Grab knieenden Alten das versöhnende Ende bringt. „Väter und Söhne“ gehört, was inneren poetischen Reichthum und harmonische Gliederung der Fabel betrifft, zu dem Vollendetsten, was wir von Turgenjew überhaupt besitzen. Vorläufig ist der Nihilismus als bloße Abstraction, als eine bestimmte Richtung des Denkens vorhanden. Eines Tages sollte aber aus der Phrase die That entspringen und der Gedanke seine Träger zum Revolver und zur Dynamitpatrone greifen lassen.

Die nihilistische Strömung stellte ein Moment in der jungrussischen Bewegung dar; das andere war das Uebertreiben des nationalen Selbstgefühls, wie es den Panslawisten unter der Führung der moskauer „Patrioten“ Katkow und Aksakow eigenthümlich war. Ihre Schüler waren in Deutschland und an deutschen Universitäten überall zu treffen, in Zürich wie in Dresden, in Berlin wie in Baden-Baden suchten sie die Luft mit der Versicherung zu erschüttern, daß sich die westliche Cultur überlebt habe und der russischen Platz machen müsse. Der Spielplatz Baden-Baden war das bevorzugte Rendezvous für alle Erscheinungen des modernen Russenthums, vom hohen Militär bis zum heidelberger Studenten, von der russischen Aristokratin bis zur Abenteurerin niedern Ranges. Auf der Promenade vor dem Curhause pflegten sie sich vor dem „Russischen Baum“ zu treffen. Die vergoldeten Kuppeln der russischen Kapellen, die stolzen Villen

und Schlösser der russischen Aristokratenfamilien bewiesen deutlich genug, daß das High=life von Petersburg und Moskau
hier eine sehr bemerkenswerthe Filiale errichtet habe. Turgen=
jew hatte dieses Leben Jahre lang genau beobachtet, und er
schilderte es in einer für alle Zeiten mustergültigen Weise
so charakteristisch, daß eine Culturgeschichte unserer Zeit
ohne Berücksichtigung dieses Buches gar nicht gedacht werden
kann. „Rauch"*) (1867) faßt die verschiedensten Typen
der russischen Gesellschaft zusammen und bringt sie in Be=
ziehung mit einer Liebesgeschichte, deren Held, Litwinow,
einen schweren Kampf zwischen der Neigung zu seiner Braut
Tatjana und einer Jugendgeliebten Irina zu bestehen hat, die
er als die Gattin eines reichen Generals Ratmirow wieder=
findet. Schon ist die letztere entschlossen mit Litwinow die
Flucht zu ergreifen, weil sie sich von ihrer verdorbenen
aristokratischen Umgebung angeekelt fühlt; aber im letzten
Moment fehlt ihr die Kraft dazu, ihren Vorsatz auszuführen,
sie sinkt wieder zurück in das inhaltlose Salonleben, während
Tatjana ihrem bereits aufgegebenen, nun aber zurückkehrenden
Bräutigam verzeiht. In seinem Gegensatz steht in diesem
Roman das Leben auf dem Lande zu dem Treiben der
Städter, die schlichte Natur Tatjana's zu dem verführerischen
Auftreten Irina's, der welterfahrenen Modedame; sie stehen
genau in demselben Verhältniß zu einander wie Gemma und
Maria Nikolajewna in den „Frühlingsfluten". Wiederum
verzeiht die holde jungfräuliche Liebe dem von dem Sonnen=
brande einer unheilvollen Neigung getroffenen Mann.

Der Dichter verfährt gleich unbarmherzig mit der jungen
Studentengesellschaft, in welcher wir Litwinow zuerst treffen
und dem aristokratischen Kreise, dem Irina angehört. Dort

*) M. D. A. Band VII.

hohler Idealismus, leeres Phrasendreschen, ein babylonischer Thurmbau von unausgegohrenen Gedanken, hier grenzenlose moralische Verkommenheit, Brutalität, dem Blödsinn sich nähernde Nichtigkeit. Diese Studenten sind alle gleich un= bedeutende flache Köpfe. Anstatt Vorlesungen zu hören und bei der Studierlampe fleißig zu arbeiten, sind sie alle kleine Rudins, nur viel unsympathischer als Rudin, erhitzen sie sich in tönendem Wortschall, ohne zu wissen, was und weßhalb sie reden. Ob sie mit abgetretenen Stiefeln umhergehen und in beständiger Geldverlegenheit sind wie Bambajew, ob sie sich nach aristo= kratischem Muster kleiden wie Woroschilow, ob sie sich auf eine scheinbare Ueberlegenheit hinausspielen wie Gubarew, ist für die Ueberflüssigkeit dieser Existenzen ganz gleichgiltig. Gubarew ist der Herr und Meister in dieser Gesellschaft, der eine ungeheure Arbeit unter der Feder hat. „Worüber schreibt er? fragt Litwinow. — Ueber alles Mögliche, mein Lieber! Siehst Du, so in der Art wie Buckle — nur tiefer, viel tiefer. — In seinem Buche wird alles entschieden und zur Wahrheit gebracht. — Hast Du die Arbeit gelesen? Nein ich habe sie nicht gelesen, — die Sache ist übrigens Geheimniß; aber von Gubarew steht das Größte zu erwarten. Ja! Bambajew holte Athem und faltete die Hände. — Was, frage ich Euch, wenn Rußland noch zwei, drei solche Köpfe hätte — was könnte da nicht Alles — Du lieber Gott! Es schwindelt mir förmlich vor dem Gedanken“... Für die That= sache, daß ein so unbedeutender, dumm orakelnder Mensch wie Gubarew der Anführer dieser Köpfe sein kann, läßt Turgenjew durch den Hofrath Potugin eine Erklärung geben, die einen hochwichtigen Beitrag zur Kenntniß des russischen Naturells bildet:

„Sagen Sie mir gefälligst — fragte Litwinow — wie erklären Sie sich den unzweifelhaften Einfluß Gubarew's auf seine Umgebung? Doch gewiß nicht durch seine Gaben

und Fähigkeiten? — Bewahre, er besitzt weder das Eine noch
das Andere. — Also vielleicht durch seinen Charakter? —
Auch hierin mangelt es ihm, hingegen besitzt er viel Willens-
kraft. Wir Slawen sind bekanntlich mit dieser Eigenschaft
schwach bedacht, und beugen uns daher überall, wo wir sie
finden. Herr Gubarew wollte das Haupt dieser Gesellschaft
sein, und Alle erkannten ihn als solches an. Was wollen
Sie? Die Regierung hat uns von der Leibeigenschaft befreit
und wir danken ihr dafür; die Gewohnheiten der Knechtschaft
haben aber zu tief in unserem Wesen Wurzel geschlagen, als
daß wir uns bald von denselben frei machen könnten. Wir
bedürfen in Allem und überall eines Herrn; dieser Herr
pflegt gewöhnlich irgend ein lebendes Subject zu sein, bis-
weilen ist es aber auch eine bestimmte Richtung, von der
wir erfaßt werden... Jetzt z. B. sind wir Alle den Natur-
wissenschaften unterthan geworden. Warum, aus welchen
Gründen wir uns in ein solches Abhängigkeitsverhältniß begeben ist ein Räthsel; es scheint unsere Natur nun einmal
darauf angelegt zu sein. Die Hauptsache bleibt aber immer,
daß wir einen Herrn haben müssen. Haben wir dann einen
gefunden, so heißt es: Dieser ist es, dem wir folgen müssen,
auf alles Uebrige können wir dann verächtlich herabsehen.
Reine Sclavenart! Sclaven-Stolz und Sclaven-Erniedrigung!
Kommt dann ein neuer Herr auf die Scene, dann fort mit
dem alten! Vorhin wars Jacob, jetzt ist es Sidor; eine
Ohrfeige dem Jacob, einen Fußfall vor dem Sidor! Erinnern
Sie sich nur, was wir doch Alles in dieser Richtung bereits
durchgemacht haben. Wir faseln von Negation wie von einer
in unserem Wesen begründeten Eigenschaft, und doch ist selbst
unsere Negation nicht die eines freien Mannes, der mit dem
Schwerte in der Hand seine Meinung verficht, sondern die
eines Lakaien, der mit der Faust dreinschlägt, auch diesmal
noch gar auf Befehl seines Herrn. Außerdem sind wir ein

weichgeartetes Volk, das nicht schwer unter den Daumen zu bekommen ist. Auf diesem Wege hat sich dann der Herr Gubarew zum Herrn aufgeschwungen; er bohrte und bohrte so lange, bis er sich durchgebohrt hat. Es sehen die Leute, daß ein Mensch anmaßend auftritt und voll Selbstvertrauen, daß er befiehlt — und dies ist die Hauptsache, er muß befehlen — dann ist er selbstverständlich im Recht und ihm muß man gehorchen. Alle unsere Secten sind auf diese Weise entstanden. Wer den Stock ergreift ist Corporal."

Goldene Worte, für deren Richtigkeit sich jeden Tag neue Beweise beibringen lassen. Sogar inmitten der neuesten revolutionären Bewegung, bei Personen, die nichts anzuerkennen schienen, war dies Autoritätsbedürfniß keineswegs erloschen, sondern durch das Erstehen einzelner Führer, denen die Andern blindlings gehorchten, nur aufs Neue und Ueberzeugendste dargethan.

Wenn es im Thale schlecht genug aussieht, gewährt das Leben auf der Höhe keinen besseren Anblick! Das Gespräch der Generale bei dem Ausflug nach dem alten Schloß mit dem ewigen Prahlen, diese Gesellschaft, die sich bei Irina zusammenfindet mit ihrer Schwärmerei für amerikanische Spiritisten und schlechte französische Schriftsteller, diese verlogenen, mürben Existenzen, die von dem Werth und der Würde des Lebens gar keine Ahnung haben, wie enthüllen sie uns das Fadenscheinige und Trostlose einer nichtsnutzigen Welt. Man möchte sich nach einem Besen umschauen, um mit dem ganzen Wust aufzuräumen. Wenn Turgenjew auf diese Gesellschaft zu sprechen kommt, schlägt seine unerbittliche Satire blutrothe Streifen: „Die Fürstin Babette, in deren Armen Chopin starb, (man zählt in Europa gegen tausend Damen, in deren Armen Chopin den Geist aufgegeben haben soll); dann die Fürstin Annette, der unter allen Damen entschieden die Palme gebührte, wenn nicht, gleich Kohlgeruch

unter Ambraduft, aus ihr zu Zeiten die einfache Dorf=
wäscherin hervorblickte; ferner die Fürstin Pachette, die das
Unglück erlebte, daß ihr Gemahl, nachdem er einen ange=
sehenen Posten erhalten hatte, ohne weiteres Dieu sait
pourquoi einen Bürgermeister prügelte und der Krone die
Summe von 20000 Rubel entwendete...." in diesem schauer=
lich charakteristischen Tone geht die Schilderung weiter.

In „Rauch" soll uns aber das Unentschiedene und Ge=
brochene des russischen Lebens nicht nur in der Liebesgeschichte
sondern auch in allen geistigen Bestrebungen klar werden.
Wie die Empfindungen ins Schwanken gerathen und bald
nach der einen, bald nach der andern Seite schweifen, so
geht es auch mit den Gedanken, die keine festen Stützpunkte
haben, jetzt von hier und bald darauf von dort ihre An=
regung empfangen, sich im Wirbel drehen, auseinandergehen
und sich wieder begegnen, ohne daß es klar wird, wozu dieser
geistige Aufwand eigentlich nützt, was er bezweckt und wohin
er führt. Diese trostlose Ueberzeugung drängt sich Litwinow
auf, als er wieder in die Heimat zurückkehrt und die Rauch=
wolken des Eisenbahnzuges erblickt, wie sie bald emporsteigen,
bald sich wieder senken, unaufhörlich ihre Gestalt verändern
und sich dennoch beständig gleichbleiben. „Alles ist Rauch
und Dunst, alles erscheint im ewigen Wechsel, überall sieht
man neue Gestalten sich bilden, eine Erscheinung jagt die
andere, im wesentlichen bleibt aber alles wie es war."
Furchtbarere Wahrheiten hat noch niemals ein Schriftsteller
seiner Nation ins Antlitz geschleudert; wir hören das Klatschen
derselben Geisel, die Gribojedow und Gogol in ihren Lust=
spielen geschwungen haben. Turgenjew ist womöglich noch
unerbittlicher, jedenfalls trifft er doppelt, denn seine Opfer
hat er mit so handgreiflicher Lebenswahrheit hingestellt, daß
wir sie einzeln aus der Masse des russischen Volkes heraus=
greifen können.

Aber wie immer sind ihm Spott und Hohn nicht Selbst=
zweck, sondern nur erziehende Mittel, um sein Volk vor
weiteren Verirrungen zu bewahren und, wenn es sein muß,
mit den Schlägen seiner weithin reichenden und sicher treffenden
Satire zur Vernunft, zur Verachtung der Afterbildung, zur
Anerkennung der wahren Cultur zu zwingen. Deßhalb hat
er seinen unglücklichen Potugin in die Welt gesetzt, der durch
Irina innerlich zu Grunde gerichtet worden ist, wie es auch
Litwinow beinahe geschehen wäre, und der nun nicht nur
den Kritiker der ihn umgebenden Zustände spielt, sondern
auch genau weiß, wo die Heilung zu suchen ist. „Ich bin
der Ansicht“, sagt Potugin, „daß wir nicht nur unser Wissen,
die Kunst, das Recht — der Civilisation verdanken, sondern
daß sogar das Gefühl des Schönen und der Poesie sich unter
dem Einfluß der Civilisation entwickelt und verbreitet, und
halte das sogenannte nationale, naive, unbewußte Schöpfungs=
vermögen für eitlen Unsinn.“ Das ist zugleich Turgenjew's
persönliche Ansicht: keine im Leben der europäischen Staaten
zur Geltung gekommene Cultur hat sich aus sich selbst ent=
wickelt, jede ist wie ein mächtiger Strom durch den Zufluß
von unendlich vielen Wasseradern gebildet worden, die sich
auf entfernt liegende Quellen zurückführen lassen.

Und wie der Dichter den Kampf muthig begonnen hatte,
so mußte er ihn vollenden. Er sah die Zeitkrankheit in ihrer
Entstehung und wußte als erfahrener Arzt im voraus, zu
welchen Erscheinungen dieselbe führen würde. Ueber kurz
oder lang mußte das wunderliche Treiben gefährlich werden,
mußte der Arm das auszuführen versuchen, was der Kopf
ersonnen hatte. Diese Wandlung des theoretischen Nihilismus
in den praktischen hat Turgenjew in „Neuland“ *) (1876)
geschildert, einem Buche, mit welchem der Dichter als echter

---

*) M. T. A. Band X.

Prophet seiner Zeit vorausgeeilt ist, sodaß die spätern Ereignisse alles bestätigt haben, was er vorausgeschaut hatte
und was ihm anfänglich als tendenziöse Uebertreibung aus-
gelegt wurde. Einer der vorzüglichsten Kenner dieser Dinge,
der Verfasser des Buches „Aus der petersburger Gesellschaft",
sagt nicht zu viel, wenn er die Bedeutung dieses Romans für
die europäische Kenntniß russischer Zustände und für die
neuere russische Sittengeschichte geradezu unermeßlich nennt.
Die Geschichte der petersburger Attentate von Wera Saffu-
litsch, die im Jahre 1878 den Polizeimeister Trepow schwer
verwundete, bis zu dem grauenhaften Verbrechen im Jahre
1881, dem Alexander II. zum Opfer fiel, entwickelte sich fast
in allen Einzelheiten genau so wie es Turgenjew im voraus
geschildert hatte.

Aus dem Nihilisten, der durch die literarische Kritik des
Bestehenden die Unzufriedenheit seines inneren Menschen ausdrücken will, ist ein Socialist geworden, der Hand anlegt,
um die Wirklichkeit umzugestalten. Zunächst thut er das
noch mit Anwendung rein friedlicher Mittel, indem er An-
sprachen hält und Flugschriften vertheilt. Der Gedanke an
eine Gewaltthat liegt ihm fern, seine Absicht ist vorläufig nur
darauf gerichtet, den verschlafenen Volksgeist zu erwecken, ihn
der Branntweinatmosphäre zu entreißen und zu politischen
und socialen Bedürfnissen zu erziehen. Welche Mittel konnten
nun als die geeignetsten angesehen werden, um diesen Plan
auszuführen? Wenn man auf das Volk wirken wollte, mußte
man es zuerst kennen lernen. Die Nihilisten der sechziger
Jahre besaßen, wenn auch keine direkte Verachtung der großen
Masse, so doch auch kein Interesse an derselben. Sie sonder-
ten sich gern von ihr ab und redeten sich in einen Bildungs-
hochmuth hinein, den sie auch durch äußere Abzeichen zu erkennen gaben, indem die Männer sich die Haare lang wachsen
ließen, die Frauen dieselben kurz trugen und eine blaue Brille

aufſetzten. Mit dieſem Egoismus war es nun vorbei, jetzt galt es, den eigenen Vortheil demjenigen der Geſammtheit unterzuordnen und nicht im eitlen Selbſtdünkel zu beharren, ſondern Anhänger zu gewinnen. Für Bazaroff gab es, wenn er nicht an Blutvergiftung geſtorben wäre, noch die Mög= lichkeit, dereinſt eine Profeſſur zu bekleiden und die wiſſen= ſchaftliche Thätigkeit, die Sorge für Weib und Kind über alle Freiheitsbeſtrebungen zu ſetzen. Der Socialiſt, den Turgen= jew in dem Helden des „Neuland“ ſchildert, iſt auf jeden Fall ein gehetztes Wild, ein Menſch, der ſich in ein Meer von Verlegenheiten, Entbehrungen und Gefahren ſtürzt und für alle dieſe Opfer nur einen Lohn empfängt, das Bewußt= ſein, an dem Freiheitswerke thätigen Antheil genommen zu haben.

Aus einer Proklamation von Bakunin ſtammt das Wort „in's Volk gehen“ (idti w narod), welches die Socialiſten auf ihre Fahne ſchrieben. Man vermeinte einen Einfluß auf die Maſſe zu gewinnen, wenn man ſich zu ihr herabließ und den Boden geiſtig auflockerte, indem man Schößlinge aus der Bildungsminorität in ihn hineinſenkte. Männer und Frauen aus allen Ständen und Berufsklaſſen gaben ihre Stellung im Amt, in der Wiſſenſchaft, in der Geſellſchaft auf, löſten das Band, das ſie an ihre Familie und ihre Freunde knüpfte, und lebten fortan in und mit dem Volke. Die Männer wurden kleine Handwerker und Handelsleute oder, um ſich ihres Einfluſſes auf die nächſte Generation zu ſichern, Schullehrer, die Frauen gingen als Arbeiterinnen in die Fabriken oder aufs Feld. Ohne rechte praktiſche Erfahrung und ohne die Gebote der Klugheit zu erfüllen, gaben ſie dem Zuge einer an Fanatismus grenzenden Leidenſchaft nach, die ihr Herz in ſchnelleren Schlägen pochen ließ und ihre Phan= taſie mit berauſchenden Bildern erfüllte.

Dieſe Wendung in der revolutionären Bewegung Ruß=

lands ist es, die Turgenjew in „Neuland" in einem breit
ausgeführten Gemälde darstellt. Das ganze Buch ist wieder=
um gesättigt mit der Stimmung jener Zeit, die es schildert,
gespannt von einem elektrischen Fluidum, das alle Figuren
desselben durchzuckt. Mit noch größerer Berechtigung als
„Helene" könnte dieser Roman den Titel „Am Vorabend"
führen. Es ist die Erwartung eines großen Ereignisses, wel=
ches den Personen Farbe und Stimmung giebt, die auf das
Beginnen einer socialistischen Erhebung des Volkes gesetzte
Hoffnung oder Befürchtung. Die Fluth naht, wird sie uns
Alle verschlingen oder kann sie noch zurückgedämmt werden?
Sie wird vorläufig noch keinen Schaden anrichten, sondern
nur einige unschädliche Wellen über das Ufer spritzen lassen.
Titanenhaftes Wollen und pygmäenhaftes Können, ein ge=
waltiger Anlauf und ein Sprung ins Leere — das ist das
Ende vom Liede.

Die feinste und peinlichste Beobachtung der Wirklichkeit
in den verschiedenartigen Auszweigungen der Charaktere und
Ideen giebt auch „Neuland" seinen eigenen Reiz. Kein neben=
sächlicher oder unbedeutender Zug beeinträchtigt den Genuß
der Lektüre. Nichts bleibt in farbloser Allgemeinheit, es ist
eine durchaus reife und klare Fülle des Lebens, die uns hier
entgegentritt. Wer sich mit der Revolutionsliteratur in Ruß=
land während der letzten zehn Jahre vertraut gemacht und
die Biographien der Männer studirt hat, die mit der sociali=
stischen Bewegung in Beziehung stehen, kann nicht genug
darüber erstaunen, wie Turgenjew das Alles als Einschlag in
sein Gewebe benutzt hat. Man versteht erst durch diesen
Roman den Sinn der ganzen Bewegung, die Nothwendigkeit
ihres Entstehens und ihres Mißerfolges in der betreffenden
Periode.

Neshdanow, der Held des „Neuland" stellt eine ganz
andere Blutmischung dar als Bazaroff. Wenn dieser nur an

das Positive und Nützliche glaubt, das Phantasieleben da=
gegen als „Romantik" geringschätzt, ist Jener eine rein
ideale Natur, ein Schwärmer durch und durch; wenn Dieser
ein durchaus klarer und einseitig angelegter Charakter ist,
wogen in Jenem die seelischen Bestandtheile unruhig und
widerspruchsvoll durcheinander. Neshdanow ist der natürliche
Sohn eines reichen Fürsten, der ihm durch seine Brüder ein
bescheidenes Jahrgehalt auszahlen läßt. Während er äußer=
lich in Erscheinung, Sprache und Haltung seine aristokratische
Abstammung verräth, nährt die Erinnerung daran seinen Haß
gegen die privilegirten Stände immer aufs Neue. Er will
diesem Haß durch eine entscheidende That Ausdruck verleihen
und seine ganze Kraft diesem einen Ziele zuwenden. Aber nur
die eine Hälfte seiner Natur gehört dem praktischen Leben
an, die andere schweift den Idealen seines weichen und empfäng=
lichen Herzens nach, so sehr er sich derselben auch schämen
mag. Bazaroff treibt die Nüchternheit so weit, daß er alle
Poesie für Unsinn erklärt, Neshdanow unterbricht seine revo=
lutionäre Thätigkeit, indem er sich den schönen Wissenschaften
zuwendet und sogar selbst Verse macht. Beim Beginn der
Erzählung treffen wir ihn in seiner ärmlichen Behausung von
allerlei Requisiten der Wissenschaft umgeben im Verkehr mit
einer Anzahl wunderlicher Gesellen. In ihnen allen spukt
die Idee einer Erhebung des russischen Bauernvolkes, aber
ganz unklar und verworren, trübem Wasser zu vergleichen,
das durch einen Zufall aufgerührt wurde und nun die Par=
tikelchen fremder Bestandtheile in unruhiger Bewegung zeigt.
Wie diesen Leuten ein festes Programm fehlt, so ist auch
ihre Vereinigung eine mehr zufällige, denn was sie zusammen=
hält ist lediglich der Wunsch, aus ihrer Unthätigkeit und Un=
bedeutendheit auf irgend eine Weise herauszukommen. Vor
Allem fehlt es für das Unternehmen an Geld, ein um so
unangenehmerer Fall, als zwei Parteigenossen, der plumpe

schwerfällige Ostrodumow mit den schlampenden Ueberschuhen, und dessen Genossin, die cigarettenrauchende Maschurina, durch einen geheimen Brief nach Moskau berufen worden sind. Wir lernen in dieser Gruppe auch eines der scharf gezeichneten Turgenjew'schen Originale, den säbelbeinigen, zwerghaften Paklin kennen, der mit seiner sarkastischen pikanten Unterhaltung zur Hälfte das Unternehmen fördert, zur Hälfte Kritik an demselben übt und wie Potugin in „Rauch" die Rolle des antiken Chors spielt. Während sie berathen, wie der Verlegenheit ein Ende gemacht werden könnte, kommt Hilfe in der Noth, und zwar in der Gestalt eines vornehmen Weltmanns und Diplomaten Sipjagin, der Neshdanow als Lehrer seines Sohnes engagirt. Darüber entsteht allgemeine Freude, namentlich von Seiten Paklin's, der von seinem Freunde erwartet, daß er den gemeinsamen Feind, die aristokratische Gesellschaft, nunmehr genau kennen lernen und den entscheidenden, gegen sie zu führenden Schlag um so besser vorbereiten werde.

Der Kreis, in den Neshdanow tritt, ist mit Eleganz, Reichthum, Formvollendung, kühler Verbindlichkeit, mit einem Worte mit Allem, was er aus Ueberzeugung und Neigung haßt, auf das köstlichste bevölkert. In dem Hause Sipjagin's duftet es förmlich nach Wohlanständigkeit, es ist die Atmosphäre der glatten, weißen, wohlgepflegten Hände, der überlegten Rede. Sipjagin ist fortwährend bemüht, sich auf der Höhe seiner gesellschaftlichen Stellung zu erhalten und Alles, was incorrect und gefährlich sein könnte, in sich und Anderen zu unterdrücken, weil er nach einem Ministerposten schielt. Wohlwollend und maßvoll, immer geneigt bei streitigen Fällen den goldenen Mittelweg zu beschreiten, dreht sich der ganze Mensch gleichsam in geölten Angeln. Fast noch feiner, mit noch delikateren Uebergängen der Charakteristik gezeichnet ist seine Gattin Valentine Michailowna, eine jener liebenswürdigen, in allen Sätteln gerechten Salondamen, die gefallen wollen, weil sie ihre Schönheit nicht vergessen können, die aber nur cocettiren und nicht sündigen, da ihnen Ruhe und Regel= mäßigkeit über Alles gehen und die Regungen ihres Blutes nur flüchtiger Art sind. Die dritte Figur, der feudale Kallo= meyzow, ist einfacher gehalten als Beherrscher der Salons, dem er sein ganzes, äußerlich gefälliges und einschmeichelnd= des, innerlich hochfahrendes und rohes Wesen leiht. Während die Maßnahmen der Regierung ihm in jedem Fall als richtig erscheinen, quält er seine Bauern bis aufs Blut und ist bereit, sich jeden Augenblick für die bestehende Ordnung gegen die Reformer und Revolutionäre aufs Aeußerste zu erhitzen.

Der Eindruck, den diese neue Welt auf Nejhdanow machen würde, war vorauszusehen. Sie drückt ihn nieder mit der Ueberlegenheit der glatten einstudirten Form und macht ihn befangen, so wenig sie ihm geistig zu imponiren vermag. Trotz der Freundlichkeit, die ihm von allen Seiten entgegen= gebracht wird, fühlt er sich unglücklich. Da findet er in Sipjagin's Nichte Marianne, einem armen unterdrückten Mäd= chen, ein ihm verwandtes Wesen, an das er sich anschließt. Sie lehrt ihn das Gleißnerische in dem Hause, in dem sie leben, vollends geringschätzen, sie läßt ihn einen Blick in ihre gesunde, unter dem Druck der Noth und des Unrechts ge= kräftigte Seele thun. Damit hat Nejhdanow eine neue Be= ziehung zu der Partei der Unzufriedenen gewonnen, eine weitere findet er in Sipjagin's Schwager Markelow, einem Menschen ohne alle logische Disciplin, aufrichtig und begeistert, aber beschränkt, tollkühn und zu Allem bereit. Turgenjew hat den Kreis dieser demokratischen Gesellschaft aufs Reichste bevölkert. Da ist der eitle zweiundzwanzigjährige Kislakow, ein unleidlicher Faselhans, der mit den höchsten Problemen des Lebens, wie Kinder mit Dominosteinen spielt; da ist ferner der reiche Kaufmann Goluschkin mit dem häßlichen, blatternarbigen Gesichte und den Schweinsaugen, ein Epikuräer, der um populär zu erscheinen, sein Haus allen möglichen Schmarotzern öffnet. Was er als Charakter bedeutet, giebt er dadurch zu erkennen, daß er, als die Polizei den Revolutions= männern auf die Spur ist und ihn verhaftet, sich wie ein heulender Junge benimmt, den Richtern zu Füßen stürzt und seine Gesinnungsgenossen schmählich verräth.

Aber dieses Mal bleibt die Mitte zwischen den eng= herzigen Aristokraten und den beständig träumenden Demo= kraten nicht leer. Im Gegentheil wird sie durch einen präch= tigen Menschen, den Fabrikbesitzer Ssolomin ausgefüllt, der als praktischer, arbeitsamer, erfahrener Mann auf dem Boden der Wirklichkeit steht und, ohne das in der russischen Gesell= schaft erwachende Freiheitsgefühl zu verkennen oder gering= zuschätzen, doch am Erreichbaren festhält und allen Phan= tastereien den Laufpaß giebt. Dabei ist er erfüllt von einer durchaus humanen Denkweise, herzlich, opferwillig und, wenn er auch die schwärmerischen Ansichten der an dem „Werke" Betheiligten nicht zu den seinigen macht, doch von aufrich= tiger Sympathie für sie und ihren Idealismus erfüllt. Ssolomin gehört zu den wenigen Turgenjew'schen Figuren, die das gesunde Element im russischen Leben vertreten und den Glauben an seine Zukunft als einen berechtigten er= scheinen lassen.

Die Verbindung zwischen Neshdanow und dem Sipja= gin'schen Hause löst sich plötzlich aus doppelter Veranlassung. Ein Mal hat es einen heftigen Streit zwischen ihm und Kallomeyzow bei Tische gegeben, wobei jener aus seinen Ge= sinnungen keinen Hehl gemacht hat. Dann fühlt sich auch Sipjagin's gefallsüchtige Frau, die es als ein Bedürfniß empfand den starren unbeholfenen Neshdanow als Sklaven zu ihren Füßen zu erblicken, durch das zwischen ihm und Marianne sich entspinnende Liebesverhältniß beleidigt. Es kommt zwischen den beiden Frauen, die ihr lange aufgespartes Gift einander ins Gesicht spritzen, zu einem heftigen Auftritt, so daß auch Marianne's Situation eine unmögliche wird. Die beiden durch das Unglück und geistige Uebereinstimmung auf einander Angewiesenen treffen sich eines Tages beim ersten Morgengrauen in einem nahen Birkenwäldchen und fliehen zu Solomin, der ihnen in seiner Fabrik ein trauliches Asyl bereitet und in seinem treu ergebenen Dienerpaar Paul und Tatjana einen zuverlässigen Schutz zu Theil werden läßt. Es kommt etwas von Frieden und idyllischer Ruhe über die Flüchtigen, die ein schützendes Dach bei guten Menschen gefunden haben.

Allein dieser Schutz soll nur dazu dienen, die Vorbereitungen zu dem großen Werke ungestört zu treffen. Das „Ins Volk gehen" soll nun zur Wahrheit werden, obwol Keiner recht weiß wie das zu machen ist. Marianne will irgend ein Handwerk lernen oder Köchin werden, Neshdanow nimmt eine vollständige Maskerade mit einem zerlumpten gelben Nankingkittel, einer Mütze mit zerbrochenem Lederschirm, ungeputzten Stiefeln aus rohem Leder vor, um wie ein Mann aus dem Volke zu erscheinen. Das Lächerliche seiner Situation, als er in einer ihm völlig unbekannten und unverständlichen Gesellschaft Flugschriften zu vertheilen anfängt, kann er sich keinen Augenblick verhehlen. Er wird entweder verlacht oder bedroht, von Niemandem so empfangen, wie er es gewünscht und gehofft hat und, was das Schlimmste ist, nur der Schnaps ist das Medium, durch das er sich dem Volke nähern kann. Mit Recht vergleicht er sich ein Mal mit einem schlechten Schauspieler in einer fremden Rolle. Die Bauern flüstern sich, als er von der Abschaffung der Steuern, der Beseitigung der Gutsbesitzer spricht, ängstlich zu: „Was für ein gestrenger Herr! Es ist wol jemand von der hohen Obrigkeit!"

Eines Tages kommt Neshdanow zum Entsetzen Marianne's sinnlos betrunken nach Hause, er hat den greulichsten
Fuselgeruch in der Kehle und erscheint als ein tief bemit=
leidenswerther Mensch. Um sein Unglück voll zu machen
verwandeln sich zusehens Mariannen's Empfindungen, die ihn
mehr als krankes Kind denn als Lebensgefährten zu behandeln
anfängt, während Ssolomin's ausgeglichene männliche Natur
ihr immer imponirender erscheint. Mittlerweile ist Markelow
von den Bauern, die er aufwiegeln wollte, ergriffen und der
Polizei ausgeliefert worden, und ein unglücklicher Zufall fügt
es, daß Paklin Neshdanow's Aufenthalt ausplaudern muß,
so daß auch diesem die Verfolger auf den Fersen sind. Nach=
dem er vor Marianne das Bekenntniß abgelegt hat, daß er an
das Werk, dem seine Kräfte gewidmet waren, nicht glaube,
nimmt er sich durch einen Revolverschuß das Leben. Noch
mit dem letzten Athemzuge heißt er Marianne und Ssolomin
einander die Hände reichen, in einem Abschiedsbriefe empfiehlt
er sie seinem edelmüthigen Beschützer.

Es ist schwer, sich von der ins Einzelne gehenden Treue
dieser Schilderung den rechten Begriff zu machen. Freie Er=
findung ist in „Neuland" sehr wenig enthalten, dafür ist
Alles Thatsächlichkeit in knapper gedrungener Form, mit der
größten Einfachheit. Ohne Liebe oder Haß zu empfinden
hat Turgenjew sein Thema durchgeführt und dem Lächerlichen,
dem Verächtlichen, dem Tüchtigen seine Stelle angewiesen.
Der Roman ist ein zeitgeschichtliches Dokument ersten Ranges.

Vor Allem verstehen wir, was es mit dem Gehen ins
Volk eigentlich auf sich hatte. Alphons Thun*), der die
revolutionäre Bewegung mit dem Auge des Historikers be=
trachtet, sagt von dieser künstlichen Annäherung an das Volk,

---

*) „Geschichte der revolutionären Bewegungen in Rußland"
Leipzig, 1883. Duncker & Humblot. S. 114.

daß es weit eher ein Pilgern von gläubigen, aber leicht=
gläubigen Massen von Männern, Weibern und Kindern zu
dem heiligen Orte des Volkslebens, als eine ernst durchdachte
That einer bewußten und organisirten revolutionären Partei
gewesen sei. Die ganze Bewegung mußte scheitern, weil es
ihren Opfern an jeder praktischen Kenntniß fehlte, weil sie
unklar in ihren Zielen waren, die gewöhnlichsten Vorsichts=
maßregeln unterließen und von keinem überall zu gleicher
Zeit eingreifenden Willen geleitet wurden. Die verheerende
Wirkung der Revolutionäre datirt erst von dem Augenblick,
als die im Lande zerstreuten Vereine unter eine Centralge=
walt gestellt wurden und von ihr Befehle empfingen.

Neshdanow, ein weicher romantischer Mensch, jagt sich
in dem Gefühl der Nutzlosigkeit seiner Bestrebungen eine Kugel
durch den Kopf. Man denke sich ihn aber einmal in der
Schule der Leiden gestählt und in Folge dessen tiefer durch=
drungen von dem Glauben an seine Mission, man stelle sich
vor, daß sein praktischer Verstand unter den beständigen Nach=
stellungen der Polizei sich auf das Höchste verfeinert habe,
daß das rücksichtslose Verfolgen seines Zieles ihn vor keinem
Widerstande zurückschrecken lasse und man begreift, wie aus
Neshdanow ein Solowiew werden, aus dem Socialisten ein
Kaisermörder entstehen kann. Eine ähnliche Umwandlung
vollzieht sich mit den Frauen. Turgenjew's Marianne weiß
noch nicht was sie will und ist so glücklich, einen tüchtigen
Mann zu finden, der ihren wirren Ideen in einer geordneten
Häuslichkeit ein bestimmtes Ziel giebt. Unter anderen Ver=
hältnissen, im Zwang einer festgefügten Partei, die mit der
übrigen Gesellschaft gebrochen hat, wäre sie sicherlich eine
Sophie Perowskaja, eine Hesse Helfmann geworden.

Niemand wird diesen Leuten, so irregeleitet sie erscheinen,
die Sympathien ganz entziehen können. Wol sind die Pro=
klamationen der Revolutionäre in keiner Weise als Dasjenige

zu betrachten, was der denkende Theil des russischen Volkes begehrt, sie sind vielmehr nur unausgegohrene Ideen, die den socialistischen Strömungen des Westens entlehnt sind und die nur deßhalb ihre ursprüngliche Unschädlichkeit verloren und zum Verbrechen geführt haben, weil die Regierung es den jugendlichen Schwärmern unmöglich machte, ihr Pathos in Vereinen, Versammlungen und in der Presse zu verpuffen. Aus liberalen Kritikern des Bestehenden sind die Nihilisten, weil man den Ausdruck ihrer Ideen überall verhinderte, Socialisten und Volksaufwiegler geworden, die dann wieder unter dem Drucke einer, die Sicherheit des Einzelnen im höchsten Maße in Frage stellenden, die Strafe willkührlich übertreibenden Rechtspflege zum Attentat und Meuchelmord übergingen. Aus dem Mißverhältniß von einzelnen liberalen Anläufen zu dem alten Absolutismus und dem Rückfall in den letzteren sind alle die Klippen und Untiefen zu erklären, auf welche das russische Staatsschiff augenblicklich gerathen ist. Die arbeitsame, geistig thätige Bevölkerung Rußlands, jene Klasse, deren Wünsche allein maßgebend sein sollten für die Bestimmungen des herrschenden Systems, entfernt sich ebenso sehr von den Revolutionsmännern, die das Heil von Pulver und Dynamit erwarten, wie von den bornirten, aus Eitelkeit und Hochmuth zusammengeklebten Pappdeckelaristo= kraten. Diese vernünftige Mittelpartei verlangt und braucht keine Constitution, wie man es so oft in Deutschland be= haupten hört, sondern will nur Reformen, die rein vom Standpunkte des aufgeklärten Despotismus energisch in die Corruption des Beamtenthums und der Verwaltung eingreifen, die Wucherungen der Polizei und Gerichtsbarkeit, welche die Sicherheit des Individuums so arg bedrohen, beschneidet und den kranken Säften einen Ausweg in einer gesunden allmäh= lich anzubahnenden Oeffentlichkeit erschließt. Vor Allem legen diese Besonnenen selbst Hand an, wo es in ihrem eigenen

Berufe und Hause nöthig ist, sie sind thätig und fleißig, schweifen nicht ins Unermeßliche, sondern erfüllen in einem bestimmten Kreise ihre Pflicht.

Der Typus dieser vernünftigen Liberalen ist der Fabrik= besitzer Sjolomin, den Turgenjew zu einer Art russischen Schulze=Delitzsch macht. Diesem bescheidenen tüchtigen Manne, der nicht mit dem Kopf durch die Wand will, aber überall helfend einspringt wo er es kann, stellt Paklin folgendes Zeug= niß aus: „Sjolomin! Dem geht es vortrefflich! Hat sich ausgezeichnet herauszubeißen gewußt. Die frühere Fabrik hat er verlassen und die besten Leute mit sich genommen. Jetzt soll er eine eigene, kleine Fabrik haben — da in Perm — auf genossenschaftlicher Grundlage. Der wird seine Sache schon zu Ende führen! Der wird sich schon durch= arbeiten! Er hat einen feinen, dabei harten Schädel! Er ist — ein ganzer Mann. Namentlich aber tritt er nicht als plötzlicher Heilkünstler für gesellschaftliche Schäden auf. Denn was wir Russen für ein Volk sind! Wir warten immer, ob nicht irgend Etwas oder irgend Jemand kommt und uns plötzlich gesund macht, alle unsere Schäden ausbessert und alle unsere Gebrechen herauszieht, wie einen kranken Zahn. Wer wird dieser Zauberer sein? Der Darwinismus? Das Dorf? Archip Perepentjew? Ein Krieg mit dem Auslande? — Alles, was Du willst, nur den Zahn heraus!! — Das ist aber weiter Nichts als Faulheit, Schwäche, Gedankenmangel! — Sjolomin aber ist nicht so; nein — er zieht keine Zähne heraus — er ist ein ganzer Mann!"

So weist der Dichter, ohne sich viel auf den Propheten hinausspielen oder Recepte geben zu wollen, dort hin, wo er gesunde Kraft vermuthet. Sonst leiden in „Neuland", wie fast überall bei Turgenjew, die Männer an der mollusken= artigen Weichheit ihres Charakters. Sipjagin ist die einzige innerlich feste und zugleich sympathische Erscheinung außer

Sjolomin. Neshdanow und die Uebrigen sind aber wieder halbe Weiber, während Marianne, eine herbe verschlossene Natur, deren Liebe sich an den socialpolitischen Forderungen des Ersteren entzündet, doch im Laufe der Zeit Klarheit und Ueberlegenheit genug entwickelt, um einem trefflichen Manne die Hand zu reichen.

Es ist unmöglich, auch nur auf einen Theil der treff= lichen Einzelheiten aufmerksam zu machen, die in dem Roman verstreut sind. Wie beachtenswerth erscheint z. B. der lite= rarische und ästhetische Zug in Neshdanow, der ihn zum echten und rechten Romantiker stempelt. Turgenjew macht ihn zum Verfasser eines merkwürdigen Gedichtes „Der Schlaf“:

„Schon lange war ich nicht im theuren Vaterland . . .
Doch fand ich nicht, daß merklich sich's verändert hätte.
Derselbe Stillstand ohne Leben, Sinn, Verstand,
Hier Bauten ohne Dach, dort eine Trümmerstätte,
Und Schmutz, Gestank und Armuth, Wehmuth, Langeweil'!
Im Volk auch fand denselben Sklavensinn ich wieder . . .
Frei ist der Bauer nun, und doch — nicht war's zum Heil,
Denn schlaff und matt hängt auch die freie Hand hernieder.
Ja Alles, Alles wie zuvor . . . Darin jedoch
Sind wir voraus Europa, Asien, allen Landen . . .
Daß ein so fürchterlicher Schlaf wol niemals noch
Die trauten Vaterlandsgenossen hielt in Banden!
Ja, Alle schlafen rings umher: in Dorf und Stadt,
In Karren, Schlitten, Tags und Nachts, und stehend, sitzend . . .
Es schläft der Kaufmann, der Beamte, der Soldat,
In Schnee und Sonnenglut sich auf die Flinte stützend!
Der Dieb, der Richter schläft — und schläft sich niemals aus;
Der Bauer schläft beim Pflügen, Mäh'n, in allen Lagen,
Und Väter, Mütter schlafen und das ganze Haus,
Und wer die Andern schlägt, und wer selbst wird geschlagen!
Es schläft allein die Schenke nicht — und in der Hand
Das Branntweinglas, das Haupt dort an den Pol ge=
                              schlossen,
Die Füße an den Kaukasus, o Vaterland,
So schläfst du, heil'ges Rußland, fest und unverdrossen.“

Der letzte Satz dieses Gedichtes enthält ein wahrhaft shakespearisches Bild, dessen Originalität wir bewundern, auch wenn sein Schöpfer durch die Leistungen seiner Feder am Meisten dazu beigetragen hat, die Richtigkeit desselben zweifelhaft erscheinen zu lassen. Für den Culturberuf Rußlands ist die Thatsache, daß aus ihm ein Dichter wie Turgenjew entstehen konnte, beweiskräftiger als alles Raisonnement. Mochte dieser Dichter zu all' den bittern Wahrheiten, die er seinem Lande vorgehalten hatte, auch noch in „Neuland" den furchtbaren Vorwurf hinzufügen, daß die Russen die verlogenste Nation der Welt seien — dieser Haß wurzelte nicht in kaltem Boden, sondern hatte dort seine Quellen, wo auch zugleich die treueste Liebe zur Heimat wohnte. So haßt man nur Etwas, an dem man um den Preis seines Herzblutes Stolz und Freude erleben möchte.

Der Roman ist auch sonst noch an mancherlei Raritäten reich. Am Wunderlichsten nimmt sich das alte Ehepaar Thömchen und Thymchen aus, das seit siebzig Jahren in seiner staubigen Rococowelt lebt und seine Tage mit der Regelmäßigkeit einer Wanduhr abschnurrt, zwei Mumien, mitten hineingestellt in das modernste Raffinement der Gedanken und Handlungen, das achtzehnte Jahrhundert im neunzehnten, das zahnlose, kindisch einfältig gewordene Greisenthum in einer verbissenen und verbitterten Gesellschaft, deren Glieder sich fortwährend die Zähne zeigen. Mit welcher Einfachheit und Wahrheit Turgenjew zu erzählen weiß, dafür mag die folgende Stelle ein Beispiel sein, in der Neshdanow's Selbstmord geschildert wird. Jeder Leser muß es augenblicklich herausfühlen, daß nur so und nicht anders einem Menschen zu Muthe sein kann, der Hand an sich selbst gelegt hat:

„Neshdanow blickte durch die gekrümmten Aeste des Baumes, unter welchem er stand, zu dem niedrigen, grauen, theilnahmlos blickenden blinden und nassen Himmel hinauf, gähnte leicht, schauderte zusammen, sagte in Gedanken: „es ist mir ja nichts mehr übrig geblieben, soll ich denn wieder nach Petersburg zurück, in's Gefängniß!" ... schleuderte die Mütze fort, setzte, im ganzen Körper ein gewisses süßlich=herbes, stark beklemmendes Dehnen vorausempfindend, den Revolver auf die Brust und drückte ab... Es war ihm, als hätte irgend Etwas ihn vor die Brust geschlagen, nicht einmal stark geschlagen ... aber er lag bereits auf dem Rücken und versuchte sich klar zu machen, zu erkennen, was mit ihm sei und wie es denn gekommen, daß er Tatjana eben gesehen!... Er wollte sie sogar rufen, ihr sagen: — „Ach, es ist nicht nöthig!" — aber seine Glieder waren schon wie erstarrt, vor seinem Antlitz, in den Augen, auf der Stirn, im Hirn drehte sich ein trüb= grünlicher Wirbel herum — und etwas fürchterlich Schweres und Plattes schien ihn für immer an die Erde gedrückt zu haben."

Schon der Roman „Väter und Söhne" hatte in dem Vaterlande des Dichters eine lärmende Bewegung hervorgerufen, die beim Erscheinen von „Rauch" sich noch wesentlich steigerte, und bei der Veröffentlichung von „Neuland" in direkten Angriffen des Autors, in böswilligen Herabsetzungen und Verleumdungen Luft machte. Die gewöhnlichste Waffe, zu welcher der Philister greift, wenn er das Genie dafür strafen will, daß es sich erdreistet, weiter zu sehen, als er es vermag, bildet der Vorwurf der Immoralität; aber so sehr man auch nach Angriffspunkten suchen wollte, es war un= möglich, die sittliche Entrüstung der Masse gegen den Dichter anzurufen. Da versuchte man es, die Treue und Objectivität seiner Schilderungen zu bestreiten und an die verletzte Eitel= keit derjenigen Klassen zu appelliren, die sich der Autor zum Modell genommen hatte. Er hatte niemand geschmeichelt, weder den Alten noch den Jungen, weder den Vätern, in deren Häusern die Leibeigenschaft herrschte, noch den Söhnen,

welche nebelhaften Theorien nachjagten und durch ihre Phrasen
unglaubliche Verwirrungen und Gefahren hervorriefen. Da
war es ein bequemes Hausmittel, wenn die einen den Dichter
bei den andern verklagten, ihn der Uebertreibung, der Schwarz=
seherei und noch schlimmerer Dinge beschuldigten. Das Kin=
dische solcher Vorwürfe lag auf der Hand, nach wie vor stand
der Dichter im engsten Zusammenhange mit den Vorgängen
in seinem Vaterlande, und die jährlichen Besuche, die er ihm
abstattete, mußten ihn, den ruhigen Beobachter und Sitten=
maler, besser auf dem Laufenden erhalten, als es die natio=
nalen Heißsporne sein konnten, die in alles und jedes ihr
ehrgeiziges Trachten hineinsahen. Auf das Geschrei, welches
ihm von allen Seiten entgegentönte, hatte Turgenjew nach
dem Erscheinen des „Neuland" keine andere Antwort als die
Versicherung, daß er von nun an keine Zeile weiter schreiben
werde. Es war ihm Ernst mit diesem Wort, wie alle ihm
Näherstehenden bestätigen müssen, und er hat es jahrelang
gehalten. Aber wer einen Beruf in sich fühlt und ihm die
ganze Wärme der Persönlichkeit geliehen hat, kann nicht plötz=
lich die Hand ruhen lassen, er muß schaffen, er mag wollen
oder nicht. Nur mit den socialpolitischen Problemen hat er
sich seitdem nicht wieder befaßt, obwol die glänzende Auf=
nahme, die er in den letzten Jahren in Petersburg und Moskau
fand, ihm als eine Genugthuung für schweres Unrecht er=
scheinen mußte, wie er sie ehrenvoller nicht verlangen konnte.
    Als Turgenjew im März 1879 nach Petersburg kam,
wurde ihm ein über alles Erwarten glänzender Empfang zu
Theil, die verschiedensten Corporationen wetteiferten, ihm ihre
Bewunderung auszudrücken, aus allen Kreisen strömten enthu=
siastische Kundgebungen auf ihn ein, die den greisen Dichter
bis zu Thränen rührten. Mit der ihm eigenen Herzlichkeit
antwortete er auf die Huldigungen der Moskauer Studenten=
schaft mit folgenden denkwürdigen Worten: „Für den beginnen=

den Schriftsteller ist die Theilnahme der jungen Generation, seiner Altersgenossen, natürlich höchst werthvoll, denn sie ist seine mächtige Stütze; für den alternden Schriftsteller aber, der nahe daran ist, den Schauplatz seiner Thätigkeit zu verlassen, ist diese Theilnahme — ich spreche es offen aus — der höchste einzige Lohn, nach welchem für ihn nichts zu wünschen übrig bleibt. Sie zeigt ihm, daß sein Leben nicht umsonst dahingeflossen, daß seine Arbeit nicht vergebens war, daß der Same seine Frucht gezeitigt." Ebenso gehörte der Dichter bei dem Bankct, welches der Enthüllung des Puschkin= denkmals im Juni 1880 in Moskau folgte, zu den gefeiertsten Persönlichkeiten. Wie weit seine Popularität damals ging, kann man daraus ermessen, daß selbst der gefürchtete Katkow, der Redakteur der „Moskauer Zeitung", dem Dichter die Versöhnung anbieten wollte, welche dieser indessen nebst anderen hervorragenden Schriftstellern kurzweg abwies, indem sie sich weigerten, mit dem reactionären Kampfhahn die Gläser anzustoßen. In Katkow's „Russischem Boten" waren Tur= genjew's frühere Romane wie „Väter und Söhne" erschienen, bis die immer plumper sich geberdenden Rückwärtsbestrebungen des Moskauer Professors den Dichter zwangen, diese Verbin= dung aufzugeben und seine neueren Arbeiten in der trefflichen, von Stassulewitsch herausgegebenen Monatsschrift „Der Bote Europa's" zu veröffentlichen. Katkow rächte sich seinerseits dadurch, daß er beim Eintreffen der Nachricht vom Tode Turgenjew's, auf welche in der ganzen gebildeten Welt der Ausdruck tiefsten Schmerzes und der innigsten Theilnahme folgte, folgenden klassischen Ausspruch that: „Stumme Ver= achtung ist die einzige Empfindung, welche man in Rußland für diesen Pseudo=Patrioten hegen kann." Mit diesem Satze, den man höher hängen muß, und der ganz und gar auf den Ton gestimmt ist, in dem die Hunde den Mond anbellen, hat sich Katkow nach unserem Gefühl ein für alle Mal aus der Liste der ernsthaften Menschen gestrichen.

Endlich war die Zeit gekommen, in welcher alle human denkenden Russen den Dichter auf einer Höhe erblickten, bis zu welcher die tückischen Wogen der Parteileidenschaft nicht hinaufreichten. Man erkannte in ihm begeistert den Apostel der Wahrheit an und sah mit Recht in seinem Vorgehen gegen die Zeitübel, in der Vollendung unsterblicher Werke eine ganz andere Bewährung des Patriotismus und eine reinere Liebe zur Freiheit, als sie die unreifen oder unlauteren Führer der nationalen Hetzparteien jemals besessen hatten.

VII.

Die phantastischen Novellen Turgenjew's.

Das Nachspiel, das Turgenjew der Abfassung seiner Zeitromane folgen ließ, ist kurz, aber im höchsten Maße bezeichnend für die Richtung seines Geistes und die Art seiner künstlerischen Anschauung. Wir erwähnten schon früher, wie wenig der Dichter in dem bloßen Abschreiben der Wirklichkeit Genüge finde, wie alles, was er schafft, die Farbe seiner Phantasie annehme, und von hier aus eine geheimnißvolle Beziehung zu den ersten, kaum bemerkbaren Offenbarungen des Seelenlebens hinüberleite. Das Weben des Unbewußten, namentlich im Traume, spielt in allen seinen Werken eine große Rolle; er erkennt und anerkennt Stimmungen, die nicht zufällig sind, und deren Wurzeln sich doch jeder geistigen Betrachtung entziehen. Man muß sie gelten lassen, auch wenn man sie nicht versteht, denn sie schweben und walten in ihrer mystischen Kraft dort, wo wichtige Voraussetzungen unsers Seins und Handelns liegen.

Von allen phantasievollen Menschen hat der Dichter am meisten Veranlassung an die Macht jener Vorstellungen zu glauben, an deren Erzeugung der bewußte Wille keinen Antheil hat, die vielmehr ungerufen aus dem geheimnißvollen Schooße des Unbewußten auftauchen. Das oft citirte Wort Hamlet's, daß es mehr Dinge im Himmel und auf Erden

11*

gebe, als sich die Schulweisheit träumen lasse, enthält für Jeden, der tiefer in das Geheimniß der Natur und des Lebens einzudringen versucht hat, die lauterste Wahrheit. Nur der äußersten Geistlosigkeit ist es gegeben, Alles verständlich und klar zu finden und Probleme, vor welchem die bloße Reflexion stutzig werden muß, nicht anzuerkennen. Der tiefer Blickende sieht, wie die Thätigkeit der Phantasie, die Spannung der Leidenschaften, das Schaffen des Talentes von Punkten aus bestimmt werden, die abseits vom Wege menschlich klarer Erkenntniß liegen. Wir müssen froh sein, wenn wenigstens in den Eingang zu diesen Regionen des Mystischen ein flüchtiger Lichtstrahl hineinfällt. Große dichterische Talente, wie Turgenjew, entnehmen den Eingebungen des Unbewußten geradezu ihre eigentliche Kraft, ihre Begabung erscheint uns nur deshalb so eigenartig und von einem immer neuen Reize, weil ihr dieser Quell nicht verstopft ist, sondern ununterbrochen und freudig rieselt. So viel sie auch durch Bildung und Erfahrung an ihrem inneren Menschen geformt haben mögen, erheben sie sich aus der großen Masse nur durch jenes dem Instinkt verwandte geheimnißvolle Etwas, dessen Kundgebungen vom Verstand unabhängig sind und von letzterem nur in logische Zucht genommen werden.

Daß das Traumleben in den Werken des Dichters sich häufig betont findet, kann Niemanden Wunder nehmen, der mit der Natur des poetischen Schaffens und der Eigenthümlichkeit des Turgenjew'schen Talentes vertraut ist. Hat doch jeder Dichter mit dem Träumenden die Eigenschaft gemein, daß er Bilder seiner Phantasie mit derselben Deutlichkeit erblickt, als ob sie wirklich wären, daß ihm die Welt, welche seine Einbildungskraft schafft, als sein wahres Element, als Nothwendigkeit und Wirklichkeit erscheint, während die Bilder des Alltagslebens auf seiner Netzhaut dagegen erblassen. Wir besitzen von Balzac die reizende Anekdote, daß er eines Tages

Jules Sandeau, der ihm von seiner kranken Schwester er=
zählte, mit den Worten unterbrach: „All das ist gut, lieber
Freund; aber kehren wir zu der Wirklichkeit zurück, sprechen
wir von Eugenie Grandet." Eine ähnliche Kraft der Illusion
finden wir bei Turgenjew, einem lange nicht so reichen,
aber feineren und überlegeneren Geist als Balzac. Wie dem
russischen Dichter die Bilder kamen, wie sie allmählig an
Farbe und Deutlichkeit gewannen, wie sie nach allen Rich=
tungen hin auswuchsen, haben wir schon früher als eine
natürliche Triebkraft seiner Phantasie erkannt, bei der dem
Geiste keine andere Aufgabe zufiel als die Gärtnerarbeit, die
allzu üppigen Auswüchse zu beschneiden und die jungen Zweige
am Spalier kunstvoll zu befestigen.

Was den Dichter im Zustande der schöpferischen Erregt=
heit von einem wirklich Träumenden unterscheidet, ist das
Vorhandensein eines denkenden, beobachtenden Subjektes, wel=
ches das Band des Geistes nicht aus der Hand läßt. Denken
wir uns dieses zeitweilig durch das Schwinden des Bewußt=
seins im Schlafe gelockert, so kommen wir zum Traum als
einer der vorzüglichsten Erscheinungsformen des Unbewußten
und haben den Uebergang zu den verwandten Erscheinungen
desselben gefunden, die sich bei einzelnen Individuen je nach
Vererbung, Bildung, individueller Anlage verschieden gestalten.
Es sind folgende Themata, die Turgenjew im Verlaufe der
letzten zwanzig Jahre in sieben Novellen behandelt hat: den
Traum in „Visionen" und „Ein Traum", die religiöse Hallu=
cination in der „Erzählung des Vater Alexei", das Magne=
tisiren in „Sonderbare Geschichte", den Fatalismus in „Tuck,
Tuck, Tuck", das Nachtwandeln im „Triumphgesang der Liebe"
und den Fieberwahnsinn in „Clara Militsch". Es ist rührend
und für den Dichter zugleich im höchsten Maße charakteristisch,
daß er, je mehr sein Lebensabend heraufdämmerte, sich immer
mehr zu so verwickelten, eine einfache Lösung gar nicht

mehr gestatteten Lebensproblemen hingezogen fühlte. Er ge=
dachte mit dem Einsatz seiner ganzen unvergleichlichen Menschen=
kenntniß auch noch dieses Gebiet der Poesie zu erobern, er
drang vorwärts auf verborgenen psychologischen Nebenwegen,
er ging seiner Idee nach bis zu ihrem heimlichen, schwer zu
erreichenden Versteck und ruhte nicht, bis er den Fund wirk=
lich gemacht und als leuchtenden Schatz ans Tageslicht ge=
fördert hatte. Merkwürdig bleibt dabei, daß diese Hinneigung
zum Mystischen bei Turgenjew mit keinerlei Verdunkelung des
Geistes, mit keinem Ermatten des Talentes verknüpft war.
Diese Arbeiten sind bei aller Vertiefung in verwickelte psycho=
logische Zustände frei von jeder Manier und Klügelei, sie
athmen denselben gesunden freien Geist, den die übrigen
Schöpfungen des Mannes ausströmen und sind mit der Kraft
seiner besten Tage ausgeführt worden. Nur das Sujet er=
scheint dabei phantastisch, während seine Behandlung streng
realistisch bleibt und keine anderen Farben als die des wirk=
lichen Lebens verwendet. Darin liegt ein bemerkenswerther
Unterschied zwischen diesen Turgenjew'schen Erzählungen und
den Spukgeschichten Hoffmann's. Während die letzteren trotz
des reizenden Erzählertones, der in ihnen angeschlagen ist,
psychologisch leer sind und die Erfindungen einer tollen Laune
wie Heinzelmännchen in die dadurch verspottete Wirklichkeit
hineinplatzen und den Leser die Wollust des Gruselns empfin=
den lassen wollen, ist bei Turgenjew von solcher Willkür keine
Rede, sondern Alles streng sachlich und mit Wahrung des
größten künstlerischen Ernstes, der eine Wahrheit finden will,
gehalten.

Das Schaffen des unbewußten Geistes hat der Dichter
schon während seines Aufenthaltes in Baden=Baden zum
Gegenstand einer eigenen Novelle gemacht: „Visionen“ *

---

*) M. D. A. Band V.

(Erscheinungen) 1863, die zu den abenteuerlichsten Aus-
legungen Veranlassung gegeben hat, obwol sie weiter nichts
ist und sein will als die Darlegung eines Zustandes, in
welchem sich ein geistig hochentwickeltes Individuum während
eines weitausholenden Traumes befunden hat. Vor Allem muß
die Vermuthung, daß es sich hierbei um eine Allegorie handle,
auf das Entschiedenste zurückgewiesen werden. Turgenjew
hat die in der Novelle lose verknüpften Eindrücke wirklich
geträumt und in ihnen weiter Nichts ausdrücken wollen, als
was in Wahrheit darin enthalten ist. Der Traum, um dessen
physiologische Erklärung wir uns hier nicht zu kümmern
brauchen, ist die phantastische Fortbildung einer im Wachen
eingetretenen, meist nicht zu ihrem Ende geführten Reihe von
Vorstellungen. Im Mittelpunkt derselben sitzt immer eine
vernünftige Idee, die aber von allen möglichen wunderlichen
Gedankenverbindungen in buntem Durcheinander umspielt wird.
Der Traum ist Sinn im Unsinn, Vernunft in der Phan=
tasterei, und nur durch seine Abstammung von etwas Logischem,
das er, wenn auch in verzerrter Weise wiederspiegelt, er=
hält er seine ästhetische Berechtigung. Wo steckt nun dieser
Kern des Vernünftigen in den „Visionen", in denen gleichfalls
das Causalitätsgesetz aufgehoben erscheint? Das Auftauchen
Ella's, der geheimnißvollen, dem Erzähler in einer hellen
Mondnacht erscheinenden Frauengestalt, der ihn im Augenblick
über Raum und Zeit hinweggeführt, ihm dabei wie ein
Vampyr das Blut zu entziehen scheint und schließlich von
einem grauenhaften Gespenst verfolgt und erfaßt wird, be=
rührt erschütternd wie eine directe Offenbarung aus dem
Geisterreiche, in welcher Schauen und Ahnen magisch inein=
anderfließen. Eine sehr bemerkenswerthe und natürliche Er=
klärung hat Sacher=Masoch gegeben, wenn er in der Erzählung
„Marzella oder das Märchen vom Glück" seiner Heldin fol=
gende Betrachtung in den Mund legt: „Zuweilen, nachts,

wenn man allein auf seinem Lager liegt, wacht man plötzlich
auf, und mit einem mal steht der Tod mit allen seinen
Schrecken vor uns; alle seine Schauer schütteln unsere Glie=
der; wir fühlen die Erde unter unsern Füßen schwinden, wir
erheben uns in Regionen, in denen wir nur mit Mühe
athmen können, die Bilder unsers Lebens jagen vorüber. Erst
gegen Morgen läßt uns der entsetzliche Gedanke los, und
wenn wir nach einem kurzen unruhigen Schlafe erwachen,
gehen wir matt und fieberhaft herum. Dieser Gedanke, der
immer wieder kommt, ist der Vampyr, das schöne, verlockende
Weib, das uns das Blut aussaugt, die Angst vor der Ver=
nichtung, und es liegt etwas allgemein Menschliches in diesen
„Erscheinungen", denn wem kämen nicht zu zeiten quälende
Zweifel an sich und seiner Bestimmung?"

In dieser Erklärung sind jedoch die beiden Vorstellungs=
reihen, die der Traum im Fluß der Phantasie fortwährend
in einander übergehen läßt, keineswegs auseinander gehalten,
sondern nur noch mehr ineinander gewirrt. Offenbar weist
die eine auf die pessimistische Weltanschauung des Dichters,
die andere auf sein poetisches Lieblingsthema, unglückliche
Liebe, hin. Nachdem ihm Ellis den furchtbaren Aufruhr der
Elemente vor einem Felsenriff, das den Schiffen sichern Unter=
gang bereitet, gezeigt, nachdem sie ihn nach Italien und Paris
geführt, nachdem sie ihm die heimatlichen Wälder Rußlands
und das Bild Petersburgs nahe gebracht und aus dem
Schooß der Vergangenheit die Figuren Julius Cäsars und
eines berühmten russischen Räuberhauptmanns heraufbeschworen
hat, beschleicht ihn plötzlich ein unsagbarer Ekel und Verdruß:
„Mir ward traurig und gewissermaßen gleichgiltig und lang=
weilig zu Muthe, und nicht etwa, weil es eben Rußland war,
über welches hinweg ich meinen Flug nahm. Nein! Die Erde
an und für sich, diese flache Ebene, die sich unter mir aus=
breitete, der ganze Erdball mit seiner kurzdauernden, hilflosen,

von Noth, Gram, Krankheit gedrückten, an eine Scholle ver=
ächtlichen Staubes geketteten Bevölkerung; diese zerbrechliche,
rauhe Kruste, diese aufgeworfene Schlacke auf dem winzigen
Feuerkerne unseres Planeten, an welche sich Schimmel ange=
setzt hat, den wir den hochtrabenden Namen eines organischen
Pflanzenreiches geben; diese Fliegenmenschen, tausendmal nich=
tiger als Fliegen selbst, mit ihren aus Lehm zusammen=
geklebten Wohnungen und den verschwindenden Spuren ihres
kleinlichen einförmigen Treibens, ihrem kümmerlichen Kampfe
gegen das Unabwendbare und Unabänderliche, wie widerte
mich Alles dies auf einmal an! Das Herz drehte sich mir
langsam im Leibe herum und vergangen war mir die Lust
noch länger diese nichtssagenden Bilder, diese abgeschmackte
Schaustellung anzugaffen.“

So bricht auch bei dieser Gelegenheit das trostlose Be=
kenntniß von der Zufälligkeit und Endlichkeit aller menschlichen
Bestrebungen durch, dieses Mal nicht wie sonst in der Form
stiller Entsagung, sondern im Ausdruck eines innerlich empör=
ten und angeekelten Gemüthes. Verstärkt wird diese Empfin=
dung noch durch die Einsicht in die Brutalität des welt=
geschichtlichen Prozesses, der nur zu oft als rohe Massen=
wirkung erscheint und den feinfühligen Menschen auf das
Tiefste verletzt. In zwei historischen Gestalten, in Julius
Cäsar, der inmitten seiner Legionen dem Dichter erscheint, und
dem russischen Räuber Stenka Rasin, den er zwar nicht sieht,
dessen Morden, Sengen und Brennen aber sein Ohr mit
Grausen erfüllen, erblickt er Abbilder dieses Geistes der Ge=
schichte, vor dem er schaudernd zusammenfährt. Es ist ein
feiner Zug des Dichters, daß er dieses Moment so scharf be=
tont und sich von Ellis „kleinmüthiger“ nennen läßt. Wer
wüßte es nicht, daß der Traum jede in Wirklichkeit empfun=
dene Angst zu verzehnfachen liebt, weil die Einbildungskraft,
vom Verstande ungezügelt, ins Maßlose schweift und uns das

Bewußtsein fehlt, um diese Dinge als bloße Schatten zu er=
kennen? Was die Figur der Ellis betrifft, so hat es der
Dichter deutlich genug zu verstehen gegeben, daß ihr Bild
sich aus der leise verklingenden Erinnerung an ein Weib zu=
sammensetzt, das er einst gekannt, wohl auch geliebt habe.
Wie sie vor der gräßlichen Erscheinung des Todes fliehen
will und vor ihm, der sich ihr als unheimlicher auf der Erde
schlangenartig sich windender Klumpen zeigt, dennoch erfaßt
wird, beweist deutlich genug, wo der Autor hinaus will. Wir
haben es hier eben mit den Ideen von banger Lust am Leben,
Todesfurcht und getäuschter Herzensneigung zu thun, die
Turgenjew im Leben fortwährend beschäftigten, denen er die
Motive zu seinen meisten Dichtungen entlehnt hat und die
nun in der farbigen Umhüllung des Traumes, scheinbar ohne
Gesetz und Sinn, durcheinanderwogen, während ihnen doch die
Erfahrung, der weite Blick, das Gefühlsleben eines Genius
zur festen Grundlage dienen.

Jn der Erzählung „Der Traum“*), geht das unbe=
wußte Schaffen der Phantasie nicht wie in den „Visionen“
auf die Vergangenheit, sondern auf die Zukunft, es ist weniger
Erinnerung an etwas Verflossenes als die Ahnung von etwas
Bevorstehendem. Wie eine solche geheimnißvolle Vorwegnahme
des Zukünftigen möglich sei, hat Vischer**) mit den Worten
angedeutet: „Ahnung ist möglich als dunkler Gefühlsschluß aus
gegebenen Prämissen, die der Jnstinct richtiger erkannt hat als
der Verstand, und im Traume kann dieser Akt hervortreten als
symbolisches Schauen. So weit, in diesem Sinne wird ein
Hellsehen angenommen werden dürfen.“ Jn der Turgenjew'=
schen Novelle entsteht dieses Ahnen als Traumgebilde im Kopfe

*) 1877 erschienen, deutsch von Paul Lindau in Nr. 1 und 2 der
„Gegenwart“ von demselben Jahre.
**) „Altes und Neues.“ Stuttgart 1883. Erstes Heft „Der Traum“.

eines jungen Mannes, der die Einsamkeit aufzusuchen und
seltsamen und geheimnißvollen Ideen nachzugehen liebt. Seine
Mutter behandelt ihn oft merkwürdig, manchmal scheint sie
gegen ihn eine unwiderstehliche Abneigung zu empfinden, um
ihn dann wieder unter Thränen an ihr Herz zu schließen.
Aus dem Gefühl, daß zwischen Beiden ein Geheimniß als
trennende Scheidewand stehen müsse, wächst nun die Traum=
erscheinung bei dem jungen Manne heraus. Ihm dünkt, daß
er, während der Gatte seiner Mutter längst gestorben ist,
nach seinem Vater suche und ihn in einer ganz bestimmten
Persönlichkeit erkenne. Er trifft dieselbe auch thatsächlich in
einem Kaffeehause, kommt mit ihr ins Gespräch und wird
davon ganz unheimlich berührt. Als er nach Hause kommt
erfährt er, daß seine Mutter in Folge des Besuches eines
Mannes, der sie sehr erschüttert habe, krank geworden sei.
Nach der Beschreibung ist dieser Mann niemand anderes, als
die im Traum geahnte und dann in Wirklichkeit gesehene
Person. Um ihrer Herzensangst ein Ende zu machen, er=
zählt die Mutter ihrem Sohne eine Geschichte, aus welcher
er entnimmt, daß er sein Dasein einer gewaltsamen Nöthigung
verdanke und daß der Verbrecher, den man für todt hielt,
jener unheimliche, nunmehr zu seinem Opfer zurückgekehrte
Mann sei. Die Fabel der Novelle verschwimmt in eigen=
thümlich mysteriöser Weise, indem die Spuren jener, wie
aus Nacht und Nebel auftauchenden Erscheinung plötzlich
verloren gehen und nur die Leiche des bei einer Fahrt auf
dem Meere Verunglückten am Strande wieder gefunden wird.
Die Stimmung der Erzählung im Vorherrschen des Traum=
lebens, das sich wie ein Schleier auf Menschen und Situa=
tionen legt und alles Feste in ein eigenthümliches Flimmern
umsetzt, ist eine höchst sonderbare. Der Dichter erreicht durch
die absichtliche Unvollständigkeit in der Charakteristik der
Personen und das Hellbunkel, in welchem sich die Handlung

abspielt, eine ganz merkwürdige spukhafte Wirkung, so be=
stimmt er auch alles Einzelne angeschaut und geschildert hat.
Man tappt beim Lesen wie in einem mit wunderlich ver=
schnörkelten Meubles ausgestatteten Zimmer umher, in dem
man beim Erzittern des Mondlichtes auf dem Fußboden
und an der Wand die Dinge nur in ihren Umrissen erkennen
kann. Der Autor hat seine Novelle absichtlich so angelegt,
daß man Vieles in ihr errathen muß.

Die religiöse Hallucination hat Turgenjew in der „Er=
zählung des Vater Alexei"*) zum Gegenstand seiner
Darstellung gemacht. Die Novelle ist einem russischen Popen
in den Mund gelegt, einem armen unglücklichen, vom Schick=
sal niedergebeugten Manne. Von acht Söhnen war ihm nur
noch einer übrig geblieben, ein schwächlicher zarter Knabe,
der an merkwürdigen Sinnestäuschungen litt. Einmal er=
zählte er, wie er im Walde einem kleinen buckligen, grünen
Greise begegnet sei, der ihm Nüsse gegeben habe. Auf der
Universität sollte er Theologie studiren und dereinst das Erbe
seines Vaters antreten, aber er vertauschte dieses Studium
bald mit der Medicin. Hierbei zeigte sich sein Seelenleiden,
das sich schon früher in beständiger Schwermuth und Ver=
schlossenheit geäußert hatte, in seiner ganzen traurigen Gestalt.
Er glaubt beständig den Satan zu erblicken und kann Nichts
dazu thun, sich von seiner Gesellschaft zu befreien; trotz aller
Bemühungen des Popen will der Schwarze nicht von ihm
weichen. Endlich versuchen sie es mit einer Wallfahrt nach
Woronesch, um bei den Gebeinen des Heiligen zu beten.
In der That scheint der Unglückliche von seiner Vision be=
freit zu sein, aber bald darauf beim heiligen Abendmahl kehrt

---

*) Mit den folgenden drei Novellen enthalten in „Vier Erzählungen"
von Iw. Serg. Turgenjew. Aus dem Russischen von E. St. Leipzig,
Otto Wigand, 1882.

sie in der Kathedrale wieder, wo ihm der Böse befiehlt, die Hostie auszuspeien und mit dem Fuße zu zerreiben. Diesem Befehl muß er gehorchen und geht so mit einer Todsünde belastet, zu Grunde. Die kleine Erzählung ist aus dem innersten Kern des russischen Volkslebens geschöpft, aus jener phantastischen Welt, in welcher der Glaube, daß die Erde auf vier Walfischen ruhe, noch ganz allgemein verbreitet ist und das Glaubensbedürfniß der Masse sich aus den ver= zwicktesten Anschauungen seine Ideale aufbaut.

Die „Sonderbare Geschichte" befaßt sich mit Magnetismus und Hypnotismus, dessen Erscheinungen ja auch bei uns in den letzten Jahren viel von sich reden gemacht und die Wissenschaft beschäftigt haben. Der an Epilepsie leidende Sohn eines alten Weibes in der Provinz besitzt die Kraft, bei seinen Besuchern das Bild längst Verstorbener wieder lebendig werden zu lassen. Der Erzähler nimmt sich vor, an seinen früheren Erzieher, einen Franzosen, zu denken und sieht in der That, nachdem aus den starr auf ihn gerichteten Augen des Hypnotisirenden Etwas wie Betäubung und Schlafsucht übergegangen war, aus dem ihn umgebenden Nebel die Erscheinung des längst Verblichenen hervortreten. „Dieser Mensch" sagt der Dichter, „besaß unzweifelhaft eine beträchtliche magnetische Kraft; indem er durch die für mich freilich unbegreifliche Fähigkeit auf meine Nerven wirkte, er= weckte er in mir so hell, so bestimmt das Bild des Greises, an den ich dachte, daß es mir zuletzt schien, ich sähe ihn vor Augen. . . . Der Wissenschaft sind ähnliche „Metastasen" — Versetzungen der Empfindungen bekannt." Im Uebrigen ist Turgenjew so weit davon entfernt, in dieser Thatsache ein über= natürliches Wunder zu erblicken, daß er in dem Geisterbe= schwörer schon die ersten Spuren des religiösen Wahnsinns, der später ungezügelt ausbrechen soll, vorfindet. Daß diese Krankheit auch noch Andere erfaßt hat, erfährt er auf einem

Balle, als er sich mit der Tochter eines reichen Gutsbesitzers in ein Gespräch einläßt und in ihr einen auf das Höchste ausgebildeten Glaubensfanatismus wahrnimmt. Sophie ist eine der originellsten unter den Turgenjew'schen Frauen= charakteren, sie lechzt förmlich nach Selbsterniedrigung und erscheint, wie sie nur von diesem einzigen inbrünstigen Ver= langen erfüllt ist, ihrer Umgebung als ungelöstes Räthsel. Eines Tages klärt sich aber das Geheimniß auf, indem Sophie aus ihrem Elternhause flieht und als Begleiterin jenes epileptischen Menschen, der als Bußprediger und Heiliger verehrt wird, nachdem der Wahnsinn völlig in ihm ausge= brochen ist, die Lande durchzieht. In der Gesellschaft eines widerwärtigen Narren, in einem Leben voll Entbehrung, Schmutz und Ekel findet das junge, reiche, wohlerzogene Mädchen ihren schonungslosen Fanatismus endlich befriedigt. Die religiöse Verzückung ist in dieser Novelle meisterhaft ge= schildert worden. Will man ein ähnliches Problem, aber in breiterem Rahmen und unter ganz anderen socialen und nationalen Bedingungen von zwei nicht minder genialen Männern gelöst sehen, so nehme man den Roman „Madame Gervaisais" von Edmond und Jules de Goncourt zur Hand und vergleiche die Französin, die ein Opfer des römischen Katholicismus wird und in der Wollust demüthiger Ent= sagung immer tiefer sinkt, mit der Russin, die von der Höhe ihrer Erziehung und Bildung unter der Einwirkung des griechischen Katholicismus mit unheimlicher Geschwindigkeit in die tiefste Verkommenheit hinabgleitet.

„Tuck, Tuck, Tuck" ist eine Charakterstudie aus der russischen Gesellschaft, wie sie in den dreißiger und vierziger Jahren unter der Einwirkung Byrons und der westeuropäischen Romantik möglich war, als der Glaube an das Schicksal gewisse Helden des Salons auszeichnete und Marlinski, ein jetzt nicht mehr gelesener, sondern nur noch verspotteter Schrift=

steller, die Jugend in Begeisterung versetzte. Der Held der
Turgenjew'schen Erzählung ist gleichfalls ein solcher Schicksals=
mensch, der zu etwas Gewaltigem bestimmt zu sein glaubt
und der diese Illusion nährt, um das „quälende Gefühl der
Leere, die unruhige Erregung einer kleinlichen Eigenliebe"
zu verdecken. Der Unterlieutenant Tjäglew weiß den Ruf,
in dem er als „verhängnißvoller", zu etwas Großem berufener
Mensch steht, durch gewisse Zufälligkeiten bei einer lebens=
gefährlichen Rettung eines Hundes und dem Wahrnehmen
einer sehr geringen Chance beim Kartenspiel zu befestigen.
Aber da das Außergewöhnliche, nach welchem er sich sehnt,
nicht geschieht, jagt er sich eine Kugel durch den Kopf, um
wenigstens dadurch zu beweisen, daß sein Leben unter einem
seltsamen Stern gestanden habe. Wie alle fatalistischen
Naturen, legt auch Tjäglew ganz alltägliche Vorkommnisse
in geheimnißvoller und beziehungsreicher Weise aus. So nimmt
er das Klopfen an eine hohle Wand, das von seinem Kameraden,
dem Erzähler, herrührt, für eine Geisterstimme und hält das
Rufen seines Namens für einen Wink aus dem Jenseits,
obwohl damit thatsächlich gar nicht er, sondern ein Hausirer
gemeint war, der denselben Vornamen wie der Schicksals=
mensch führte und von einem Bauernmädchen zum Stelldichein
bestellt war. Tjäglew hinterläßt ein kleines Rechenexempel,
in welchem er seinen Tod durch eine Vergleichung seiner
Lebensdaten mit denjenigen Napoleons, der zu jener Zeit all=
gemein vergöttert wurde, als vorausbestimmt ansieht. Diesem
Thema stand übrigens Turgenjew keineswegs so objectiv
gegenüber, als es nach der Novelle den Anschein haben
dürfte. Von ähnlichen mystischen Anwandlungen war auch
unser Dichter nicht frei, ja er hat sogar mehrfach, wie der
Held seiner Novelle, sein Todesjahr im Voraus zu wissen
geglaubt. Es scheint jedoch, als ob diese Art von Propheten=
thum nicht seine starke Seite gewesen sei; wenigstens hat ein

Zeitraum von mehreren Jahren den vorausgesagten von dem wirklichen Termin seines Ablebens getrennt.

Die vierte der in diesem Bande enthaltenen Erzählungen „Die Uhr" hat eigentlich keinen inneren Zusammenhang mit den vorigen, weil dem Phantasieleben einzelner Personen eine bedeutende Rolle hierin nicht zugetheilt wird. Es ist eine Kindererinnerung, von welcher der Dichter berichtet und die sich um das Schicksal einer Uhr dreht, welche ihm von seinem verhaßten Pathen geschenkt wurde. Sie soll beseitigt werden, kehrt aber, obwol zwei Mal fortgegeben, immer wieder in das Haus zurück. Auch nachdem sie vergraben worden ist, kommt sie wieder ans Tageslicht, so daß nichts anderes übrig bleibt als sie ins Wasser zu werfen. Der sonstige Inhalt der Novelle ist von keinem besonderen Reiz, die Figuren sind kaum mit der Turgenjew sonst eigenen Schärfe und Abrundung aus= gearbeitet worden. Außer einem jungen Mädchen, Namens Raissa, das uns wegen ihres tiefen ernsten Gemüthes Sym= pathie abgewinnt und ihrem Bräutigam, einem armen Burschen, David, von verwandter, zur Entschlossenheit und Thatkraft neigender Sinnesart, bietet die hier aufgestellte Gruppe des russischen Familienlebens kein besonderes Interesse.

Hingegen haben wir noch drei Erzählungen, eine aus früherer und zwei aus der jüngsten Zeit zu berücksichtigen, die in der geheimnißvollen Magie der Fabel dem vierdimen= sionalen Raume Zöllners entnommen zu sein scheinen. Der Vorgang selbst ist wieder durchaus realistisch geschildert, aber wir haben beim Lesen das Gefühl, auf der Grenze zwischen dieser wirklichen und einer übernatürlichen Welt zu stehen. In der Novelle „Der Hund" erzählt Jemand, wie er eine Zeit lang, wenn er sich Abends schlafen gelegt hat, durch scharrende und kratzende Bewegungen beunruhigt werde, die unter seinem Bett sich bemerkbar machen und von einem Hunde herzurühren scheinen. Er sowohl, wie sein Diener, hört das Geräusch, das so lange andauert bis Licht in das Zimmer gebracht wird. Auch wenn er nicht in seinem Hause schläft, wiederholt sich die Erscheinung, so daß er endlich den Rath eines alten, im Rufe großer Frömmigkeit stehenden Mannes einholt. Dieser erklärt das sonderbare Geräusch als eine Mahnung des Himmels und räth ihm, sich einen Hund anzuschaffen, der seinen gespenstigen Genossen wol vertreiben dürfte. Das Mittel wirkt und der Spuk nimmt ein Ende. Als das Thier stark und groß ausgewachsen ist, rettet es seinem Herrn zwei Mal das Leben, indem es sich wiederholt auf einen tollen Hund stürzt, der jenen anzufallen versucht. So war das merkwürdige Geräusch ein Wink, sich vor einer drohenden Gefahr rechtzeitig zu schützen. Eine Erklärung der Vision, die um so räthselhafter ist, als sie sich mehreren Personen zugleich mittheilt, und zwar nicht im Traum, sondern bei vollem Bewußtsein, wird nicht versucht. Die Erzählung ist trotz ihrer knappen Fassung sehr stimmungsvoll, aber man wird von ihrem Inhalt mehr verblüfft als befriedigt.

Als Turgenjew im Sommer 1881 zum letzten Mal in seiner Heimat war, fand er, wie Ludwig Pietsch in der „Schlesischen Zeitung" erzählt, auf seinem Gut in Spaßkoje Lutowinowo, in der alten noch von seinem Großvater her= rührenden Bibliothek ein Exemplar des Boccaccio. Er las viel darin und mußte sich sagen, daß die Form des „Deka= meron" doch eigentlich die einzig wahre Art der Erzählung enthalte. Er bekannte, daß ihm, je älter er werde, aller poetisch= blumige Aufputz, alle Reflexion, die geistreichen Gedanken, die schön gerundeten, klingenden Perioden desto unerträglicher werden, und daß er es versuchen wollte, jenen höchsten Grad von Einfachheit anzustreben, in der ohne Pathos und Erregung das Höchste wie das Alltäglichste von dem alten italienischen Novellisten erzählt wird. Dieser Absicht ist das dem An= denken Gustave Flaubert's gewidmete „Lied der trium=

phirenden Liebe"*) (1881 entsprungen, welches der Autor seinen Lesern mit der Bemerkung darbot, daß er es einem italienischen Novellenbuch des sechzehnten Jahrhunderts ent= lehnt habe. Trotz ihres geringen Umfanges ist die Novelle nach unserem Gefühl ein Meisterstück der erzählenden Kunst und in der Nachahmung des schlichten naiven Tones unver= gleichlich. Ganz allmählig, während wir es kaum merken, ent= faltet sie sich aus unscheinbarer Knospe in ihrer eigenthüm= lichen befremdenden und doch alle Sinne fesselnden Pracht. Während wir voll Neugierde dem Erzähler lauschen und darüber gänzlich im Unklaren sind, wohin er denn eigentlich hinaus will, hat er unsere Phantasie bereits so unmittelbar angeregt, daß wir ihm Alles, was er bringt, unbedenklich glauben. Die Stimmung des Ganzen ist so eigenthümlich bedingt durch die Eingebungen des unbewußten Willens, die Atmosphäre ist so gespannt und erfüllt von den Kundgebungen eines eigenartigen Seelenlebens, daß die Personen und Dinge trotz der Sicherheit der Zeichnung eine leicht zitternde Bewegung annehmen und von einem Hauch des Geisterhaften umflossen zu sein scheinen. Im „Lied der triumphirenden Liebe" wird die Katastrophe durch das Schlafwandeln zweier Personen herbeigeführt, deren nicht eingestandene und doch in Folge innerer seelischer Disposition und äußerer Einflüsse vorhandene Liebe in diesem unbewußten Zustande nach Erfüllung ringt. Alles drängt sich dabei zusammen, um den Eindruck des Geister= haften aufs Höchste zu steigern, jeden Augenblick glaubt man, daß die Schranken der Wirklichkeit fallen und an ihre Stelle die Gesetze einer höhern Welt treten müssen und doch beruht Alles auf sicherer psychologischer Grundlage. Fabio und Muzio sind befreundete Künstler, der Eine ist Maler, der Andere Musiker. Beide entbrennen in gleicher Liebe zu Valeria, der

*) Deutsch im Feuilleton der „Nationalzeitung" Sommer 1881 er= schienen.

Tochter einer in Ferrara lebenden Wittwe. Das Mädchen unterwirft sich willig der Entscheidung ihrer Mutter, die eine besondere Vorliebe für Fabio hegt und ihm daher ihr Kind zur Gattin giebt. Muzio vermag nicht Zeuge des Triumphes seines Freundes zu sein und geht auf Reisen, die ihn bis nach Asien führen und von denen er nach einigen Jahren wesentlich verändert mit wunderlich phantastischen Gewohnheiten und Geräthschaften in der Begleitung eines stummen Malayen wieder in die Heimat kehrt. Valeria bekommt von Muzio's seltsamem und geheimnißvollem Wesen einen tiefen Eindruck, besonders eine von ihm auf seiner Geige gespielte Melodie, die er das Lied der triumphirenden Liebe nennt, erfüllt, obwol sie sich dagegen sträubt, alle ihre Sinne. Während sie sich von schrecklichen Träumen heimgesucht glaubt, hat der Zustand des Schlafwandelns sie Beide unbewußt zusammengeführt und die Nichtsahnenden schuldig werden lassen. Die Ausmalung der Situation, in welcher sie von Fabio überrascht werden, ist keusch und naiv und geht ohne den geringsten sinnlichen Beigeschmack aus dem Realen sofort ins Mystische über, das wie ein in räthselhaften Farben gewobener und seltsame Düfte ausströmender Schleier um die Erzählung geschlungen ist. Die Tödtung Muzio's durch Fabio, die scheinbare Wieder= belebung des ersteren durch den Malayen treten in ihren grauenhaften, absichtlich unerklärt gelassenen Momenten umso schärfer hervor, als den Erzähler nichts aus seiner Ruhe und Gelassenheit bringen kann, mit welcher er seine räthselhafte Geschichte als etwas durchaus Alltägliches vorträgt. Sie ver= bindet die Bedeutung eines echten Kunstwerkes mit dem Effekte eines Kunststückes, indem sie die Anschauungen einer phantasie= vollen naiven Zeit, in welche sie der Dichter zurückdatirt hat, als Vorwand benutzt, um die Magie des geschilderten Vorgangs auf das Höchste zu steigern und denselben theilweise phantastisch zu verflüchtigen.

Für „Clara Militsch"* (1883), oder wie er es
zuerst nannte „Nach dem Tode", hat der Dichter die erste
Anregung durch den plötzlichen Tod einer in russischen Provinz=
städten beliebten Schauspielerin erhalten, die vor der Vorstellung
Gift nahm und dann während einer von ihr gespielten Scene
auf der Bühne entseelt zusammenbrach. Dieses Ende nimmt
auch Clara Militsch, doch handelt es sich nicht eigentlich um
sie selbst, sondern um die Folgen, welche ihr plötzliches Ableben
für einen jungen, vom Zauber der Weiblichkeit ganz unberührt
gebliebenen Mann hat. Aratow's Seelenleben ist durch ererbte
und anerzogene Eigenthümlichkeiten in seiner Entwicklung un=
natürlich aufgehalten worden, umso mächtiger lebt das Bild
des Mädchens, das seine Sinne entzündet hat, in seiner
Phantasie. Wiederum handelt es sich, wie in „Faust" und
vielen anderen Novellen um das Verzehrende einer ersten,
tiefgehenden, aber unglücklichen Liebesneigung. Aratow wird
von der Erscheinung des Mädchens, das er bei einer
Matinée kennen lernt, eigenthümlich betroffen und auch er
scheint auf Clara Eindruck gemacht zu haben, da sie ihn zu
einem Rendezvous bestellt. Später erfahren wir, daß sich ihr
edles unentweihtes Herz, das bisher noch Niemand zu be=
stimmen vermochte, zu dem jungen Mann hingezogen fühlte.
Allein Aratow benimmt sich bei dem Stelldichein so unliebens=
würdig und abstoßend, daß das Mädchen mit Thränen in
den Augen sich von ihm abwendet. Der plötzliche Tod Clara's
übt daher auf den jungen Mann einen erschütternden Eindruck
aus, er glaubt Ursache zu haben sich für die Veranlassung
der Katastrophe zu halten und findet diese Vermuthung durch
den Einblick in das Tagebuch Clara's bestätigt. Aus dem=
selben erfährt er, daß sie für ihn ihr Leben hingegeben habe.
In der durch diese Erkenntniß bewirkten hochgradigen Erregung

*) Uebersetzt von Wilhelm Henkel. München. Theodor Stroefer.

seines Nervenlebens erfüllt ihn ein immer sehnlicheres Ver=
langen nach der Geliebten, er glaubt sie in Träumen und
Hallucinationen zu umfassen und als der Fieberwahnsinn und
eine tödtliche Krankheit ausbrechen, macht diese Verzückung die
Agonie für ihn zur seligsten Vereinigung mit der Geliebten.
Der üppig wuchernde Keim des Phantastischen ist in dieser
Novelle in streng realistischen Boden, in die Schilderung des
modernen russischen Lebens gesenkt.

Wir sehen in diesen letzten Erzählungen den Dichter mit
den schwierigsten psychologischen Problemen beschäftigt, die
ihn von seinen realistischen Beobachtungen zwar nicht abzogen,
sie aber doch zum bloßen Mittel einer tieferen geheimniß=
vollen Erkenntniß von Welt und Menschen machten. Unver=
kennbar hatte der mystische Zug, der in seinen Schöpfungen,
wie bei jedem großen Dichter nachweisbar ist, an Tiefe und
Bedeutung gewonnen, als der Lebensabend schwarze Schatten
auf ihn herabsenkte. Immer tiefer wollte er in das Ge=
heimniß des Lebens eindringen, immer verlockender erschien
ihm die Aufgabe, die Seele des Menschen auf ihren phan=
tastischen Irrgängen zu beobachten. Ihn erfüllte dabei die
Ahnung von der Unzuverläßigkeit der menschlichen Erkenntniß.
Daher lauschte er den Eingebungen des Unbewußten aufmerk=
samer als je, weil er ihm neue Aufschlüsse über die Räthsel
unserer Existenz zu verdanken hoffte. Während er aber an
die Thore des Unerforschlichen mit kühner Hand pochte und
ruhelos vorwärts schreiten wollte, immer dem Ewigen und
Großen entgegen, überhob ihn der Tod aller Mühen, indem
er ihn in sein wahres Heimatland, in das Reich der un=
sterblichen Genien, trug.

VIII.

Lyrische und dramatische Dichtungen; letzte Jahre in Paris; Persönliches und Allgemeines.

Die Bedeutung Turgenjew's für die Weltliteratur liegt so wesentlich in seinen erzählenden Schriften, daß daneben Dasjenige, was er auf anderen Gebieten der Poesie geleistet hat, nur ein flüchtiges Interesse beanspruchen kann. Auf dem Gebiete des Romans und der Novelle ein Genie, ist der Dichter als Lyriker und Dramatiker nur ein mittleres Talent. Selbstverständlich finden sich auch in seinen Gedichten und Theaterstücken manche feinen Züge, die uns ahnen lassen, daß ihr Verfasser kein Alltagsmensch war, aber schon die Würdigung seiner Erzählungen ließ erwarten, daß die Gabe der strengen Form, wie sie das sangbare Lied und die Bühne verlangen, ihm nicht gegeben sein werde. Wenn uns die Mängel der Komposition der Novellen bei dem überströmenden dichterischen Reichthum kaum störend auffallen, schließt die fehlende Herrschaft über eine wohl abgerundete Form für den Lyriker und Dramatiker eine Lebensfrage in sich. In den literarischen Kreisen Rußlands werden allerdings auch die Gedichte Turgenjew's, die in den Jahren 1841—47 in verschiedenen russischen Monatsschriften erschienen und zusammen einen kleinen Band bilden, sehr geschätzt, und in der That finden sich einzelne Meisterstücke darunter voll zaubervollen

Colorits und tiefer Naturempfindung, wie das früher mit=
getheilte Gedicht „Die Meise" das große Publikum dagegen
hat sich ihnen gegenüber nur sehr gleichgiltig verhalten.
Auch der Dramatiker Turgenjew ist bei den Russen nicht
eigentlich populär. Die Kenner der Literatur wissen zwar
die trefflichen scenischen Genrebilder, die er geschrieben hat,
nach Verdienst zu schätzen, das Durchschnittspublikum hat sie
aber niemals in dem Maße anerkannt, das erforderlich wäre,
um ihnen einen festen Platz im Repertoire der Bühnen zu
verschaffen. Eine dramatische Skizze „Unvorsichtigkeit" (1843)
ist sogar in Rußland selbst noch nie zur Aufführung ge=
kommen. Was die anderen Stücke „Allzu dünn reißt bald"
(1848), „Der Junggeselle" (1849), „Ein Monat im Dorfe"
(1850, „Eine Dame aus der Provinz" (1851), „Ein Imbiß
beim Adelsmarschall" 1855) und „Fremdes Brot" (1857)
betrifft, so gelangen sie wohl hin und wieder zur Darstellung,
aber die Zahl ihrer Aufführungen muß, auch wenn man
sämmtliche Bühnen Rußlands in Betracht zieht, immer noch
eine geringe genannt werden. Das Lustspiel „Ein Monat
im Dorfe", das Turgenjew auf Verlangen der Censur umar=
beiten mußte, und das erst 1869 in der ursprünglichen Form
erscheinen konnte, ist durch die Schauspielerin Frau Ssawin,
eine feine und liebenswürdige, den Dichter hochverehrende
Künstlerin, vor mehreren Jahren auf die Bühne gekommen
und wird von ihr im Laufe der Saison in Petersburg regel=
mäßig ein paar Mal gegeben, um jedoch mit ihr auch wieder
zu verschwinden.

In Deutschland haben zwei Stücke von Turgenjew in
literarischen Kreisen Interesse erregt: „Ein Imbiß beim Adels=
marschall", übersetzt von Claire von Glümer*) unter dem Titel

*) In „Westermann's illustrirten deutschen Monatsheften". No=
vemberheft 1878.

„Die Erbtheilung“, und „Fremdes Brot“, übersetzt von Lud=
wig Pietsch unter dem Titel „Das Gnadenbrot“*). Julian
Schmidt besitzt das Verdienst, auf diese Sachen zuerst mit
Nachdruck hingewiesen zu haben. In einer Studie über den
russischen Dichter**) spricht er sich über „Die Erbtheilung“
in folgender anerkennender Weise aus: „Der Adelsmarschall
eines Distrikts versucht zwischen zwei feindlichen Geschwistern
einen Erbvertrag zu Stande zu bringen, und dieser Versuch
giebt Gelegenheit eine Reihe hochkomischer Figuren in voller
Rundung ans Licht zu bringen. Jede einzelne wäre eine
würdige Aufgabe für einen Charakterspieler, ein Coulissen=
reißer findet gar keinen Platz. Vergleicht man das Stück mit
einem der besseren von Scribe oder seiner Schule, so ist ganz
unglaublich, wie farblos, leer und nüchtern die französischen
Figuren aussehen! Bei ihnen ist Alles aus dem Handgelenk,
nach der Schablone gearbeitet, die meisten komischen Figuren
sind weiter nichts als Verkörperungen eines einzelnen Ein=
falls und haben weiter kein Leben. Bei Turgenjew kommt
so Etwas nie vor. Er kennt keine Automaten, auch der
kleinste Zug geht bei ihm aus der aufmerksamsten Beobachtung
hervor und ist eigenartig erfunden. Gerade seine Neben=
figuren verdienen das ernsthafteste Studium.“ Ein reich be=
messenes und doch wohlverdientes Lob, das dem dichterischen
Gehalt des Stückes, nicht aber seinem scenischen Aufbau gilt.
Der letztere ist insofern mangelhaft, als er eigentlich nur
eine einzige Situation enthält, die sich nicht entwickelt und
zu nichts führt, da die Theilung doch nicht zu Stande kommt.
Die ängstliche unentschlossene Frau von Kauroff, die ihren
gutmüthigen, auf Alles eingehenden Bruder für einen Intri=
guanten und Mörder hält, und weder ihre Einwilligung zu

der von einem unparteiischen Dritten vorgeschlagenen Thei=
lung des Gutes giebt, noch vor drolliger Aufregung sagen
kann, was sie denn eigentlich will, ist allerdings mit ent=
zückendem Humor geschildert.

Das „Gnadenbrot" enthält einen tragisch angehauchten
Conflikt, der ganz im Gegensatz zu den sonstigen Gewohnheiten
Turgenjew's mit einer Versöhnung endigt. Eine junge Frau,
die mit ihrem Manne in ihr Heimatdorf zurückkehrt, erfährt
bei dieser Gelegenheit, daß ein armer Edelmann, den man in
ihrem Hause seit Jahren auf Gnadenbrot gestellt hat und
der von den Nachbarn und der Dienerschaft in empörender
Weise zum Narren gehalten wird, ihr Vater sei. Im Trunk
und Unwillen über eine ihm widerfahrene Beleidigung plau=
dert dieser das Geheimniß aus. Der Gatte der Frau will
den unbequemen Mann mit einer Summe abfinden, die dieser
indessen zurückweist. Erst den Bitten der Frau, die ihn ohne
Zeugen als seine Tochter umarmt, kann er nicht widerstehen.
Er erklärt seine neuliche Behauptung für eine Tollheit und
begiebt sich auf ein entfernt liegendes Gut, das ihm unter
dem Vorwande, er habe einen Prozeß gewonnen, zum Geschenk
gemacht wird. Eine entschiedene Bühnenwirkung hat das Stück
bei der am 13. November 1883 im Stadttheater zu Frank=
furt a. M. versuchten Aufführung gezeigt. In späteren Jahren
hat Turgenjew keinerlei dramatische Versuche mehr gemacht, er
sah wol ein, daß er ein eigentlich scenisches Talent nicht besitze.
Deßhalb erklärte er auch wiederholt, daß er mit seinen Stücken
keine theatralischen Ansprüche machen, sondern sie nur als
Studien aus dem russischen Provinzialleben in dramatisch
dialogisirter Form auffassen könne.

* * *

Während des letzten Jahrzehnts seines Lebens bildete Paris den beständigen Wohnort Turgenjew's. Mochte ihm auch der weite Gesichtskreis, den der Aufenthalt in der Seine-Metropole bietet, ganz besonders zusagen, so war doch in letzter Instanz für diese Uebersiedelung der Umstand maßgebend, daß Frau Viardot, nachdem sie Baden-Baden zeitweilig mit London vertauscht hatte, nach Paris gezogen war, um hier der von ihr gepflegten Gesangskunst einen neuen Mittelpunkt zu schaffen und ihre Schüler und Schülerinnen mit dem technischen Rüstzeug auszustatten, von dem sie auf der Bühne und im Concertsaal Gebrauch machen sollten. Das zweite Stockwerk des Viardot'schen Hauses in der Rue de Douai 50 bildete im Winter seine Wohnung, während es ihn bei Beginn des Frühlings nach dem freundlich gelegenen Bougival hinauszog, wo er ein ausgedehntes Grundstück mit schönem Park erworben hatte. Hier hatte er sich, wieder in der Nähe der Viardot'schen Sommerbesitzung, eine neue Villa im Schweizer Chaletstil bauen lassen.

Turgenjew's Aufenthalt in Paris hat den französischen Schriftstellern oft genug zur Veranlassung gedient, den russischen Dichter als einen der Ihrigen zu betrachten und sich mit ihm für eines Geistes Kinder zu halten. Die ungemeine Beliebtheit und Popularität, die er sich überall zu erwerben wußte, wo er mit seinem schlichten freundlichen Wesen erschien, hat ihn naturgemäß auch mit der pariser Schriftstellerwelt in nahe Berührung gebracht. Mit Edmond und Jules de Goncourt, Daudet, Flaubert und Zola, den Häuptern der modernen, realistischen und naturalistischen Schule stand er in mehr oder weniger freundlicher Beziehung. Eine tiefe unerschütterliche Verehrung zog ihn besonders zu Gustave Flaubert hin, dessen „Madame Bovary" er für den besten französischen Roman der neueren Zeit hielt und dessen Andenken er sein „Lied der triumphirenden Liebe" gewidmet hat. Alphonse

Daudet schildert ihn einmal bei einer Zusammenkunft im Hause der Goncourt mit dem „langen ergrauenden Barte, groß und schlank, wie ein nordischer Gott". Im Oktober=heft 1883 der „Rußkaja Starina" wurden verschiedene Aeuße=rungen Turgenjew's über einige französische Schriftsteller mit=getheilt. Sehr lustig ist das, was der russische Dichter von Victor Hugo erzählt, dessen Selbstbewußtsein kaum schlagender beleuchtet werden kann, als durch diese paar Worte. Turgenjew sagt: „Was Victor Hugo betrifft, so ist das eine monumen=tale Eiche, eine wirklich wunderbare Verkörperung des fran=zösischen Genius; nichtsdestoweniger aber sind seine Kennt=nisse in der Literatur der anderen Völker wahrhaft kindlich. So sagte mir z. B. Hugo in einem Gespräch über Goethe, daß er in den Werken Goethe's nichts Besonderes fände: die Tragödie „Wallensteins Lager" habe ihm sogar ganz miß=fallen! Als ich hierauf erwiderte, daß „Wallensteins Lager" von Schiller und nicht von Goethe wäre, antwortete er: „Schiller oder Goethe — das bleibt sich vollkommen gleich! Glauben Sie mir, daß ich, ohne sie zu lesen, weiß, was Goethe sagt und gesagt haben könnte, und was Schiller geschrieben haben könnte!"

Es muß ein wunderbares Bild gewesen sein, als die beiden Dichter sich mit einander unterhielten, der Erzroman=tiker und der Erzrealist, der Meister des Verses und der Meister der Prosa, der Franzose und der Russe, Victor Hugo, der in die Anbetung seines literarischen Selbst Versunkene und Iwan Turgenjew, der sich kaum für einen Schriftsteller hielt und an einer guten Jagdbeute und der Thatsache, daß er in den Jahrbüchern des Café de la régence als einer der besten fast immer siegreich hervorgegangenen Schachkünstler verzeichnet war, mehr Freude zu haben schien als an seinem dichterischen Weltruhme.

In Folge seines Naturells und seiner künstlerischen Ueber=

zeugungen stand Turgenjew wol den Realisten am Nächsten. Wie sie hatte er einen aufgeschlossenen Sinn für die Wirklichkeit und eine unmittelbare Scheu vor den phantastischen schwungvollen, aber von geringer Beobachtung und Menschenkenntniß zeugenden Schöpfungen Hugo's und seiner Schüler. Es wäre jedoch sehr voreilig der Brüderschaft zuzustimmen, welche Turgenjew von einem der französischen Naturalisten bei der Widmung eines Romans angeboten wurde, bei dem man weniger an Poesie und Geschmack als an Seife und Esbouquet denkt. Eine tiefe Kluft, nicht nur des Talentes und der Phantasie, sondern auch der ästhetischen Bildung trennt den russischen Dichter von den pariser Romanschriftstellern, die sich an seine Rockschöße heften, um neben ihn gestellt zu werden. Turgenjew kennt weder die schulmeisterlich schwerfällige Breite der Schilderung, die Alles sagen will und dadurch den Eindruck auf die Phantasie abschwächt, obwol sie ihn zu einem recht nachhaltigen machen möchte, noch das wollüstige Wohlgefallen am Häßlichen und Unsittlichen, welches die künstlerische Arbeit befleckt und zu den traurigsten Reizmitteln einer verwilderten Sinnes- und Denkweise geführt hat.

In dieser Hinsicht hatte Turgenjew unerschütterlich feststehende Ansichten. Niemals hat ihm das detaillirte Photographiren von Menschen und Situationen, wie es Zola in seinen Romanen anwendet, besonders zu imponiren vermocht. Er hielt diese Auflösung eines Einzelbildes in tausend kleine Züge theils für überflüssig, theils für unwirksam. Mit scharfem Auge erkannte er das Mechanische dieser Darstellungsweise, die sich keiner Intuition, keiner von Innen herausströmenden Eingebung bewußt ist und daher mit kleinlichem aufdringlichem Detail wirthschaften muß. Unser Dichter wußte, daß ein Kernschuß viel wirksamer ist als das fortwährende kleine Gewehrfeuer, daß eine bestimmte, in der Phantasie des Lesers erweckte Vorstellung, die aus dem Charakter des Ob-

jectes gewonnen ist, viel richtiger malt als der äußere Klein=
kram, der doch ebenso wenig wie ein Rock den darunter be=
findlichen Menschen erkennen läßt. In diesem Sinne ist ein
Ausspruch sehr bedeutsam, den Ludwig Pietsch*) von dem
Dichter mittheilt, als er ihn im Mai 1882 schon schwer
leidend, aber geistig durchaus rüstig in Paris antraf. „Ich
habe," sagte Turgenjew, „einen Haß und Abscheu gegen all
das Zeug, gegen die großen, ausführlichen Detailschilderungen,
auf die sich unsere neuesten Naturalisten so viel zugute thun.
Um in solchem Detailschildern groß zu sein, dazu gehört nur
ein gutes Auge, fleißiges Sehen, gutes Gedächtniß oder eif=
riges Notiren. Ich habe in der letzten Zeit wieder viel
Goethe gelesen, den Faust zum, ich weiß nicht wie viel
hundertsten Male. Junge Russen, die mir jetzt ihre litera=
rischen Versuche bringen, mich um Urtheil und Rath fragen,
verwies ich neulich einmal auf eine Stelle darin. Aus der
sieht man am besten, was ein Dichter ist, wie ein Dichter ein
Menschenwesen mit einem Worte lebendig hinstellt, daß man
es ganz und gar vor sich sieht, ohne daß er irgend etwas
vom Aussehen der Person, von ihren Eigenschaften erzählt
oder irgend eine Reflexion voller „geistreicher Gedanken" über
sie anstellt. Ich meine die Stelle, wo Faust in so großen
Worten zu Gretchen redet, in der Gartenscene: „O, Beste,
glaube, was man so verständig nennt, ist oft mehr Eitelkeit
und Kurzsinn" 2c. Was giebt sie darauf zur Antwort?
Nichts sagt sie als „Wie?" Dies „Wie" ist sublim, man
sieht und kennt das ganze Mädchen vom Kopf bis zu Fuß.
So machts ein Dichter."

Was Turgenjew aber ein für allemal aus dem Kreise
Zola's und seiner Schüler heraustreten läßt, dem ihn eine
oberflächliche Betrachtung einreihen könnte, ist seine wahrhaft

---

*) „Schlesische Zeitung", 4. Juli 1882.

keuſche, geſunde Phantaſie. Er kennt das Häßliche grade ſo
gut wie die Naturaliſten, aber es geht nicht in ihm auf, er
hat keine Freude daran, das unreine Element immer wieder
aufzurühren, wenn es einen feſten Bodenſatz bilden will, er
ſtarrt nicht das Gemeine an, um es mit breiter Umſtändlich=
keit feſtzuhalten. Namentlich auf dem Gebiete des Erotiſchen
entwickelt er ein Zartgefühl, das man immer wieder bewun=
dern muß. Eingedenk der Mahnung Voltaire's: „Glissez
mortels, n'appuyez pas" begnügt er ſich damit, Situationen,
die einen ſinnlichen Charakter haben, nur ganz flüchtig zu
ſtreifen. Er umgeht ſie nicht, wo ſie ihm durch die Natur
ſeiner Fabel bedingt zu ſein ſcheinen, aber er zieht von ihnen
nicht mehr in die Darſtellung hinein, als man mit einem
einzigen Blicke erfaſſen kann. Man achte darauf, mit welcher
naiven Kürze er es ſchildert, wie Irina in „Rauch" zu
Litwinow auf's Zimmer kommt. Wenn er in „Helene" den
von einer ſchweren Krankheit geneſenen Inſarow von einer
plötzlichen Leidenſchaft zu ſeiner Braut ergriffen werden läßt,
ſo iſt das ſchon das Höchſte, was er ſich nach dieſer Richtung
überhaupt erlaubt. Aber Schmutzfarben in dicken Kleckſen
auf ſeine Palette zu legen, ſie durcheinanderzurühren und ſo
lange zu reiben, bis die richtige Miſchung herauskommt, an
der man hinter dem Rücken des Anſtandes nachher ſeine Freude
haben ſoll, iſt ihm niemals in den Sinn gekommen. Wo er
das Häßliche malt dient es ihm entweder als Kontraſt zum
Schönen oder es wird, ſei es durch den Humor, ſei es durch
ein intenſives Empfindungsleben, äſthetiſch wieder befreit.

Alljährlich war es Turgenjew's Gewohnheit, einige
Wochen in Rußland zuzubringen und ſo ſein Talent zum
Ausgangspunkte ſeines künſtleriſchen Schaffens zurückzuführen,
es an dem Quell des heimatlichen Lebens ſich immer wieder
auf's Neue erfriſchen und verjüngen zu laſſen. Von dieſen
Reiſen pflegte er dann mit neuen Anregungen und dichteri=

schen Plänen aller Art zurückzukehren. Lassen wir uns von
einem guten Beobachter* den Eindruck schildern, den er von
dem Dichter bei solchen Ausflügen in die Heimat empfangen hat:
„In dem nördlichen Theile des Kreises Mzensky, im Gouver=
nement Orel nahe an der Grenze gegen Tula, ist Turgen=
jew's Landgut gelegen. Schon in der Ferne gewahrt man
den weiß getünchten Glockenthurm der Kirche, der sich von
dem dunklen Laubgrund des Gartens scharf abhebt. Der
schön gelegene Wirthschaftshof steht auf einem Hügel in der
Nähe der Kirche und nicht fern von dem in russischem Stil
aufgeführten Schulhause. Gegenwärtig sieht es hier etwas
öde und verwahrlost aus, aber der Garten mit seinen alten
Silbertannen und gewaltigen Eichen entbehrt doch nicht des
Behagens und man muß unwillkürlich an die schönen Natur=
schilderungen Turgenjew's denken, welche die russische Literatur
den Eindrücken dieses Gartens auf den Dichter zu verdanken
hat. Hier hatte er seine ganze Jugendzeit verbracht, und er
hat es später selten unterlassen, wenigstens einmal in jedem
Jahre, wenn auch nur auf kurze Zeit, dieses sein Heim zu
besuchen. Diejenigen seiner Werke, die auf dem Lande spielen,
sind gerade hier auf diesem versteckten Landgut entstanden.

Die Façade des Hauses ist von einer mit Hopfen um=
rankten Veranda geschmückt. Nichts im ganzen Hause, weder
die schweren, alterthümlichen Möbel, noch die werthlosen
Kupferstiche lassen bei Einem den Gedanken aufkommen, daß
einer der berühmtesten Schriftsteller unseres Jahrhunderts
hier seine Wohnung aufgeschlagen hat. Er hat aus Pietät
alles aus der Vergangenheit Stammende beizubehalten gesucht.
Ein großer, altmodischer gelber Schirm, welcher das Bett
verbirgt, ein mit Leder überzogener Divan, zwei kleine Tische,

---

*) In der russischen Petersburger Zeitung. Der Dichter zählte,
als diese Schilderung verfaßt wurde, siebenundfünfzig Jahre.

ein Bücherschrank, zwei Stühle, — das ist das Heim des
Dichters.

Das größte Interesse verdient die umfassende und reichhaltige Bibliothek, welche theils ererbt, theils von Turgenjew
selbst vermehrt worden ist. So hatte er nach Belinsky's Tode
dessen ganze Bibliothek gekauft. Diese besteht zum größten
Theil aus russischen Journalen nicht allein aus den vierziger,
sondern auch aus den dreißiger und zwanziger Jahren, also
Sammlungen, wie sie vielleicht nur noch in den öffentlichen
kaiserlichen Bibliotheken gefunden werden dürften.

Jetzt wollen wir den Wirth des Hauses betrachten! Auf
einem der kleinen Wege, welche nach dem Hause führen, ge-
wahrte ich einen hochgewachsenen Mann mit breiten Schultern
und großem Bart. Auf einen Stock gestützt, schritt er mit
gebeugtem Haupte langsam, aber bestimmt vorwärts. In der
Nähe des Wohnhauses störte ihn ein Geräusch, er blieb stehen,
erhob den Kopf, setzte vorsichtig das Pince=nez auf und blickte
etwas zerstreut umher. Darauf nahm er das Pince=nez ab
und setzte seinen Gang fort. Er betrat den Balkon, setzte
sich auf eine der grünen Bänke, lüftete den Hut und trocknete
sich die Stirn; er ist vollkommen grau, aber noch immer bedeckt dichtes Haar den großen Kopf und beschattet auch zum
Theile die offene, sonnenverbrannte Stirn. Der große auffallend weiße Bart umrahmt den unteren Theil des Gesichts.
Die großen grauen Augen haben einen Ausdruck von Schwermuth, und dieser Ausdruck ist auf den Bildern, die man von
Turgenjew besitzt, nicht wiedergegeben.

Dann tritt Jemand an ihn heran, er beginnt zu sprechen.
Der schwache Tenor steht nicht im Einklang mit seinen Körper-
dimensionen und überrascht im ersten Augenblick, aber man
gewöhnt sich daran. Er spricht mäßig langsam, ohne sich zu
überstürzen, und nur zuweilen beleben geistreiche Vergleiche
und Bilder seine Gespräche. Aber trotz all dieser Einfachheit

und seiner ungezwungenen Weise, sich zu geben, ist sein Wesen dennoch von einer ehrfurchtgebietenden Ruhe, welche natürlich und angeboren zu sein scheint. Man denkt unwillkürlich an Goethe."

Zum letzten Male suchte Turgenjew die Stätten seiner Kindheit im Sommer 1881 auf. Niemals war er von fröh= licherem Humor, von größerer Schaffenslust erfüllt gewesen, als da er mit dem im Juni desselben Jahres in Spaßkoje Lutowinowo vollendeten „Lied der triumphirenden Liebe" im September durch Deutschland nach Frankreich zurückkehrte. Wie gewöhnlich, hielt er kurze Rast in Berlin, um seinen alten, treuen Freund Ludwig Pietsch zu sehen und denselben von den neuen in Rußland empfangenen Eindrücken zu er= zählen. Mit unvergeßlichem Humor berichtete er, wie er wieder jung geworden sei, wie er trotz seiner Jahre sich noch ein Mal verliebt habe und — „aber nicht von derselben Frau" fügte er schelmisch hinzu — auch geliebt worden sei, wie er sogar auf dem Gute seines Freundes L. Tolstoy in ausgelassener Gesellschaft Cancan getanzt habe. Es war das letzte Mal, daß er so fröhlich in die Welt hineinschauen sollte. Im März des nächsten Jahres begann die furchtbare Krank= heit in ihm zu keimen, die ihn unter unaussprechlichen Qualen schließlich dahinraffen sollte. Das Leiden aller alten Jäger, die Gicht, hatte ihn wol schon früher geplagt und vorüber= gehend an's Bett gefesselt, jetzt schien dieser Zustand ein dauernder zu werden und ihn der freien Körperbewegung für immer zu berauben. Ueber die Natur dieser Krankheit be= fanden sich die Aerzte lange im Unklaren, man behandelte den Patienten im Allgemeinen auf eine Angina pectoralis, während sich nach dem Tode des Dichters das Leiden als ein Knochenfraß an der Wirbelsäule herausstellte. Pietsch schildert den Zustand, in dem er den Dichter bei einem ihm im Mai 1882 abgestatteten Besuche fand, folgendermaßen: „Ich fand den armen Freund im Schlafzimmer jener kleinen, traulichen, mit einigen guten Kunstwerken und vielen werthen Erinnerungs= zeichen aus alten, glücklichen Tagen geschmückten Wohnung im zweiten Geschoß des Viardot'schen Hauses, wo ich so viele gute Stunden mit ihm verlebt hatte, im Bett liegend. Der herrliche, grandios geschnittene Kopf, vom glänzenden schnee= weißen Haar umflossen, war sehr viel hagerer, knochiger ge= worden. Im letzten Herbst noch war ich in Berlin durch sein erfrischtes, gesund blühendes Aussehen froh überrascht worden, als Turgenjew auf der Rückreise von Rußland bei uns für einen Tag Halt machte. Die großen braungrauen Augen lagen tief in den Höhlen, und ihr Ausdruck war, bei gleichem poetischem Zauber und mildem Glanz wie sonst, doch viel schwermüthiger, als ich es an ihnen gewohnt war. Er bestätigte mündlich, was sein Brief mir mitgetheilt hatte. Persönliche Hoffnungslosigkeit und ruhige Resignation klang aus seinen Worten und aus der Schilderung seines vermeint= lich unheilbaren Zustandes, dessen Qualen zuweilen durch Anfälle des schmerzhaftesten von allen denkbaren Leiden, der Leberkolik, „colique hépathique“, auf's Höchste gesteigert werden. Die Freiheit und Frische seines Geistes freilich hatte jenes Bewußtsein ebenso wenig wie der stets erneuerte Körper= schmerz im mindesten zu lähmen vermocht. Konnte er doch völlig unbefangen über so manche leidige Consequenzen seines Zustandes, über die vergeblichen ärztlichen Bemühungen zu seiner Heilung und die mancherlei weisen Rathschläge scherzen, welche ihm von ganz Unbekannten oft aus weiter Ferne her gegeben würden. Die gleiche Freiheit des Geistes bewies er in dem inhaltreichsten und anregendsten Gespräch über die politischen und socialen Dinge in Frankreich, in Paris und in der eigenen russischen Heimat. Nicht minder über alle dabei berührten künstlerischen und literarischen Gegenstände. Er hatte sich kurz vor dem Ausbruch dieser Krankheit ernstlich

mit größeren dichterischen Plänen getragen. An einem um=
fangreichen Romane arbeitete sein Kopf schon seit der vor=
jährigen Rückkehr aus Rußland. Die Figuren desselben, an
welchen die frische Beobachtung des Lebens seiner Heimat in
der gegenwärtigen schicksalsvollen Epoche derselben und die
schöpferische Phantasie des Dichters gleichen Antheil haben,
interessirten ihn aufs lebhafteste. Jetzt müsse er Alles auf=
geben. Sei doch einerseits das Schreiben in der einzig zu
ertragenden Körperlage im Bett für ihn mechanisch fast un=
möglich. Das Liegenmüssen, der Mangel an Bewegung und
Luft verderbe ihm — selbst abgesehen von den physischen
Schmerzen — die zur Conception und Ausführung eines
solchen Werkes für ihn nun einmal unentbehrliche Stimmung.
Aber das sei ihm zunächst sehr gleichgültig. Nur darauf sei
vorläufig all sein Verlangen gerichtet, hinaus nach seiner
schönen Besitzung in dem weiten, schattigen Viardot'schen Park
am Berghange in Bougival, der Villa Les Frênes, trans=
portirt werden zu können, um dort in jener holden Stille,
wo das Laub der alten Bäume vor den Fenstern rauscht, wo
jetzt gerade das frische Heu, die Rosen und der Jasmin duften,
ruhig liegen zu können, statt hier inmitten des heißen, stau=
bigen, lärmenden Paris. Aber auch selbst auf die Erfüllung
dieses bescheidenen Wunsches glaube er verzichten zu müssen.
Das Sichaufrichten, aus dem Bette treten, über das Straßen=
pflaster auf den Bahnhof gefahren werden, sei unmöglich."

Literarische Thätigkeit war ihm trotz seines schmerzhaften
Leidens nicht vollständig versagt. Er konnte der Redaction
des „Europäischen Boten" im Herbst seine Tagebuchaufzeich=
nungen „Senilia" überreichen und im Oktober die letzte von
ihm veröffentlichte Erzählung „Clara Militsch" vollenden.
Seitdem war er eine sichere Beute des Todes, der sich seines
Opfers, das ihm nicht mehr entgehen konnte, mit unerbitt=
licher Grausamkeit zu freuen schien. Zu den wenigen ange=

nehmen Eindrücken, die er während dieser letzten Lebenszeit empfing, gehörten die Donnerstagsabende bei Frau Viardot, denen er zwar nicht selbst beiwohnen konnte, deren musikalische Gaben aber auch ihm mittels eines dünnen elastischen Hörrohrs gespendet wurden.

Gedanken an den Tod haben Turgenjew zu allen Zeiten lebhaft beschäftigt, das Grauen vor der allen lebenden Wesen drohenden Vernichtung ist in seinen Werken oft in dämo= nischer Weise wiedergegeben. So schilderte er ihn vor zwanzig Jahren in den „Erscheinungen": „Ein schwerfälliger, un= heimlicher, schwarzgelb gefleckter Gegenstand, dem Bauche einer Eidechse ähnlich, nicht Wolke, nicht Rauch, schob sich langsam, schlangenartig, mit gemessenem, breitgeflecktem, wogenden Schwunge, gleich dem unheilverkündenden Flügel= schlag eines Raubvogels, der nach seiner Beute späht, auf der Erde hin, von Zeit zu Zeit drückte er sich in unbeschreiblicher widerlicher Weise an den Erdboden — so schmiegt sich die Spinne an die gefangene Fliege... Wer bist Du, wer, Du gräßliche Gestalt? Unter ihrer Einwirkung — ich sah es, ich empfand es — wurde Alles vernichtet, erstarrte Alles... Pestilenzialische Kälte verbreitete sich rings umher — mir wurde übel von dieser Kälte, es umwölkte sich mein Blick und mein Haar sträubte sich. Eine Macht war es, die uns hier ent= gegentrat, eine Macht, die keinen Widerstand kennt, der Alles unterworfen ist, die selbst blind=, gestalt=, sinnlos Alles sieht, Alles kennt und die gleich einem Raubvogel ihr Opfer aus= späht, gleich einer Schlange dasselbe erdrückt und mit ihrer frostigen Zunge begeifert." So hatte er auch in „Senilia" jene unabwendbare furchtbare Macht unter dem Bilde einer alten runzligen Frau geschildert, die ihn überall bis zu einer finsteren Grube verfolgt und ihm mit lächelndem zahnlosem Munde zuflüstert: „Du entrinnst mir nicht!"

Endlich trat das Unvermeidliche am 3. September 1883

in Bougival ein. Ueber die letzten Stunden des Dichters erzählt Fürst Meschtscherskij, der an seinem Sterbebette zugegen
war, Folgendes: „Am Morgen des 2. September, am Sonn-
tag, fuhr ich nach Bougival; als ich in's Zimmer trat, wo
der Kranke lag, fand ich, daß derselbe überaus schwach war.
Er lag auf seinem Bette mit halbgeschlossenen Augen da, sein
Gesicht bewahrte den ruhigen Ausdruck, war aber sehr gelb
geworden. Das Athmen fiel ihm schwer. Das Bett des
Kranken umstanden alle Glieder der Viardot'schen Familie,
die Mutter, der Sohn, zwei verheirathete Töchter mit ihren
Gatten, den Herren Duvernois und Chamerau; außerdem
befanden sich im Zimmer zwei Krankenwärter, ein Mann und
eine Frau, welche ihn vom Beginn seiner Krankheit an ge-
pflegt hatten, die er sehr liebte, und die ihm mit ganzer Seele
anhingen, wie Alle, die ihn näher kannten. „Erkennen Sie
Ihren Freund Meschtscherskij wieder?" fragte Duvernois.
Turgenjew schlug die Augen etwas auf, lächelte und wollte
die Hand reichen, doch fiel dieselbe kraftlos auf das Kissen
zurück. Einige Minuten später erholte er sich ein wenig; er
begann russisch zu sprechen und fragte Chamerau, welcher kein
russisch versteht: „Glaubst Du mir, glaubst Du ... ich habe
stets aufrichtig geliebt, immer, immer war ich gerecht und
ehrlich, Du mußt mir glauben ... küsse mich zum Zeichen
des Vertrauens ..." Chamerau, dem ich die Worte des
Kranken schnell übersetzte, erfüllte seinen Wunsch. Der Kranke
fuhr fort: „Ich glaube Dir, Du hast ein echt russisches Gesicht ..." Seine Rede wurde hierauf zusammenhanglos, er
wiederholte ein und dasselbe Wort mit zunehmender Anstrengung und fühlte sich augenscheinlich deprimirt, als er sah,
daß ihm die Anstrengung nichts half. Die Worte, die er
sprach, hatten keine Beziehungen zu seiner Umgebung und zu
Rußland, doch kamen dazwischen Phrasen hervor, aus denen
man errathen konnte, daß an seinem schon umnachteten Geiste

seine Liebe zur Heimat und seiner Nation sich kundgab. —
„Kommt näher heran, näher zu mir", sagte er den Umstehen=
den, wobei er umherblickte und dieselben, wie es schien, um=
armen wollte, „der Augenblick der Trennung ist gekommen…"
Es folgten einige unverständliche Reden, worauf er in einem
lichten Augenblick Frau Viardot erkannte. „Das ist die
Königin der Königinnen", sagte er, „wie viel Gutes hat sie
gethan!" Er wandte sich darauf an die vor seinem Bette
knieende verheirathete Tochter der Frau Viardot, sie möge
ihren Sohn zu einem guten, braven Mann erziehen. In
seinen Phantasien muß er sich für einen einfachen Mann aus
dem russischen Volke gehalten haben, da er Ausdrücke ge=
brauchte, wie sie etwa ein von seiner Familie Abschied neh=
mender sterbender russischer Bauer anwendet. Diese kurzen,
halblichten Augenblicke wurden durch lange Pausen unter=
brochen, in denen seine Sprache fast gänzlich unverständlich
wurde. Obwohl die Erregung des Patienten im Allgemeinen
zuzunehmen schien, büßte er doch allmählig eine Fähigkeit nach
der anderen ein. Der Arzt verordnete subcutane Morphium=
Injectionen. Trotzdem dieses Medicament nur in sehr ge=
ringen Gaben verabfolgt wurde, verfiel der Kranke dennoch
in einen Zustand des Halbschlummers, wobei er schwer athmete.
Nach einiger Zeit stellte sich die Aufregung wieder ein und
der Kranke sprach rasch und zusammenhängend bald Russisch,
bald Deutsch, bald Englisch. Er erhielt auf Verordnung des
Arztes wieder Morphium und Chloral. Darauf schlief er.
Im Laufe des Tages genoß er etwas Milch, wobei das
Schlucken ihm sehr schwer fiel. Gegen Abend wurde ihm in
kleinen Mengen kalter Punsch eingeflößt. Zur Nacht blieben
nur Paul Viardot, Duvernois, Chamerau und ich bei dem
Kranken zurück. Am Morgen stellte sich wieder die allgemeine
Erregung ein, dieses Mal schon nicht mehr im Reden, sondern
in Gesten. Die Athmung war sehr mangelhaft, oberflächlich

und beschränkte sich die Athmungs-Bewegung auf das Zwerch-
fell, der Puls wurde sehr schwach, fast unzählbar, was nach
Aussage des Arztes auf das Ende schließen ließ, welches nur
durch die außerordentliche Kraft des Organismus verzögert
wurde. Gegen 12 Uhr trat Wereschtschagin in das Zimmer und
war durch den Anblick des Sterbenden tief ergriffen. Uebrigens
weinte er nicht allein, da wir Alle, Männer wie Frauen, uns
unserer Thränen nicht erwehren konnten. Gegen 2 Uhr trat
nach einer vergeblichen Anstrengung, sich aufzurichten und
dem gepreßten, halb erstickten Ausruf „A—a!" der Tod ein;
der Kopf sank leblos auf das Kissen. Die Gesichtszüge des
großen Todten nahmen sofort einen milden, weichen, ruhigen
Ausdruck an. Die Frauen stürzten zu dem Bett des Verschiedenen, schluchzend und jammernd, wurden aber von uns
aufgehalten und aus dem Zimmer geführt." Diesen Aus-
führungen des Fürsten Meschtscherskij fügt ein Berichterstatter
der „Now. Wr." noch Folgendes hinzu: „Der Verstorbene
hatte bis kurz vor seinem Tode täglich seine Geisteserzeugnisse
der Madame Viardot in französischer Sprache dictirt. So
waren seine beiden letzten Producte: „Der Brand auf dem
Schiffe" und ein unvollendet gebliebenes Werk, von ihm dictirt worden. Kurz vor seinem Tode hatte er auch noch zwei
Briefe abgesandt, den einen an den Grafen Tolstoi, den anderen an einen Petersburger Literaten, mit welchem der Verstorbene in der Jugend sehr befreundet war. In dem Brief
an Tolstoi äußert Turgenjew, daß er ihn für den größten
lebenden europäischen Romanschriftsteller halte. Er bittet ihn,
mit dem Schreiben fortzufahren und seine literarische Thätigkeit im Roman zu äußern."

Turgenjew's Leiche wurde, nachdem in der russischen
Kapelle in Paris die Funeralien nach russischem Ritus abge-
halten worden waren und eine Feier stattgefunden hatte, bei
welcher unter Anderem von Ernst Renan eine bedeutsame

und ergreifende Rede gehalten wurde, über Köln, Berlin, Königs=
berg nach St. Petersburg gebracht, wo am 9. Oktober die
Beerdigung auf dem Wolkowo=Kirchhofe stattfand. Gegen
zweihundert Deputationen aus den Kreisen der Literatur,
Kunst, Wissenschaft, Presse, den Universitäten, Schulen und
Vereinen aller Art bezeugten, daß hier ein großer Wohlthäter
der Menschheit zur letzten Ruhestätte geleitet wurde. Neben
dem gewaltigen Edeltannenkranz aus Sibirien, den Grabes=
spenden, die aus Mittelasien und dem Kaukasus eingetroffen
waren, befanden sich Kränze und Trauerinsignien aus Deutsch=
land und Oesterreich in großer Anzahl. Auf drei Werst
wurde die Länge des Zuges geschätzt, als er sich vom War=
schauer Bahnhofe aus in Bewegung setzte. Am Grabe sprachen
Professor Bessetow, der Rektor der petersburger Universität,
Professor Muromzew von der moskauer Universität und der
alte ehrwürdige D. W. Grigorowitsch, der Verfasser der auch
in deutscher Uebersetzung erschienenen Dichtungen „Die Ueber=
gesiedelten" und „Die Fischer", ein Zeitgenosse und intimer
Freund des Verstorbenen. Dieser Redner betonte, daß an
diesem Grabe die ganze gebildete Welt trauere, daß speciell
in Rußland von allen Seiten unzählige Schaaren zusammen=
geströmt seien, um einmüthig dem Todten am Grabe die
letzten Ehren zu erweisen. Und doch sei es nur ein Literat,
ein Schriftsteller gewesen, an dessen Sarge so viele jetzt
weinen. Das zeige, daß das Ansehen des Schriftstellers nun
im Wachsen begriffen sei, und es sei nun Sache der jüngeren
russischen Schriftstellergeneration auf der Bahn weiterzuschreiten,
welche der verewigte Dichter durch ein ganzes Leben geweiht,
sich an das Banner zu halten, dem er unentwegt und treu
gedient. Dies sei das Vermächtniß, von dem hier am Grabe
Alle Besitz ergreifen müßten, denen das Andenken des theuren
Freundes innig werth sei. Zum Schluß deklamirte der Ly=
riker und Uebersetzer A. N. Plestichejew, ein gleichfalls bereits

der älteren Generation angehöriger Dichter von graziösem innigen Gefühl, einige Verse zur Verherrlichung des Verstorbenen, der von seiner ersten That an, der Befreiung der eigenen Bauern von der Leibeigenschaft, bis zu seinem Tode stets für das Menschenrecht eingetreten sei.

Die seltene Liebe und Verehrung, deren sich Turgenjew im Leben wie im Tode zu erfreuen hatte, beruhte nicht zum Geringsten auf dem Umstand, daß seine dichterische Kraft in dem Boden einer schön abgeklärten, allumfassenden Menschlichkeit wurzelte und aus ihm ihre Nahrung zog, daß dem großen Dichter ein großer Charakter, dem scharfen Künstlerverstande ein weiches liebendes Herz, der eine Welt umfassenden Ueberlegenheit des Genies die Natürlichkeit und Reinheit eines Kindes zugesellt war. Er ist ohne Frage einer der liebenswürdigsten Menschen gewesen, die man sich nur denken kann, wohlwollend und herzlich, ohne Spur von jenem geckenhaften aufdringlichen Selbstbewußtsein, das vielen bedeutenden Schriftstellern anhaftet. Er war eben ein voller Mensch, der nicht nur durch literarische Brillen ins Leben sah und sich die Harmonie seines Wesens in bewunderungswürdiger Weise bewahrt hatte. Er erschien im persönlichen Umgang gerade deßhalb so groß und genial, weil er Alles vermied, was diesen Eindruck künstlich hätte hervorrufen können. Schon äußerlich mußte die stattliche Erscheinung mit dem bedeutenden Kopf, den gescheidten und dabei gutmüthigen Augen, dem schneeweißen Haar imponiren. Turgenjew, der sich natürlich und schlicht wie kaum ein Zweiter benahm, fiel trotzdem überall auf, wo er sichtbar wurde. So unter Anderm selbst bei der Hinrichtung Traupmanns, wo man ihn, wie er selbst berichtet, seiner kräftigen Figur halber für den Scharfrichter hielt. Die größte Wirkung übte er in Gesellschaft von Freunden und Bekannten durch die wundervolle Art aus, wie er zu erzählen verstand. Diese Erzählungen entströmten einem reichen Geist und waren auch geistreich vorgetragen, wirkten aber im Wesentlichen deshalb so zauberisch auf die Hörer, weil Turgenjew dabei ganz naiv blieb, die Sache miterlebte und ohne eine Absicht zu verrathen, eine Fülle charakte= ristischer, dem Leben abgelauschter Details über sein Thema ausbreitete. Seine Gutmüthigkeit war beinahe sprichwörtlich, es ist mit ihr oft genug und zuweilen in unerhörter Weise Mißbrauch getrieben worden. Seine Unfähigkeit, sich mit ge= geschäftlichen Dingen zu befassen, hatte bei der Verwaltung seines Gutes, bei den Abmachungen mit den Verlegern die wunderlichsten Consequenzen. Turgenjew gestand selbst zu, daß er nicht nein sagen könne und zu Räubern und Dieben, wenn sie ihn auffordern wollten zu stehlen, wahrscheinlich ge= sagt haben würde: Gut, gehen wir stehlen. Bruno Steuben*) erzählt in dieser Beziehung eine reizende Anekdote von der Qual, die Turgenjew ausstand, als er leichtsinnigerweise Berthold Auerbach versprochen hatte, zu dessen russischer Ueber= setzung des „Landhaus am Rhein" eine Vorrede zu schreiben.

Es ist indessen auch Denjenigen, die dem Dichter fern= gestanden haben, die Möglichkeit geboten worden, sich von der schlichten Größe seiner Persönlichkeit ein Bild zu machen. Die Tagebuchaufzeichnungen „Senilia"**) sind für die Charakteristik Turgenjew's ein literarisch gar nicht genug zu schätzendes Dokument. Es sind Betrachtungen lyrischer Art, die Vorkommnisse des eigenen und des öffentlichen Lebens zu kleinen Bildern ausgestalten, in deren Mittelpunkt ein philo= sophischer Gedanke sitzt. In keinem Buche tritt uns der Autor menschlich so nahe wie in diesem, welches die Jahre 1878 bis 1882 umfaßt und eine Fülle von Lebensweisheit in der anspruchslosen Form des Zufälligen und Gelegentlichen dar=

---

*) Deutsches Montagsblatt vom 29. Oktober 1883.
*) Uebersetzt von Wilhelm Hendel, München 1883.

bietet. Hier sind sein ideales Wollen, seine reiche Lebens-
erfahrung, seine warme Menschenliebe wie in einem kostbaren
Schreine enthalten, in dem sich Juwel an Juwel reiht und
der eine an Glanz und Feuer den anderen immer noch zu
übertreffen scheint. Das pessimistische Dunkel, welches auf
diese poetischen und philosophischen Skizzen Schatten wirft,
läßt ihre Facetten nur noch reicher schimmern. Andere
Schriften des Dichters werden mehr bewundert werden, die
„Senilia“ versetzt die Kritik in die Lage von Shakespeare's
Cordelia, die „liebt und schweigt“.

„Ich weiß nicht, ob es eine Eigenthümlichkeit im National-
charakter oder nur in meinem eigenen ist, aber jeder öffent-
liche Ausdruck des Entzückens ist mir peinlich. Sollte ich
die Wahl zwischen einer schmerzlichen Strafe und einem Jubel-
feste haben — ich würde ohne Bedenken die erste wählen.“
Wer Turgenjew irgendwie näher gestanden hat, wird wissen,
daß dieser von ihm herrührende Ausspruch, der in dem Munde
jedes anderen Autors den Charakter unleidlicher Ziererei annehmen würde, einen wichtigen Theil seines inneren Menschen
scharf beleuchtet. In den reichen Kranz seiner menschlich
schönen Eigenschaften hatte er die Bescheidenheit als seltene
Blume eingeflochten. Nicht jene Bescheidenheit, die nach
Goethe den Lumpen eigenthümlich ist, denn er hat es ebenso
gut wie wir Alle gewußt, daß er nicht nur der mächtigste
literarische Ausdruck seines Vaterlandes, sondern auch auf dem
ihm eigenen Gebiete der Skizze und Novelle der erste Schriftsteller unserer Tage war, wohl aber die Gabe, seine unfehl-
bare Beobachtung und unbestechliche Wahrheitsliebe wie auf
die ihn umgebende Welt, so auch auf sich anzuwenden und
die Grenzen seiner Begabung stets deutlich vor Augen zu
haben. Wenn die kleinen Geister des Literaturmarktes sich
beständig aufblähen und wie der Frosch in der Fabel vor
Eitelkeit platzen, hat Turgenjew niemals die geringste Sorge

um seinen literarischen Ruhm getragen, sondern vielmehr immer vor der Ueberschätzung seines Talentes gewarnt. Er wußte genau, was ihm fehlte, um eines jener Genies zu sein, die den Geist ihrer Zeit und ihres Volkes nach allen Richtungen in sich aufgesogen und den Reichthum ihrer Phantasie gleichzeitig über verschiedene Gebiete der Poesie ausgeschüttet haben. So wie er war, tief und groß, schlicht und naiv, die Natürlichkeit selbst, würde er die meisten Betrachtungen, die ihm nach seinem Tode in der Presse der ganzen gebildeten Welt gewidmet wurden, nicht ohne Verwunderung und Kopfschütteln gelesen haben. War er sich doch über den außerordentlichen Einfluß, den er auf die moderne Leserwelt ausübte, keineswegs klar, weil seinem künstlerischen Schaffen die Voraussetzung des literarischen Ehrgeizes vollständig fehlte, und er das allgemeine Wettrennen um Ruhm und äußeren Gewinn völlig außer Acht ließ. Doch so viel er auch von Dem abgelehnt hätte, was ihm von seinen zahlreichen Bewunderern dargebracht wurde, Zweierlei hätte er sich doch gefallen lassen müssen: das Verdienst eine ideale, von nationalen und moralischen Vorurtheilen unbedingt freie Menschennatur und auf dem Gebiet der Prosadichtung einer der ersten Künstler dieses Jahrhunderts gewesen zu sein.

Es wird immer große, meist unüberwindliche Schwierigkeiten haben, über einen Dichter der Gegenwart ein zusammenfassendes Urtheil zu fällen, ihm die Stelle anzuweisen, die er unter den Zeitgenossen einzunehmen berechtigt ist und in seinen Schriften das Vergängliche vom Bleibenden zu sondern. So gewagt es indessen bei den meisten Schriftstellern unserer Zeit auch scheinen mag, im Voraus zu bestimmen, wie groß der Tribut sein werde, den sie den Jahren zollen werden, dürfen wir uns doch bei Turgenjew der festen Zuversicht hingeben, daß seine Spur nicht vergehen und das von ihm Geschaffene auch künftigen Geschlechtern zum Genuß und zur Erhebung

gereichen werde. Im Leben wie in der Kunst giebt es nichts
Vergänglicheres als die Lüge, nichts Beständigeres und
Festeres als die Wahrheit. Wir kennen kaum einen zweiten
modernen Dichter, der dieser Wahrheit so nahe kommt wie
Turgenjew, den man mit so strenger mikroskopischer Kritik
betrachten kann wie ihn. Er hält, was er verspricht, man
mag sich ihm noch so oft nähern; er bietet der Würdigung
immer neue Seiten, so häufig man ihn auch wieder vor-
nimmt. Keine übermäßig reiche, vielseitige Begabung besitzen wir in ihm, aber eine ganz ungewöhnlich tiefe, feine
und echte. Todte Stellen, über die man ohne Nutzen und
Genuß hinweggleiten kann, finden sich bei ihm in ver-
schwindender Anzahl. Wie Turgenjew sieht und das Gesehene literarisch festhält, ist von so absoluter Richtigkeit, daß
man ihm in dieser Beziehung auch Talente von größerer
Breite und reicherer Phantasie nicht an die Seite stellen kann.
Selbst Männer wie Balzac und Dickens, Heyse und Keller
haben ganze Kapitel, in denen sich ihr Auge irgendwie um-
flort und die Dinge ihnen anders erscheinen, als sie in Wirklichkeit sind. Bald wird im Feuer der dichterischen Erregt-
heit die Charakteristik durch Uebertreibungen verfälscht, bald
zerfließt die volle gesunde Empfindung in süßliche Empfindelei,
der Eine wird das Opfer eines zu raffinirten Kunstverstandes
und klügelt so lange an seinen Motiven herum, bis sie die
Bescheidenheit der Natur zu übertrumpfen suchen, der Andere
weiß seine Gestalten nicht anders als in romantischem Dunst
und Nebel zu erblicken. Bei Turgenjew ist von Alledem
gar keine Rede. Er ist wahr wie der lichte Tag, man kann
die Probe selbst auf seine wunderlichsten Charakterstudien
machen und wird ihre Richtigkeit immer stichhaltig finden.
Diese Beobachtungsgabe war auf alle mögliche Weise ge-
schärft, nicht zum Geringsten durch jene Fertigkeit im Zeichnen
von Profilbildern, der er sich mit Vorliebe hinzugeben pflegte

und die dann im Kreise seiner Freunde zum Anlaß eines oft
humoristischen, oft aber auch sehr ernsten und glücklichen Er=
rathens von Charakteren wurde. Dasselbe gilt von seinem Dialog, dieser Achillesferse der
modernen deutschen Erzähler. Es hat vielleicht niemals einen
Dichter gegeben, der seine sämmtlichen Figuren mit der voll=
endeten Natürlichkeit reden läßt, wie es bei Turgenjew der
Fall ist. Man muß sich einzelne Seiten laut vorlesen und
die dabei entstehenden Bilder mit den eigenen Beobachtungen
vergleichen, um zu verstehen, wie plastisch, individuell und
natürlich sein Dialog gebildet ist. Während er bei vielen
neueren Poeten so unangenehm nach Tinte schmeckt und
literarisch abgeblaßt erscheint, trägt derselbe bei unserem
Dichter alle Farben der Wirklichkeit. Daß diese Sicherheit
im Treffen und Erfassen des Charakteristischen einige auffallende
Mängel der Komposition in sich schließt, wird selbst der auf=
richtigste Bewunderer des Dichters um so bereitwilliger ein=
gestehen müssen, als er für diesen Verlust eine so reiche Ent=
schädigung empfängt. Wenn Lessing sich erbot, alle Dramen
von Corneille besser machen zu können, ohne auch nur im
Geringsten ein Corneille zu sein, kann man auch von Tur=
genjew behaupten, daß es kinderleicht sei, die Fehler in der
Construction seiner Romane und Novellen nachzuweisen, ohne
daß man sich darauf etwas einzubilden Veranlassung habe.
Die Fehler seiner Vorzüge zu haben, ist das Recht jedes
echten Talentes, es fragt sich immer nur, welcher Natur
und wie groß diese Vorzüge sind.

Ein großes Verdienst hat sich der Dichter auch um die
Pflege und Fortbildung der russischen Sprache erworben.
Es wäre ein schönes Thema für eine literarische Untersuchung,
die aber kein Ausländer, sondern ein mit dem Wesen und
der Eigenart des Volkes innig vertrauter Russe vornehmen
müßte, festzustellen, was Turgenjew in der Fülle seines

Wortschatzes, in der feinen Empfindung für die Rhythmik des Stiles für seine Sprache gethan hat. Schaffarik sagt ein Mal: „Wohllaut und weibischer Weichklang einer Sprache sind zwei sehr verschiedene Dinge. Betrachtet man eine Sprache vom philosophischen Standpunkte, so erscheinen die Konsonanten als die eigentlichen Zeichen der Gedanken, und die Vokale nur als ihre Diener; je reicher eine Sprache an Konsonanten, desto reicher ist sie an Ideen. Der Wohllaut einzelner Silben ist nur ein partieller und sehr relativer; die Harmonie einer ganzen Sprache hängt vom Wohlklange der Perioden, Worte, Silben, Buchstaben ab. Zu viel Selbst= lauter klingen ebenso unangenehm, als zu viel Mißlauter; es bedarf einer verhältnißmäßigen Zahl und Abwechselung, um den Wohlklang zu erregen. Selbst harte Silben ge= hören zu den nothwendigen Eigenschaften einer Sprache, denn die Natur selbst hat harte Laute, welche der Dichter ohne den Besitz solcher kaum wiedergeben könnte." Legen wir diesen, uns von einer ersten Autorität in die Hand gegebenen Maßstab an die Prosa Turgenjew's, so müssen wir sie in ihrer eigenthümlichen Vereinigung von Anmuth und Kraft, von Klarheit und Fülle wahrhaft klassisch nennen. Nament= lich zeichnen sich die Werke aus der mittleren Periode durch Vorzüge aus, die von keinem anderen russischen Schriftsteller übertroffen worden sind. Man möchte sagen, daß in ihnen die russische Sprache wie ein Fächer in ihrer Ursprünglichkeit und Vergeistigung erst wahrhaft ausgebreitet sei, während die Schriftsteller des vorigen und zu Anfang dieses Jahr= hunderts ihr Instrument noch verschlossen in der Hand hielten. Gegenwärtig bereitet die Glasunoff'sche Verlagsbuchhandlung in St. Petersburg die fünfte Ausgabe der gesammelten Werke des Dichters vor.

So tief Turgenjew in bestimmten nationalen Anschauungen wurzelt, so hoch ragt er zugleich in jene Region empor, wo es keine Verschiedenheit der Sprache und Nationalität mehr gibt und nur das ewig Menschliche Bestand hat. Wenn ihm Rußland die Sprache und den Stoff seiner Schriften gegeben hat, so ist ihm gleichzeitig die Wärme deutschen Gemüths= lebens, die Beobachtungsgabe und Eleganz der Franzosen verliehen worden. An Vielseitigkeit und formellem Geschick wird Turgenjew von zahlreichen Dichtern unserer Tage über= troffen, während er unerreicht dasteht in zwei Eigenschaften, welche den Bestand seiner Bücher auf lange Zeit sichern müssen: in der von jeder Schablone losgelösten, unbedingten Wahrheit seiner Schilderungen und der Bedeutung, welche seine Stoffe für die Kenntniß eines noch nicht nach Verdienst gewürdigten Landes und Volkes haben, dessen Geschichte und Entwickelung das westliche Europa in hohem Maße interessiren müssen.

Leipzig, Walter Wigand's Buchdruckerei.